# TATTOO Art

DIE SCHÖNSTEN TATTOOS
UND IHRE KÜNSTLER

CHARLY CASTRO
FRANCESCO CICERO

# Inhaltsverzeichnis

Vorwort . . . . . . . . . . . . . . . . . . 8

Conny Graw . . . . . . . . . . . . . . . 10
Ixi Ink . . . . . . . . . . . . . . . . . . 12
Jens Simonsson . . . . . . . . . . . . . 14
Leonardo Vincenco Tasonne . . . . . . . . . 16
Sebastian Winder . . . . . . . . . . . . 18
Boris Schormann . . . . . . . . . . . . . 20
Canny Smith . . . . . . . . . . . . . . . 22
Cemil Ince . . . . . . . . . . . . . . . . 24
Chris Ape . . . . . . . . . . . . . . . . 26
Daniel Symanski . . . . . . . . . . . . . 28
Danijel Sepanovi . . . . . . . . . . . . . 30
Danny Brink . . . . . . . . . . . . . . . 32
Michael Koschel . . . . . . . . . . . . . 34
Rossano Rossi . . . . . . . . . . . . . . 36

Danny Black . . . . . . . . . . . . . . . . . . . . 38
Yadi Tattoo . . . . . . . . . . . . . . 40
Adrian Bueno . . . . . . . . . . . . . 42
Andy Engel . . . . . . . . . . . . . . 44
Kevin F. Libuda . . . . . . . . . . . . 46
David Werner . . . . . . . . . . . . . . 48
Auge Tattoos . . . . . . . . . . . . . . 50
Phil Carrier . . . . . . . . . . . . . . 52
Michal Ledwig . . . . . . . . . . . . . 54
BB Tattoo . . . . . . . . . . . . . . . 56
Christian Behrens . . . . . . . . . . . 58
Julian Siebert . . . . . . . . . . . . . 60
Tim Pisters . . . . . . . . . . . . . . 62
Marco Klose . . . . . . . . . . . . . . 64
Robin Kemper . . . . . . . . . . . . . 66
Kai Schmidt . . . . . . . . . . . . . . 68
Mona Wanner . . . . . . . . . . . . . 70
Mr. MannyMaker . . . . . . . . . . . . 72
Julian Greif . . . . . . . . . . . . . . 74
Danko . . . . . . . . . . . . . . . . . 76

Rockland Tattoo . . . . . . . . . . . . . . 78
Stefan Muler . . . . . . . . . . . . . . 80
Ralph Riedener . . . . . . . . . . . . 82
Kris Mliczek . . . . . . . . . . . . . . 84
Tim Schneider . . . . . . . . . . . . . 86
Dydy Gassner . . . . . . . . . . . . . 88
Christina Kürten . . . . . . . . . . . 90
Karsten Koch . . . . . . . . . . . . . 92
Jan Hartmann . . . . . . . . . . . . 94
Marco Pikass . . . . . . . . . . . . . 96
Cihan Karadas . . . . . . . . . . . . 98
Domnek . . . . . . . . . . . . . . . 100
Fabian Feigel . . . . . . . . . . . . 102
Yunus Gündogu . . . . . . . . . . . 104
Tony Kreutz . . . . . . . . . . . . . 106
San von M . . . . . . . . . . . . . 108
Nikos Meladinins . . . . . . . . . . 110
Roberto da Silva . . . . . . . . . . 112
Nik Muenster . . . . . . . . . . . . 114
Chris Block . . . . . . . . . . . . . 116

Miri . . . . . . . . . . . . . . . . . . . . . 118
Klaus . . . . . . . . . . . . . . . . . . . . . 120
Matte Rose . . . . . . . . . . . . . . . . . . 122
Rosa Vogt . . . . . . . . . . . . . . . . . . 124
Randy Engelhard . . . . . . . . . . . . . 126
Bob Cooper . . . . . . . . . . . . . . . . . 128
Maya Klebe . . . . . . . . . . . . . . . . . 130
Felice Di Maio . . . . . . . . . . . . . . . 132
Karol Kowalewski . . . . . . . . . . . . 134
Justin Eaton . . . . . . . . . . . . . . . . 136
Maggi Paletta . . . . . . . . . . . . . . . 138
Micha . . . . . . . . . . . . . . . . . . . . 140
Artur Pawlukewicz . . . . . . . . . . . 142
Stefan & Albert Popa . . . . . . . . . . 144
Thomas Heiden . . . . . . . . . . . . . . 146
Oliver Gross . . . . . . . . . . . . . . . . 148
Ralf Guttermann . . . . . . . . . . . . . 150

Dank . . . . . . . . . . . . . . . . . . . . . 157
Die Autoren . . . . . . . . . . . . . . . . 158

# Vorwort

Der Begriff »Tätowierung« geht auf das Wort »tatau« zurück, das aus dem malaio-polynesischen Sprachraum stammt. Die ursprüngliche Bedeutung ist nicht vollkommen geklärt, man geht davon aus, dass es sich bei dem tahitischen »tatau« um das Wort für »Zeichen, Malerei« handelt. Ein anderer Ansatz interpretiert das Wort rein lautmalerisch als das Geräusch, das beim Einschlagen der Bilder in die Haut entsteht. Das Substantiv »Tattoo« wurde im Deutschen aus dem angelsächsischen Sprachraum übernommen. Tahiti gilt somit als Ursprung des Tätowierens, von wo aus der Entdecker James Cook den Körperschmuck im 18. Jahrhundert mit nach Europa brachte. Doch nicht nur Polynesien kann auf eine lange Geschichte des Tätowierens zurückblicken – auch in anderen Ländern schmücken sich Menschen seit langer Zeit mit Bildern und Zeichen, die in ihre Haut gestochen oder geritzt wurden.

Doch die Begeisterung für die Körperbemalung begann bereits viel früher: Kaum ging der Mensch aufrecht, begann er auch schon mit der Verzierung und Optimierung seines Körpers. Auch Ötzi ließ sich vor über 5 000 Jahren Striche und Symbole stechen – vermutlich aus dem Aberglauben heraus, sich so vor Krankheiten zu schützen. Interessanterweise befinden sich die Muster zum Teil an den gleichen Stellen, die heute als Akupunkturpunkte verwendet werden.

Hunderte Jahre später mischten die Ägypter Lampenruß mit Öl und punktierten damit ihren Leib. Moses, ihr Findelkind, verbat es sich hingegen, Male und Buchstaben stechen zu lassen.

Die späteren Christen ließen sich Symbole ihres neuen Anführers unter ihrer Haut verewigen und das trotz der Verfolgung durch die Römer. Denen wiederum waren die Bemalungen nicht neu: Weit im Norden waren sie auf ein Volk gestoßen, dass sie »Picti« nannten – die »Bebilderten«. Es waren schottische Ureinwohner, die ihre Haut mit blauer Farbe verzierten.

Auch die Kreuzritter trugen die Symbole ihres Glaubens unter der Haut – auf diese Weise war es ihnen möglich, eine christliche Beisetzung zu erreichen, sollten sie im Kampf für ihren Glauben fallen.

Im Laufe der Zeit trat die Funktionalität der Tattoos zunehmend hinter der Eigenschaft als Körperschmuck zurück. Matrosen ließen sich von fremden Kulturen inspirieren, Soldaten ritzten sich ihre Waffengattung ein und Handwerker ihre Werkzeuge. Nur den Ärmsten war das Tattoo noch eine Notwendigkeit: So »markierten« einige Bauern ihre Kinder, bevor sie sie zum Arbeiten in die nächste Stadt schickten. Kehrten diese als Erwachsene zurück, konnten die Verwandten sie anhand ihrer Tätowierungen erkennen und einer bestimmten Familie zuordnen.

Die Erfindung der elektrischen Tätowiermaschine ermöglichte deutlich saubereres Tätowieren und machte diese Art der Körperkunst nach 1890 auch für die Oberschicht attraktiv.

Elisabeth »Sissi« Kaiserin von Österreich und Ungarn war beispielsweise nicht nur besessen von ihren Haaren, sondern ebenso tätowiert wie viele Adelige ihrer Zeit, darunter zahlreiche Mitglieder des Britischen Königshauses, aber auch viele Angehörige des Klerus.

Anfang des 20. Jahrhunderts brach in Berlin eine regelrechte Tätowierwut aus: Feine Damen und Herren standen vor den Buden Schlange, um sich dort stechen zu lassen. Auf Jahrmärkten bezahlten sie dafür, um Menschen zu sehen, die am ganzen Körper tätowiert waren.

In den 1930er-Jahren war mit dem bunten Treiben erst einmal Schluss. Die Nationalsozialisten beendeten die alte Kultur vorerst: Unter ihrer Herrschaft wurde aus der Körperkunst wieder reine Funktion. Den in den Konzentrationslagern Inhaftierten wurde eine Häftlingsnummer eintätowiert, Mitglieder der SS trugen ihre Blutgruppe auf der Innenseite des Oberarms unter der Haut.

Bis Ende des 20. Jahrhunderts wurde das Tattoo in der Gesellschaft dann kritisch beäugt und häufig als Stigma der Unterschicht, Matrosen und Straffälligen betrachtet. Erst in den 1980er-Jahren änderte sich das zunehmend und im darauffolgenden Jahrzehnt erlebte die Tätowierung einen regelrechten Boom als Ausdruck der eigenen Individualität – im Gegensatz zur früheren Darstellung einer Gruppenzugehörigkeit.

Heute nimmt die Anzahl der Tätowierten in Europa wieder stetig zu. Es gibt zahlreiche verschiedene Stile und Richtungen, eigene Fotostrecken und Magazine zum Thema. Jeder Tattookünstler hat sein Spezialgebiet und seinen ganz eigenen Stil, den er auf bzw. unter der Haut seiner Kunden verewigt.

Dieses Buch zeigt eine Auswahl der besten deutschen, österreichischen und schweizer Künstler und deren Kunstwerke. Es dient als Übersicht und Inspiration, lädt zum Blättern ein und hält vielleicht auch die eine oder andere Anregung bereit.

# Conny Graw

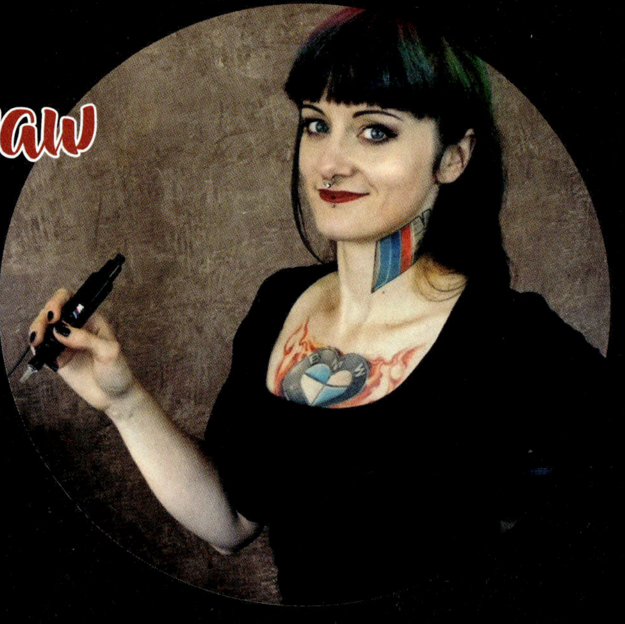

Stilrichtung: Realistic, Watercolor, Comic

Stadt: Heiden

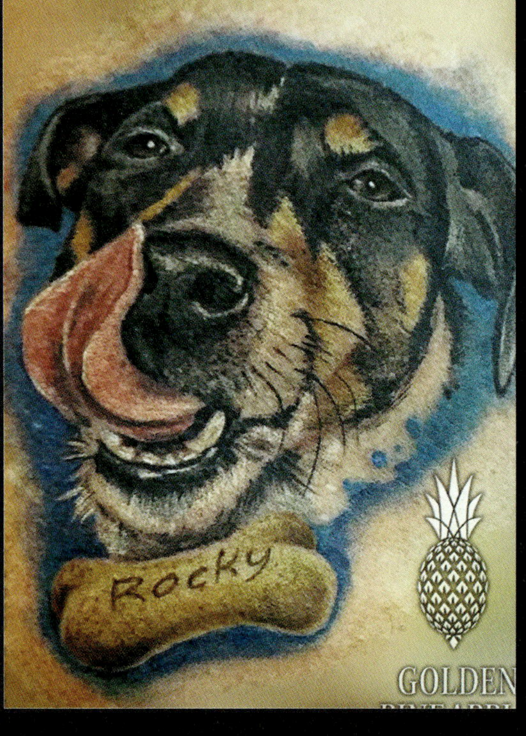


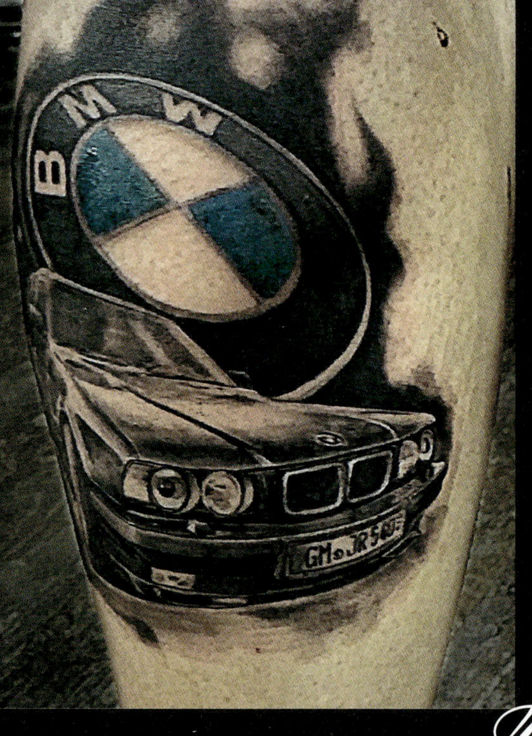

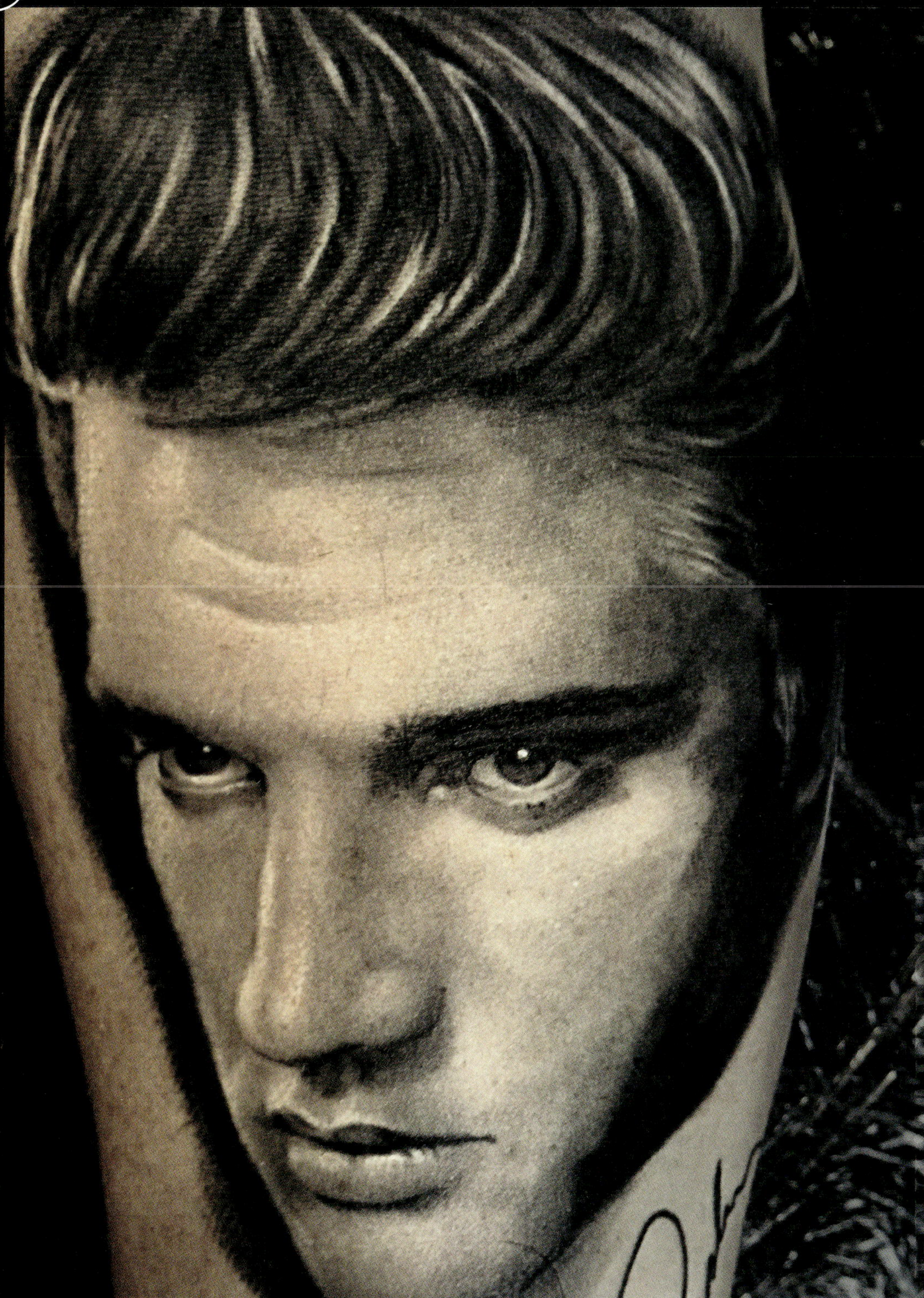

# Ixi Ink

Stilrichtung: Horror Realistic, Black&Grey, Freehand

Stadt: Ulmen

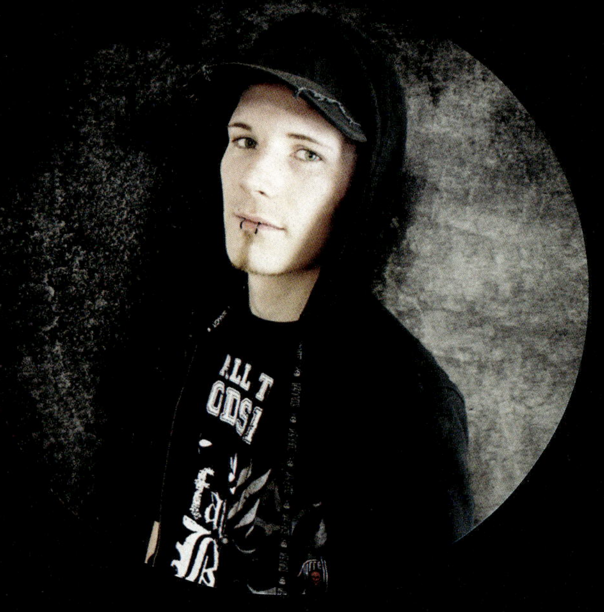


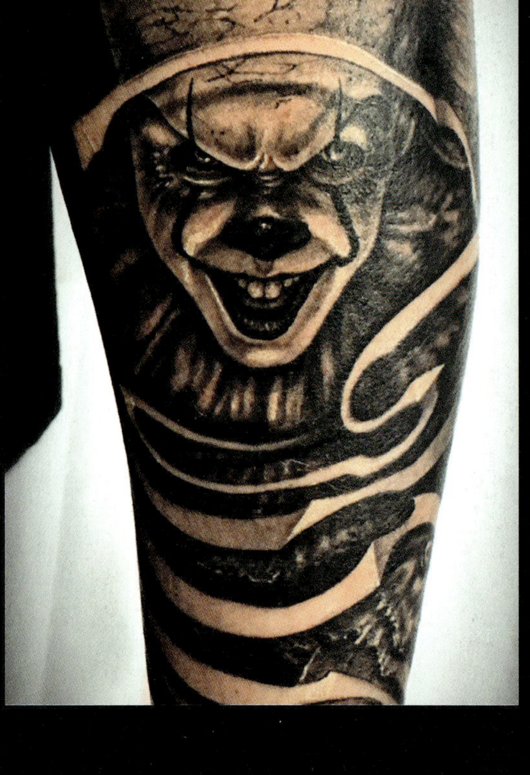

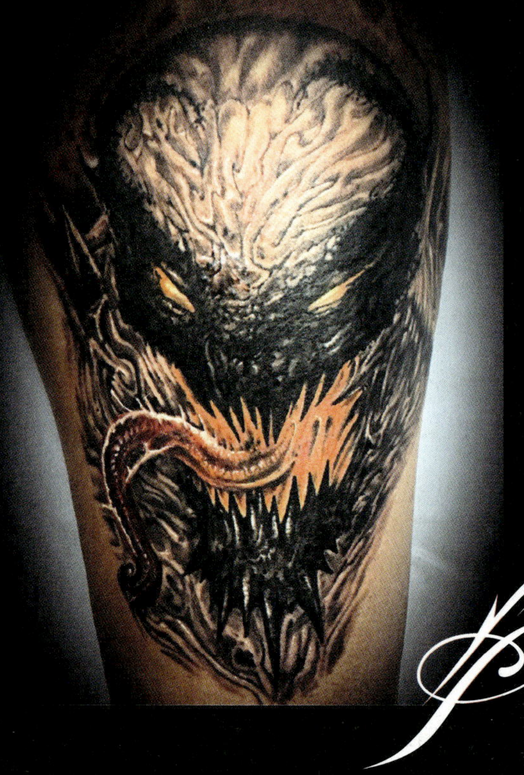

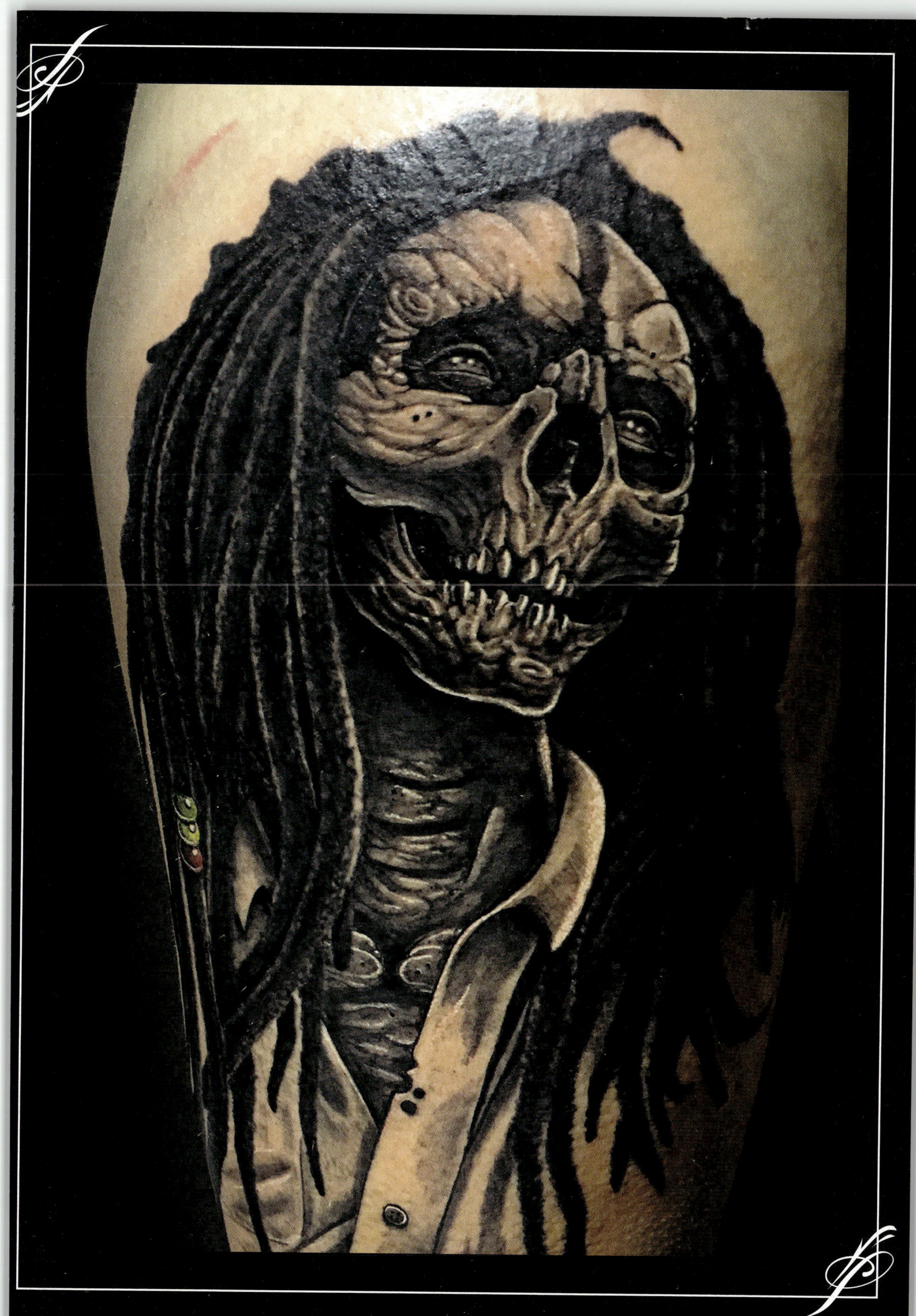

# Jens Simonsson

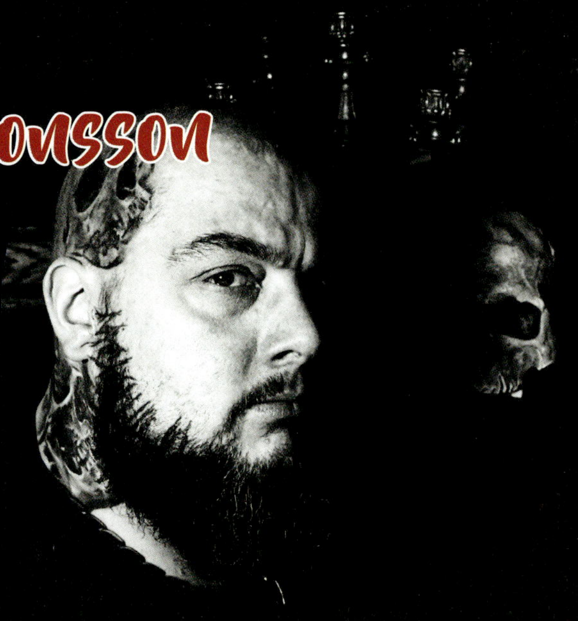

Stilrichtung: Black&Grey, Horror, Realistic

Stadt: Bad Oeynhausen

»Neben dem Tätowieren spielen Religion und Psychologie eine weitere große Rolle in meinem Kopf und ich danke meinen Kunden dafür, dass sie mich das immer öfter auf ihrer Haut zusammenbringen lassen.«

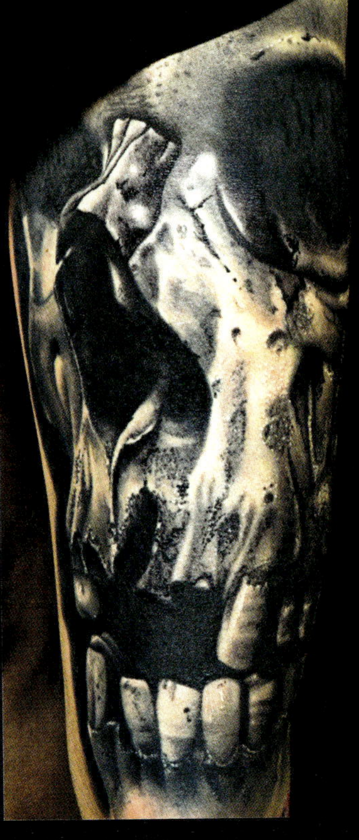

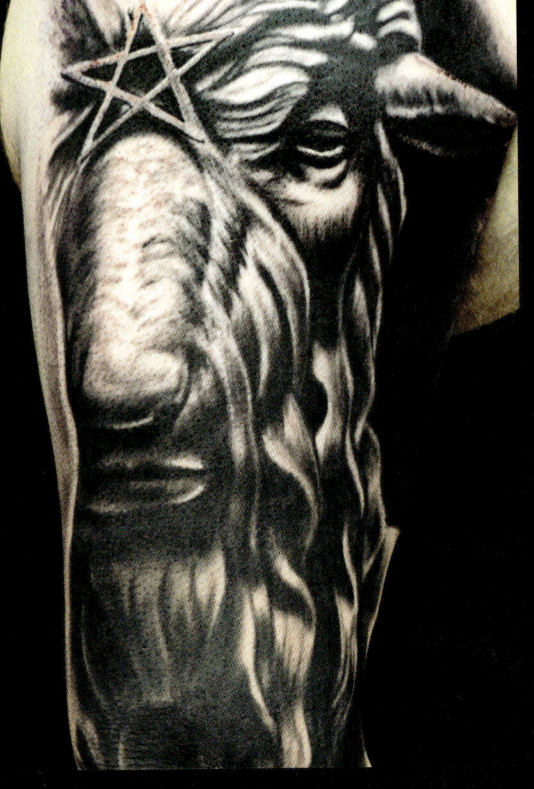

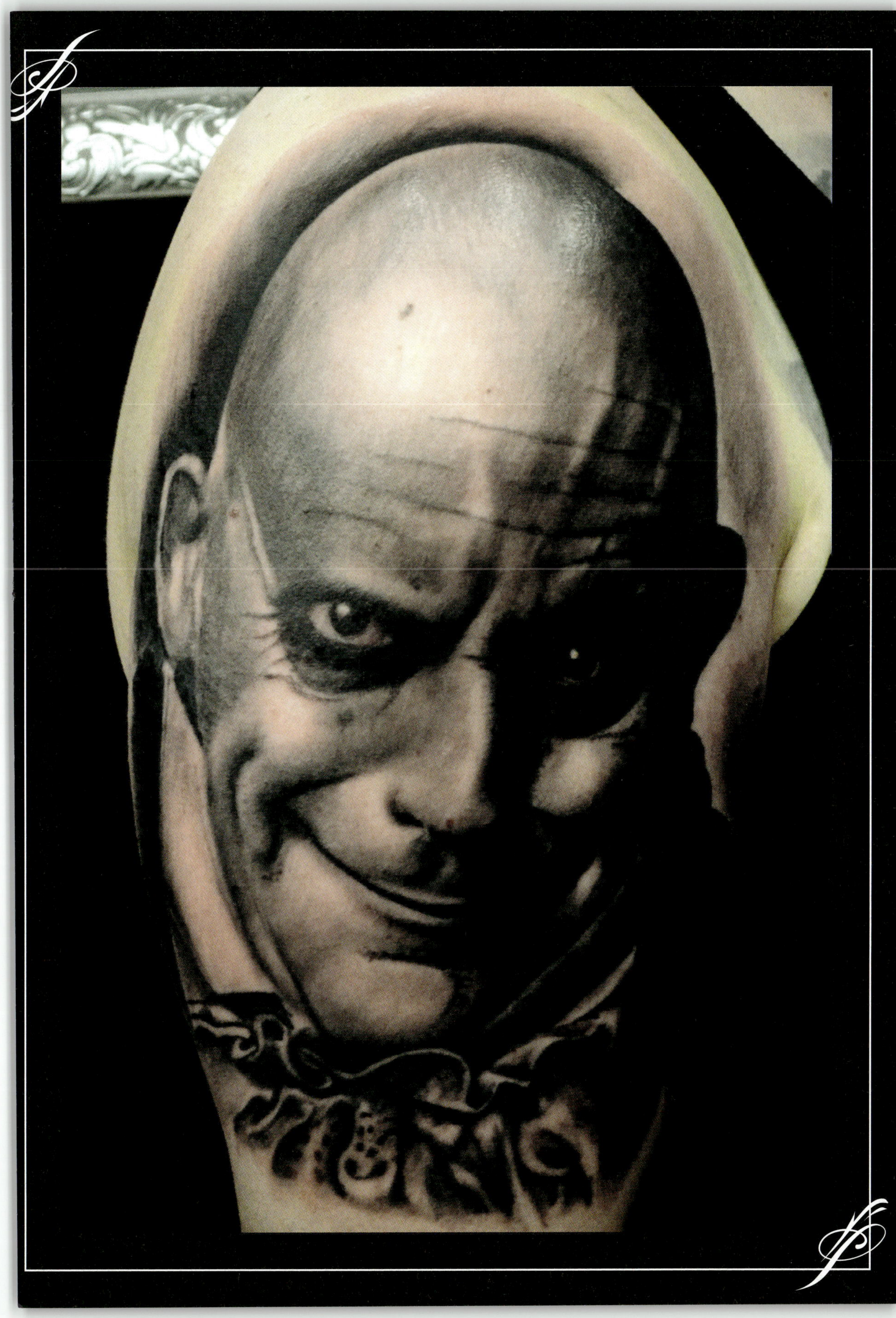

# Leonardo Vincenco Tasonne

Stilrichtung: Black&Grey, Dotwork, Mandala

Stadt: Speyer

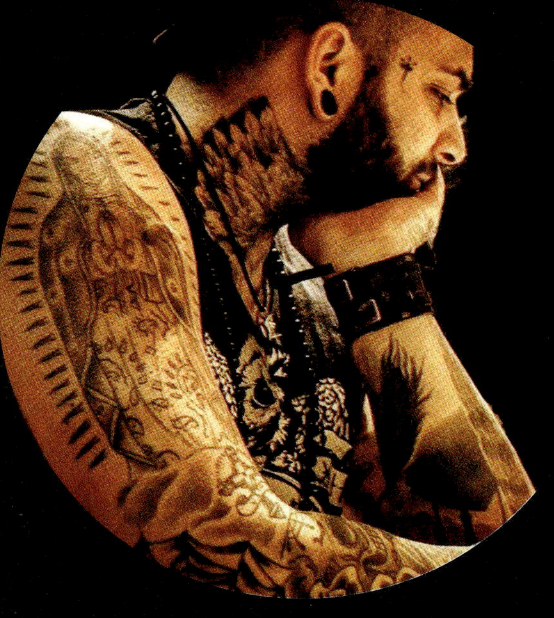

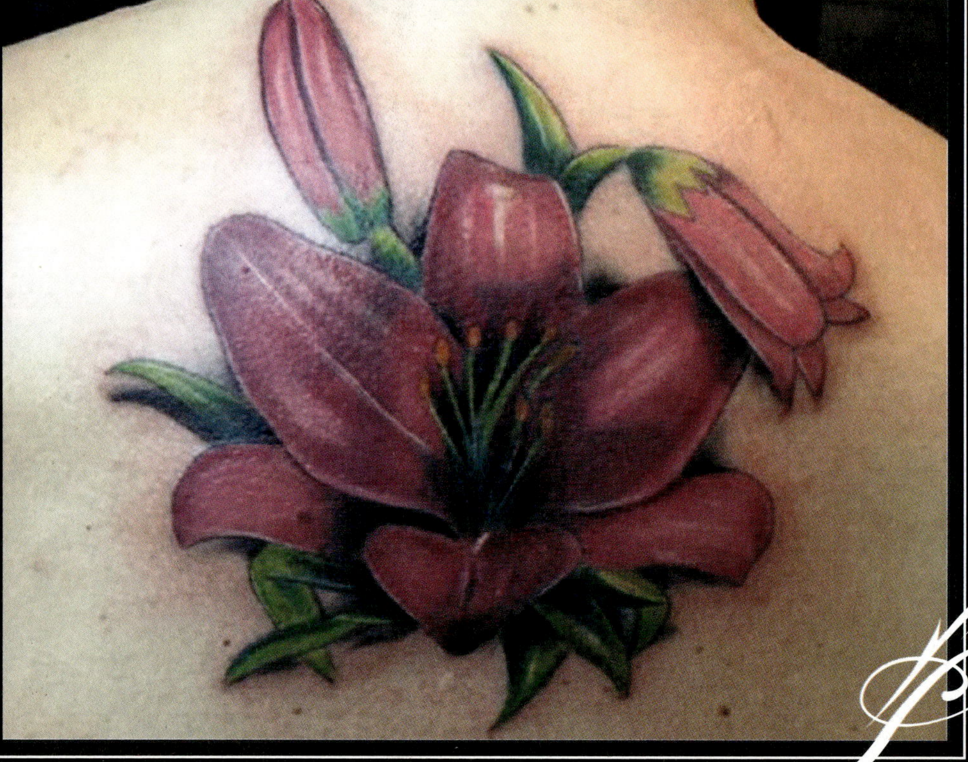

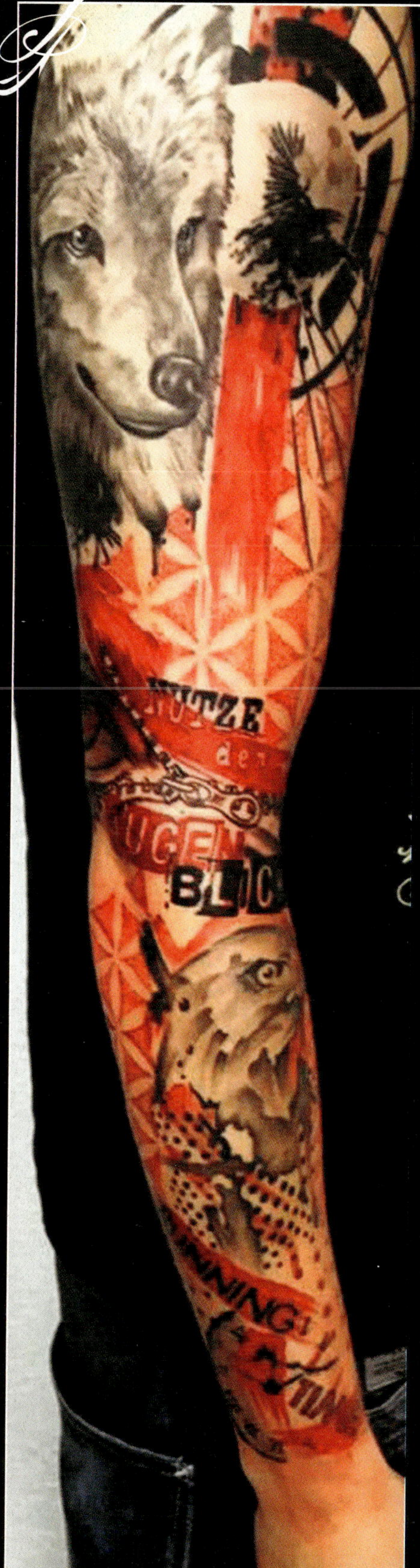

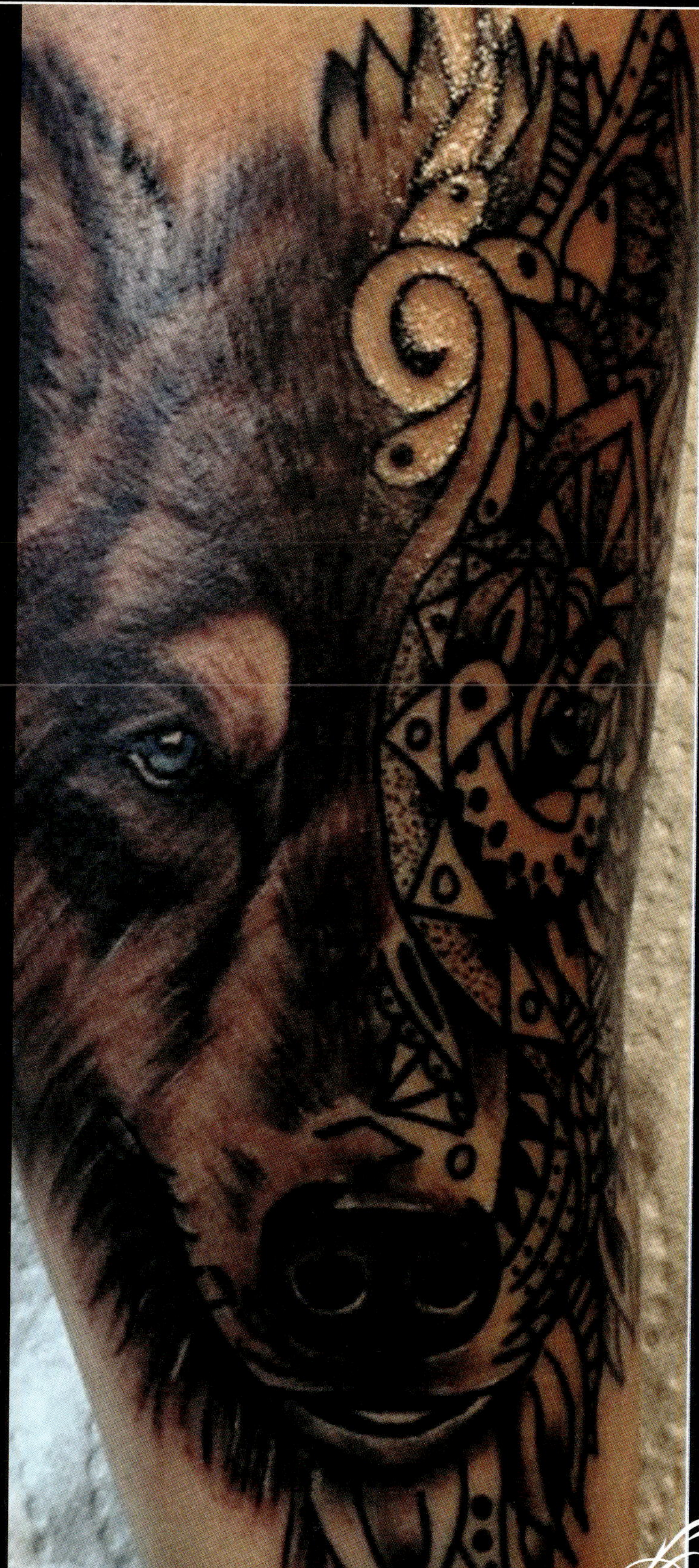

# Sebastian Winder

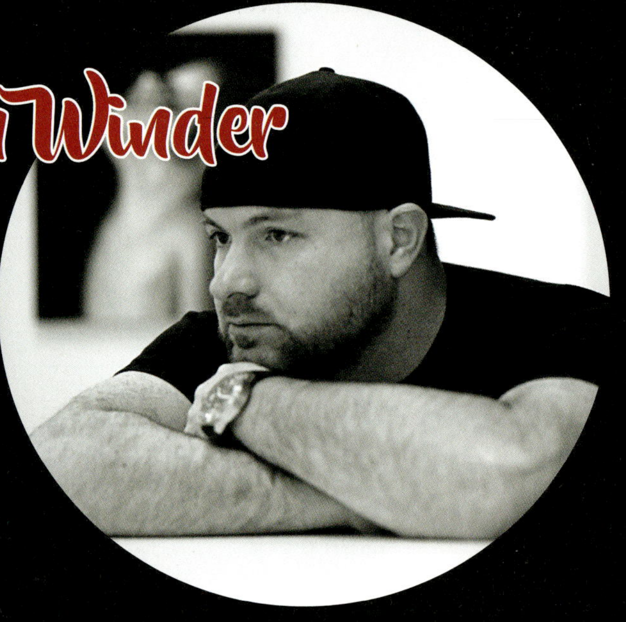

Stilrichtung:
Photorealistic

Stadt: Essen

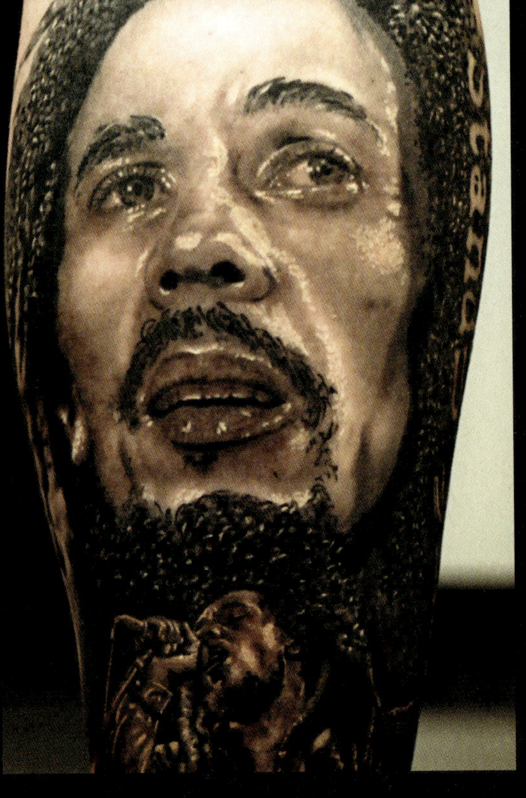

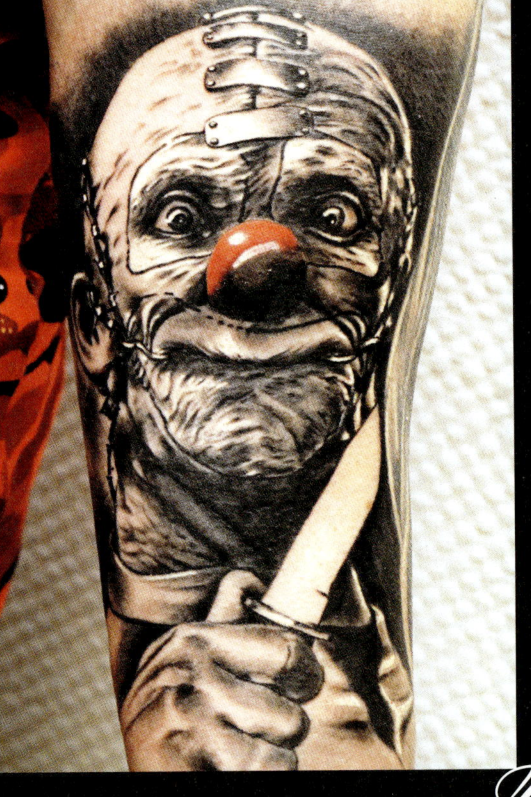

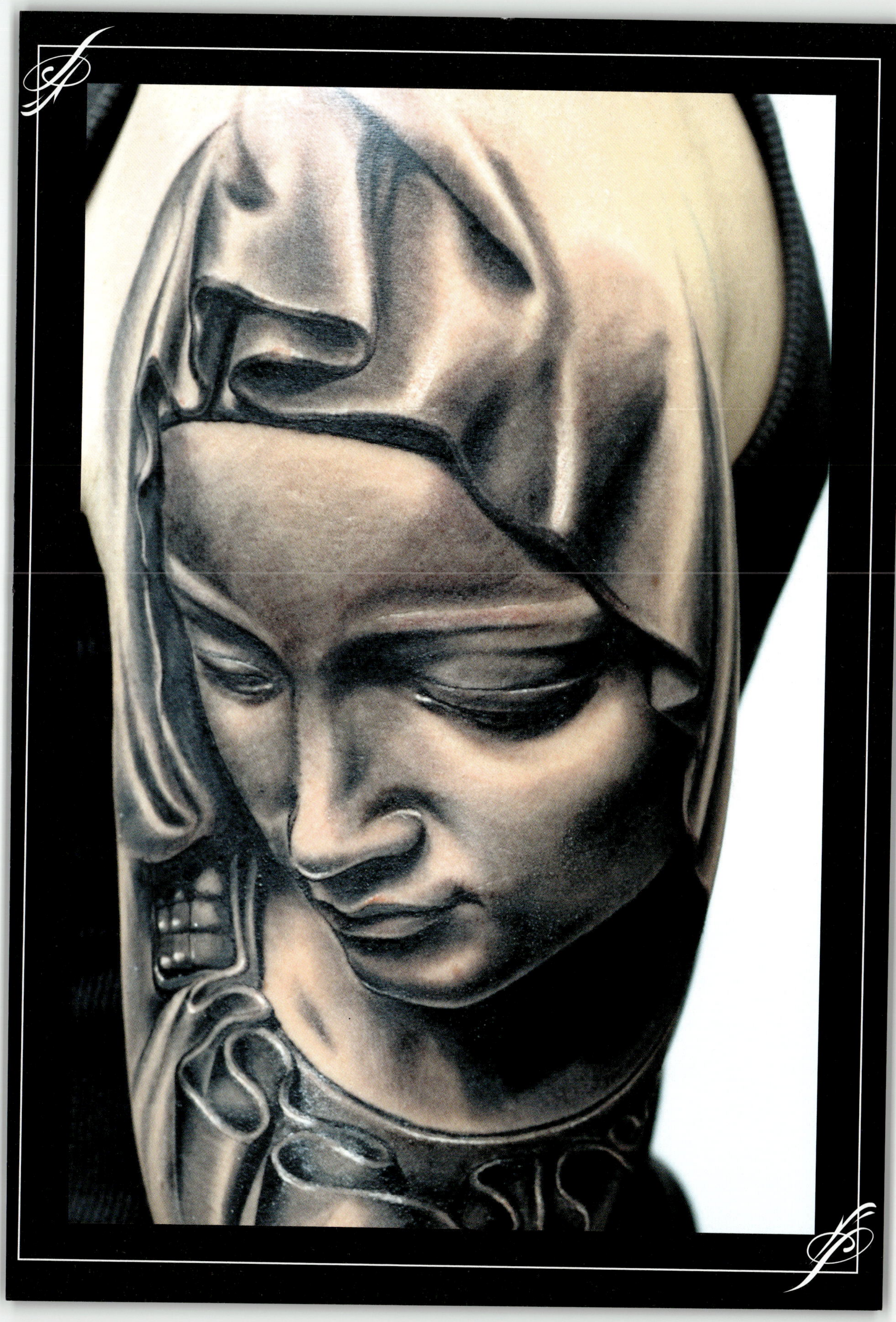

# Boris Schormann

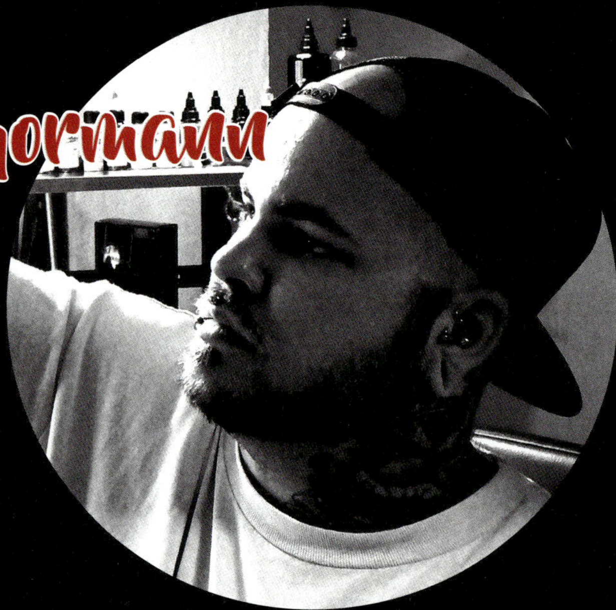

Stilrichtung:
New School, Sci-Fi,
Comic

Stadt: Trier

»Boris hat einen unverkennbaren Stil, mit dem er sich von seinen Kollegen absetzt.«

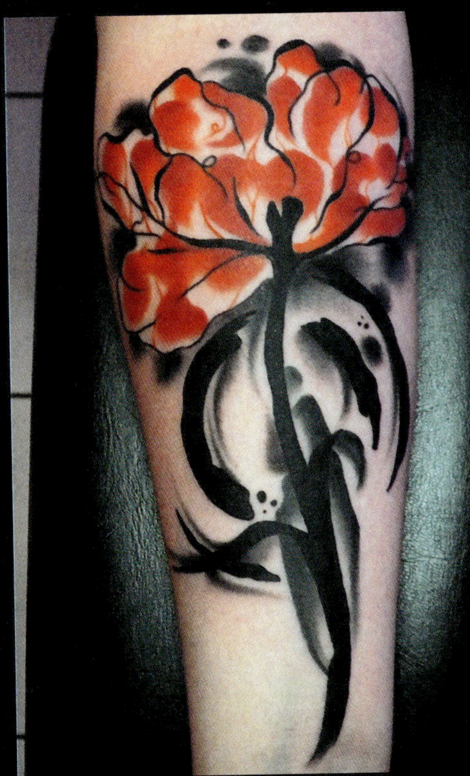

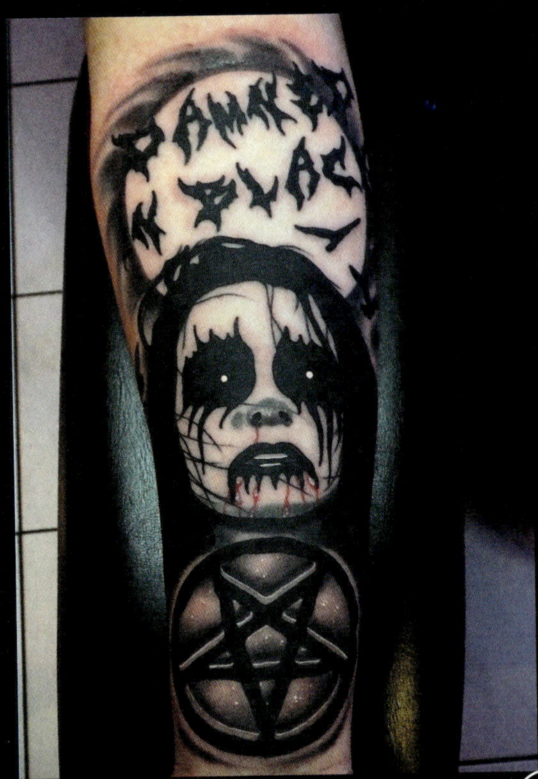

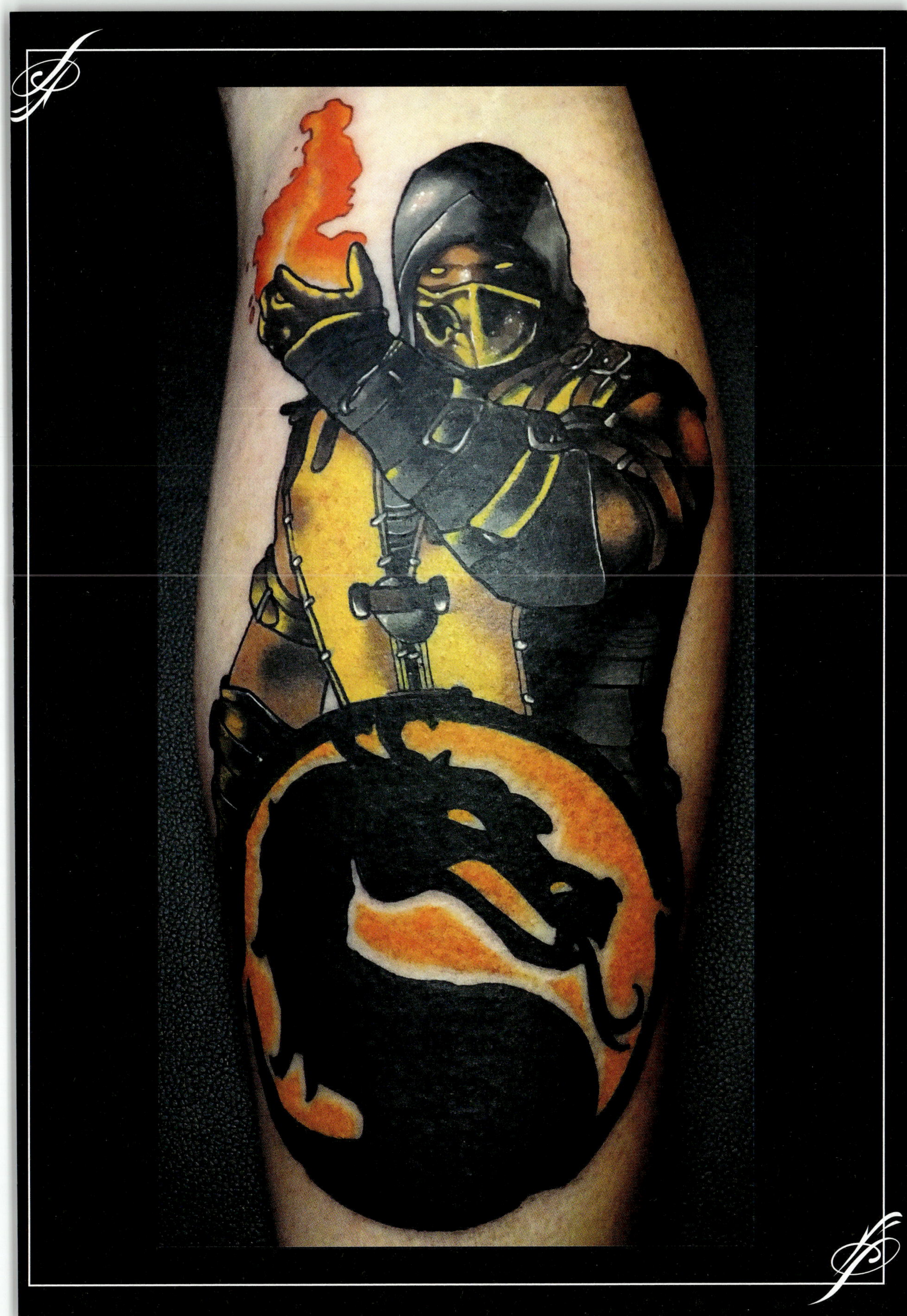

# Canny Smith

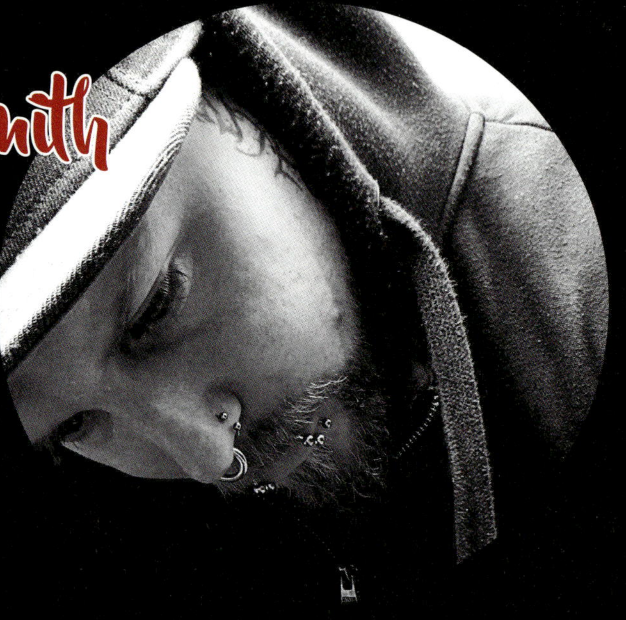

Stilrichtung:
Black&Grey, Realistic

Stadt: Wassenberg

»Ich mache mir keine Gedanken über irgendwelche großen Pläne. Ich liebe es, meine Sache ausüben zu dürfen und möchte gerne weiter meine Kunden glücklich machen. Das ist mir das Wichtigste.«

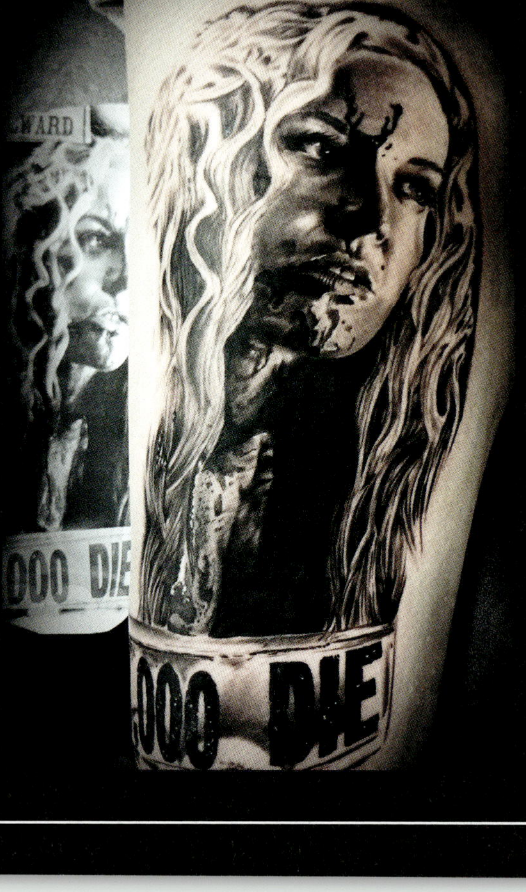


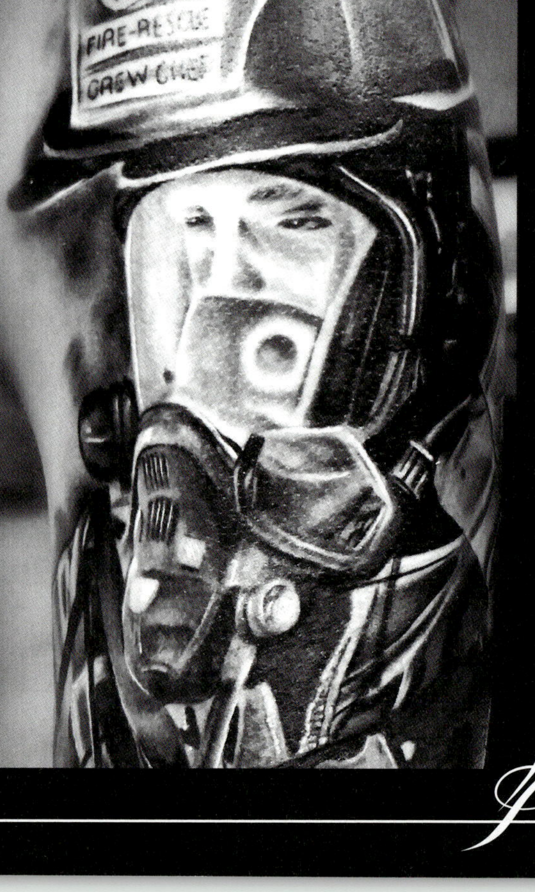

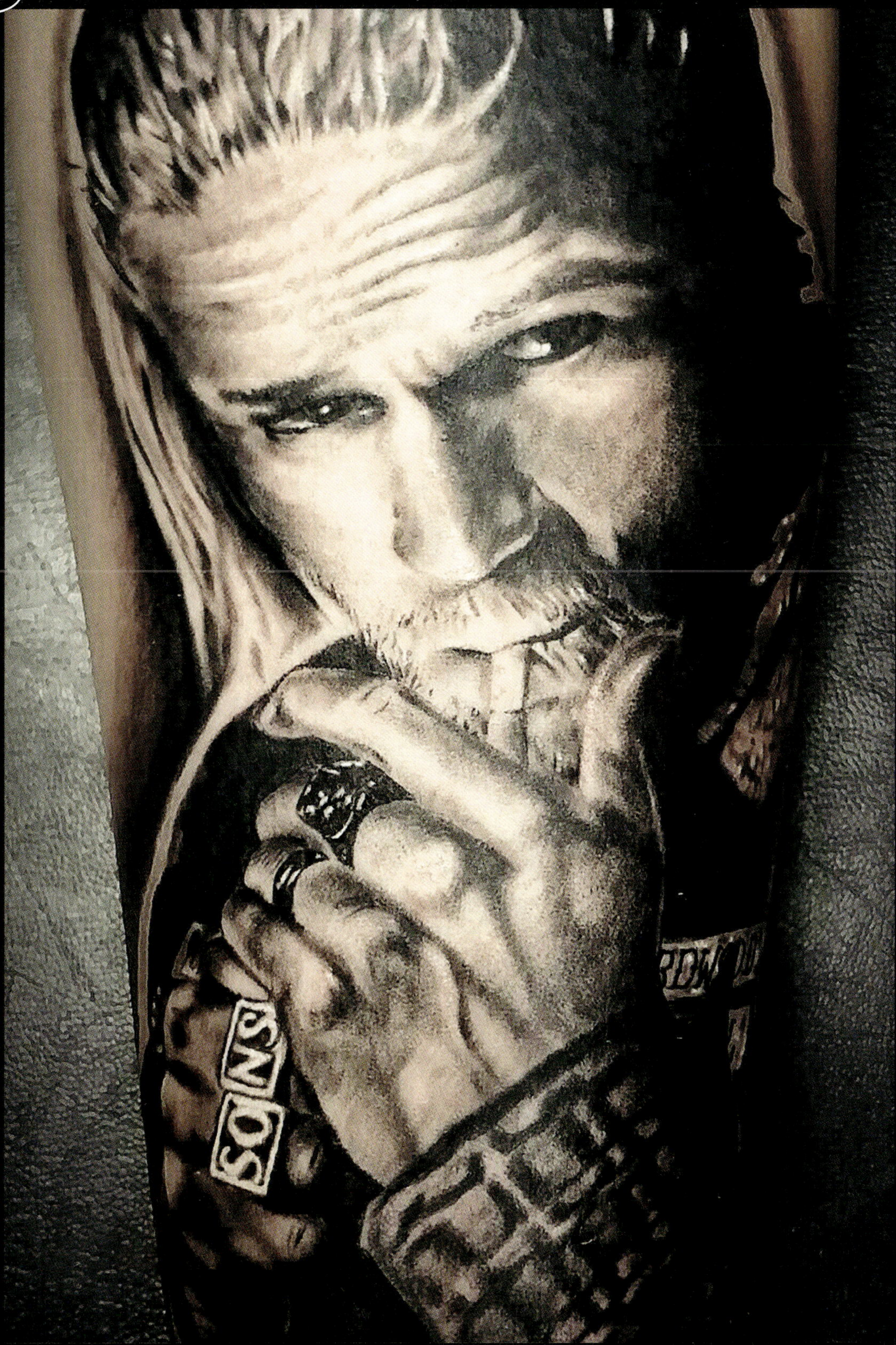
SONS

# Cemil Ince

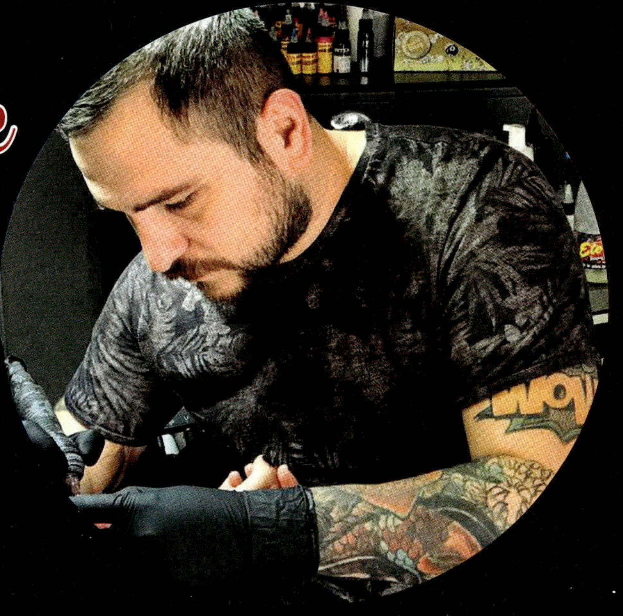

Stilrichtung: Black&Grey,
Realistic, Lettering

Stadt: Essen

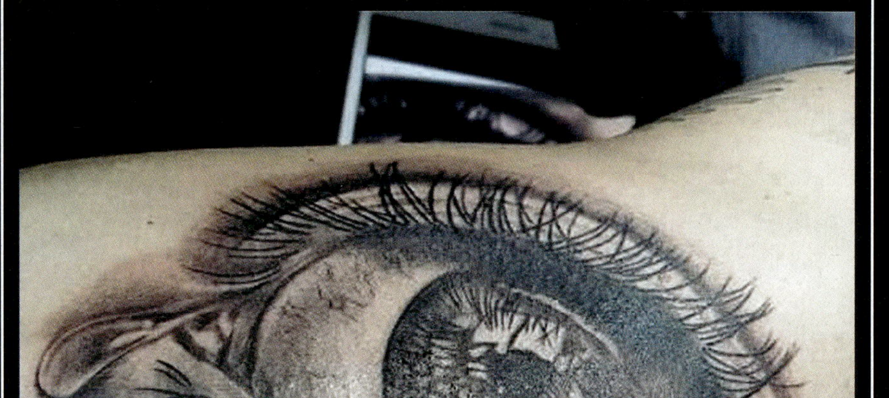

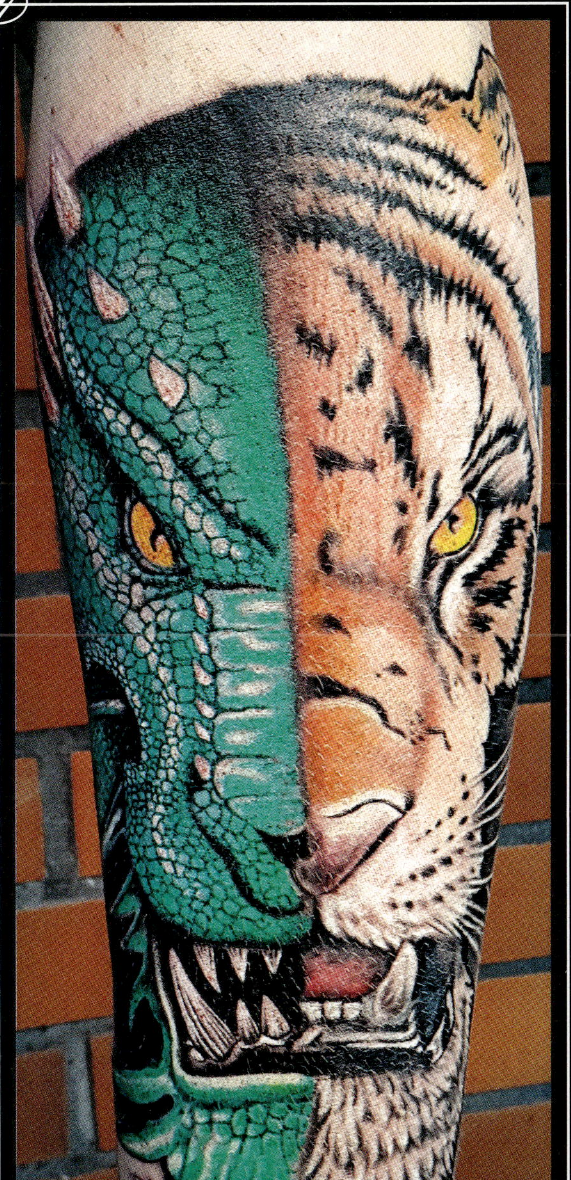

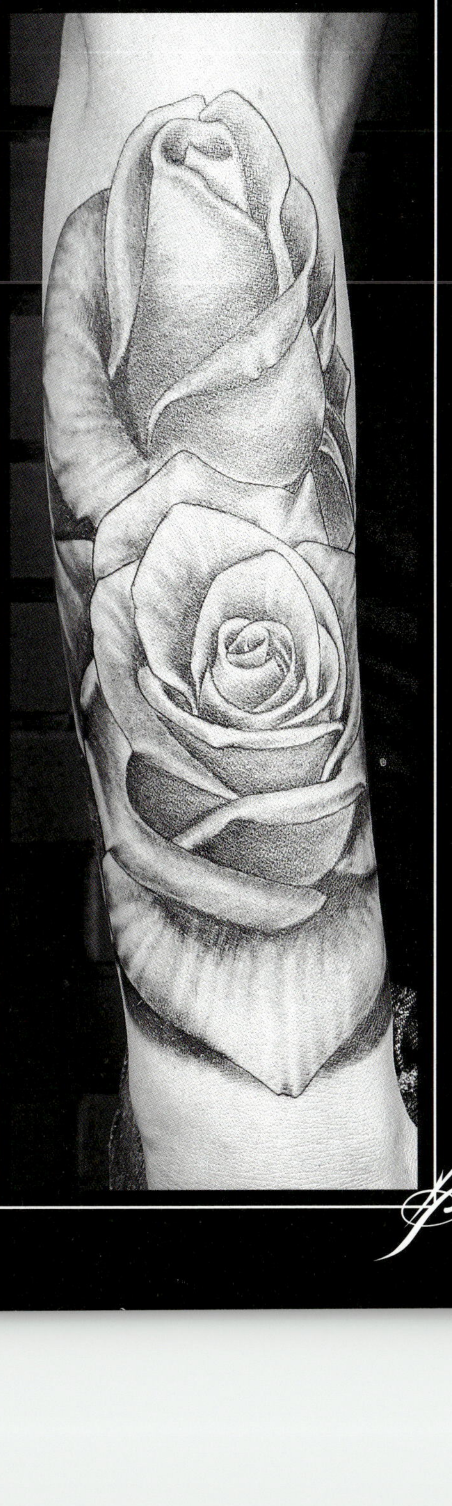

# Chris Ape

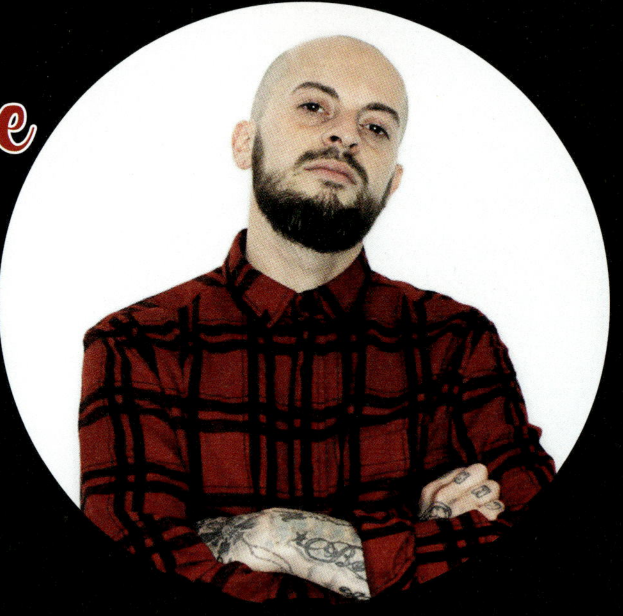

Stilrichtung:
Watercolor-Trash-
Realistic

Stadt: Berlin

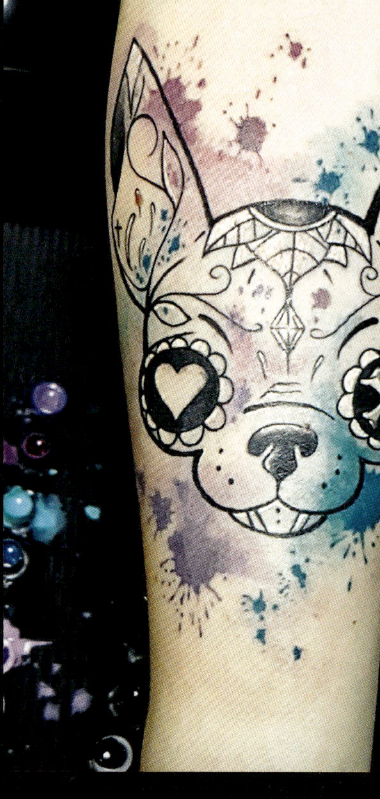

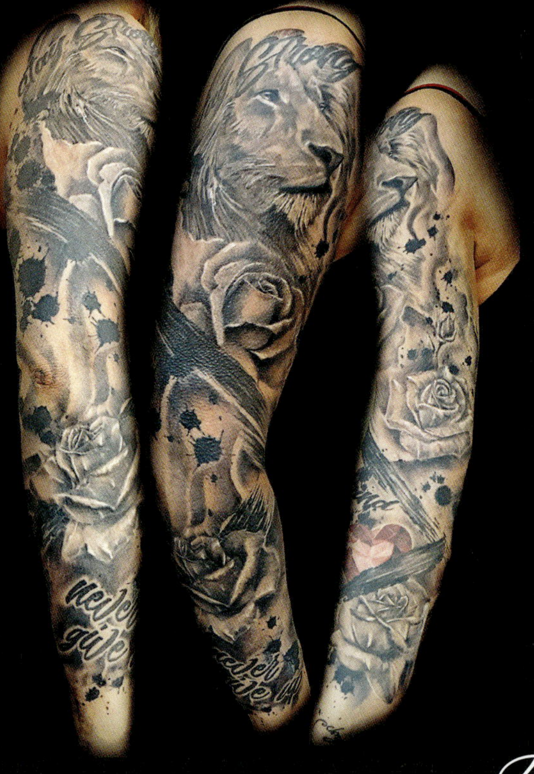

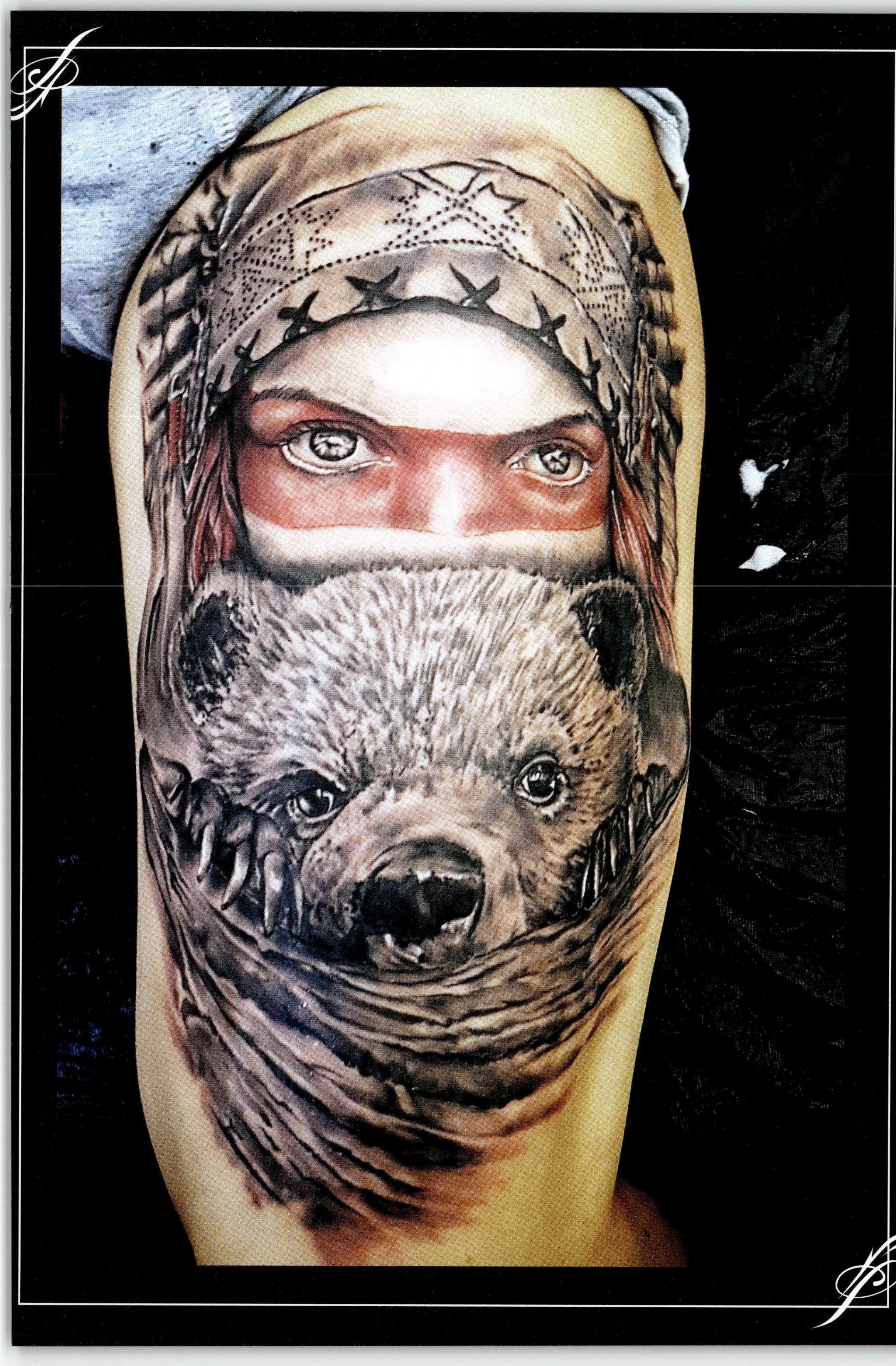

# Daniel Symanski

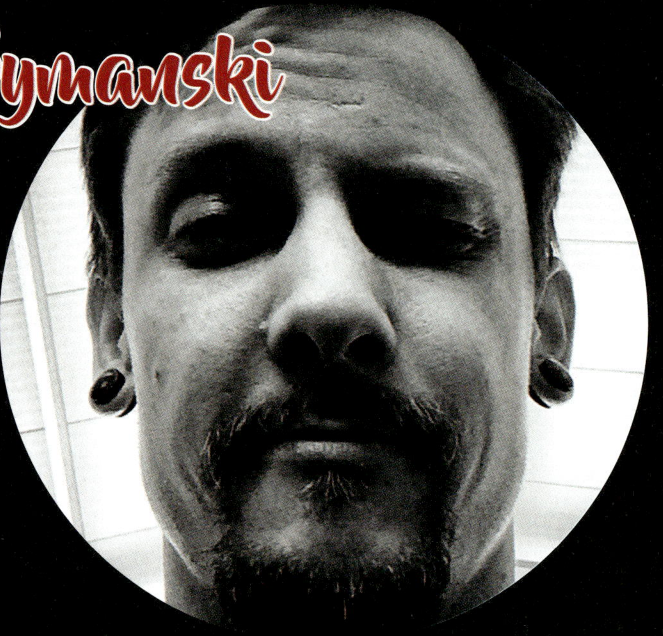

Stilrichtung: Black&Grey

Stadt: Wuppertal

»Ich hoffe, noch viel mehr Menschen kennenzulernen, die mich inspirieren und mit der gewonnenen Kreativität noch ausgefeiltere Designs zu entwickeln. Solange ich den Weitblick behalten kann, dass ich von jeder Person, egal ob blutiger Anfänger oder technisch vielseitiger Experte, im Tattoobereich etwas lernen kann, hoffe ich, mich stetig weiterzuentwickeln und niemals stehen zu bleiben.«

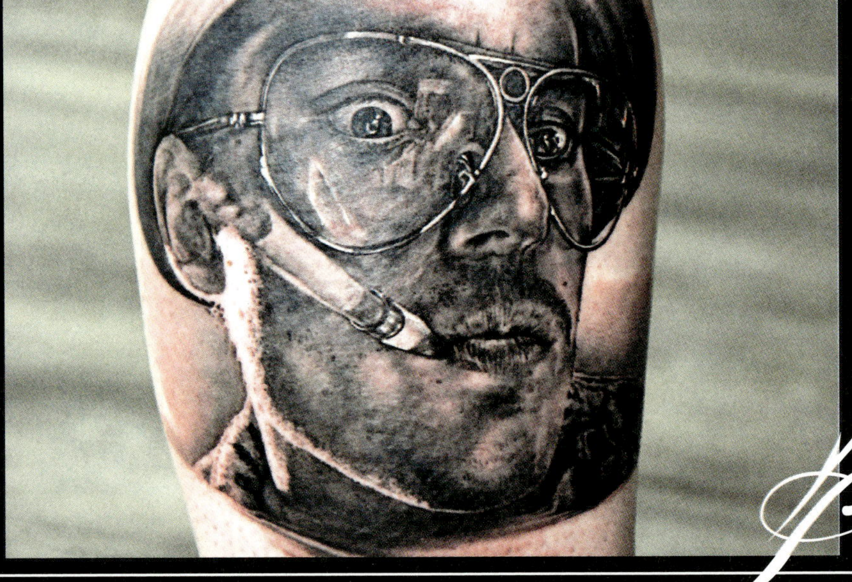

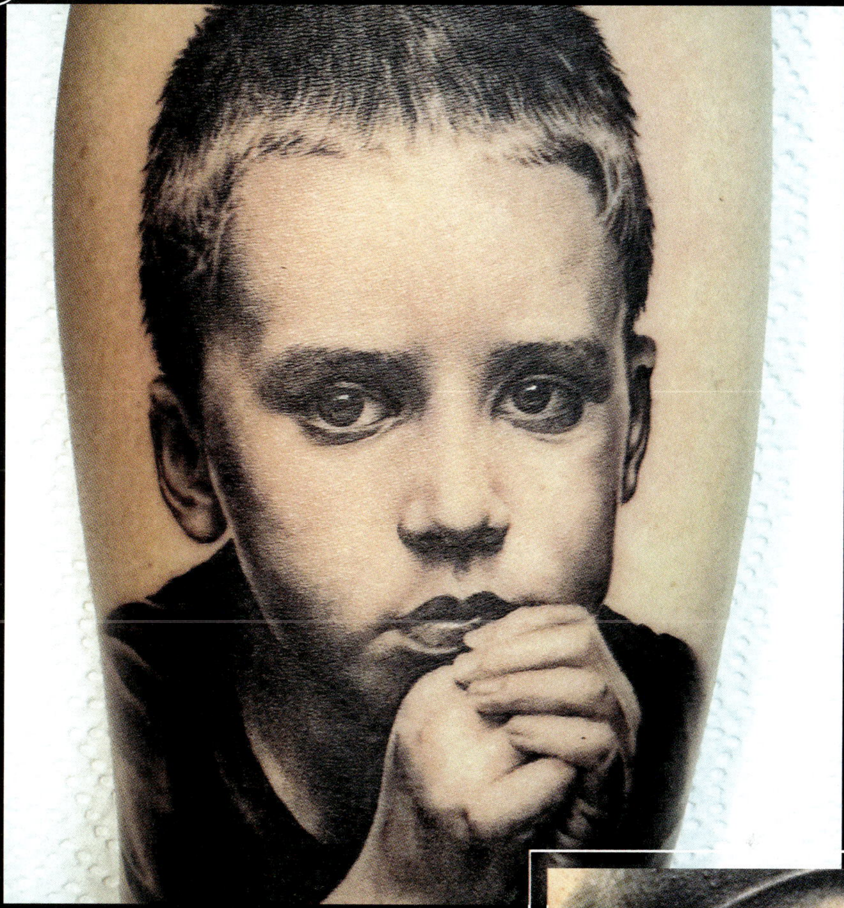
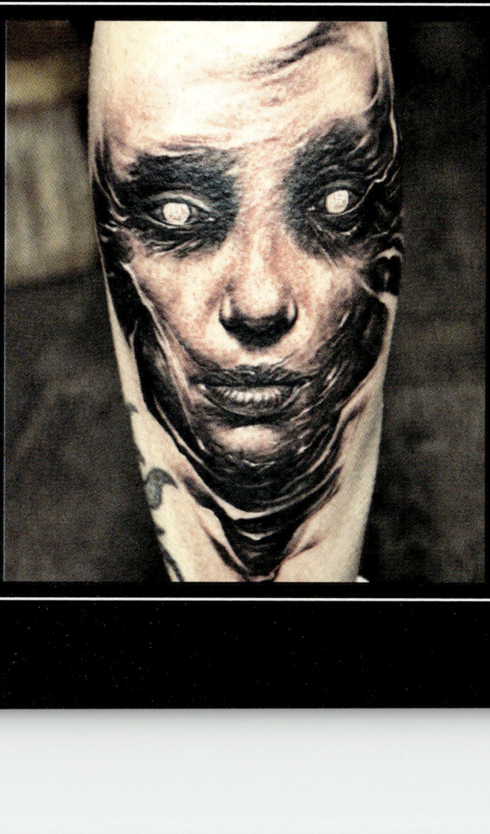
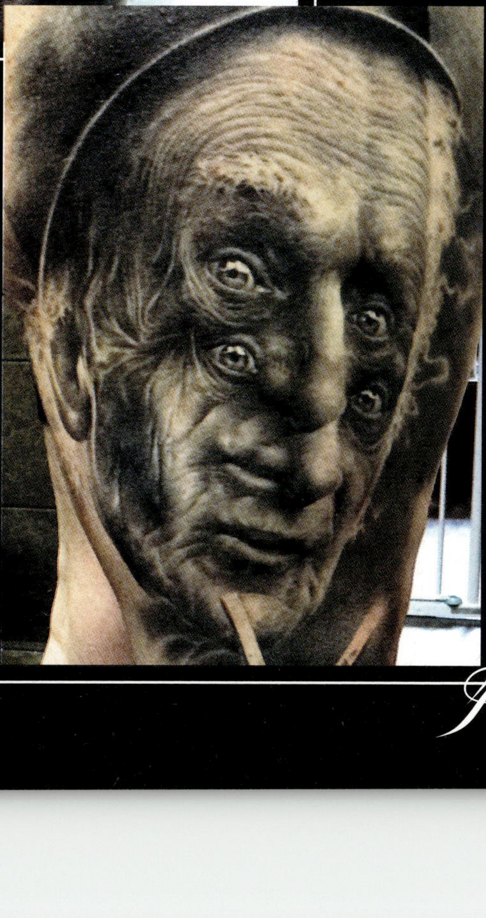

# Danijel Sepanovi

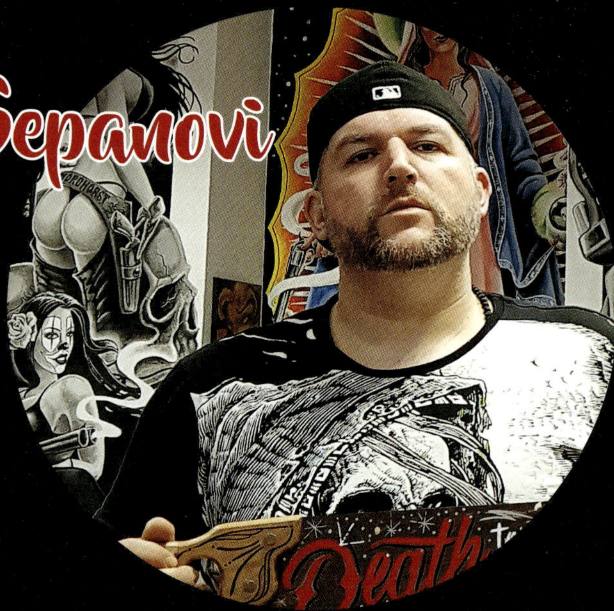


Stilrichtung: Freehand

Stadt: Wuppertal

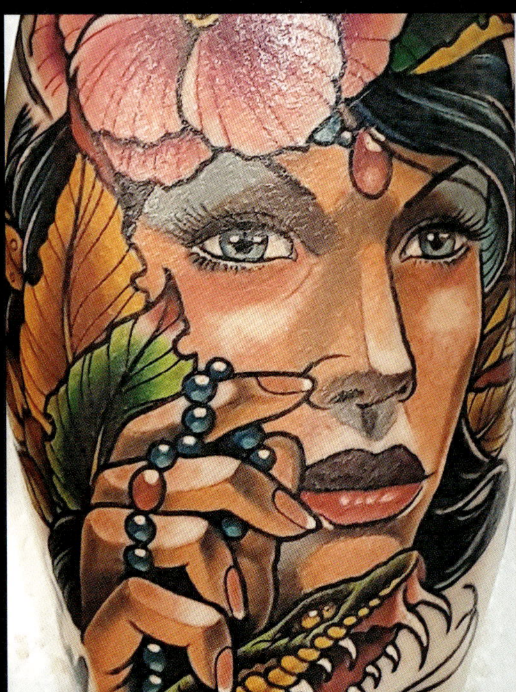

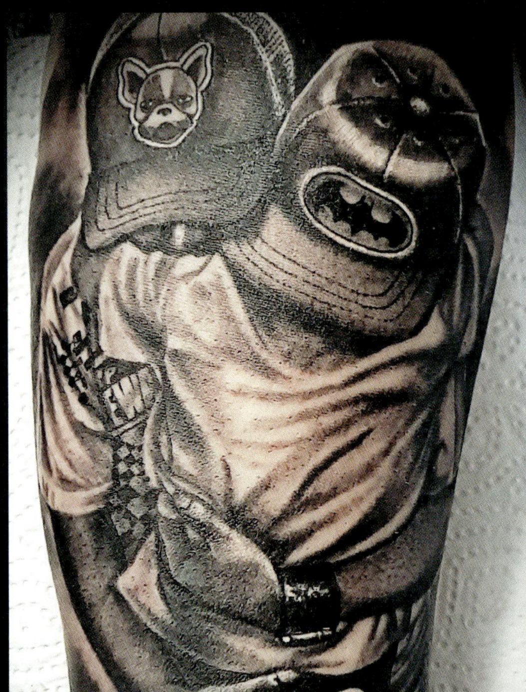

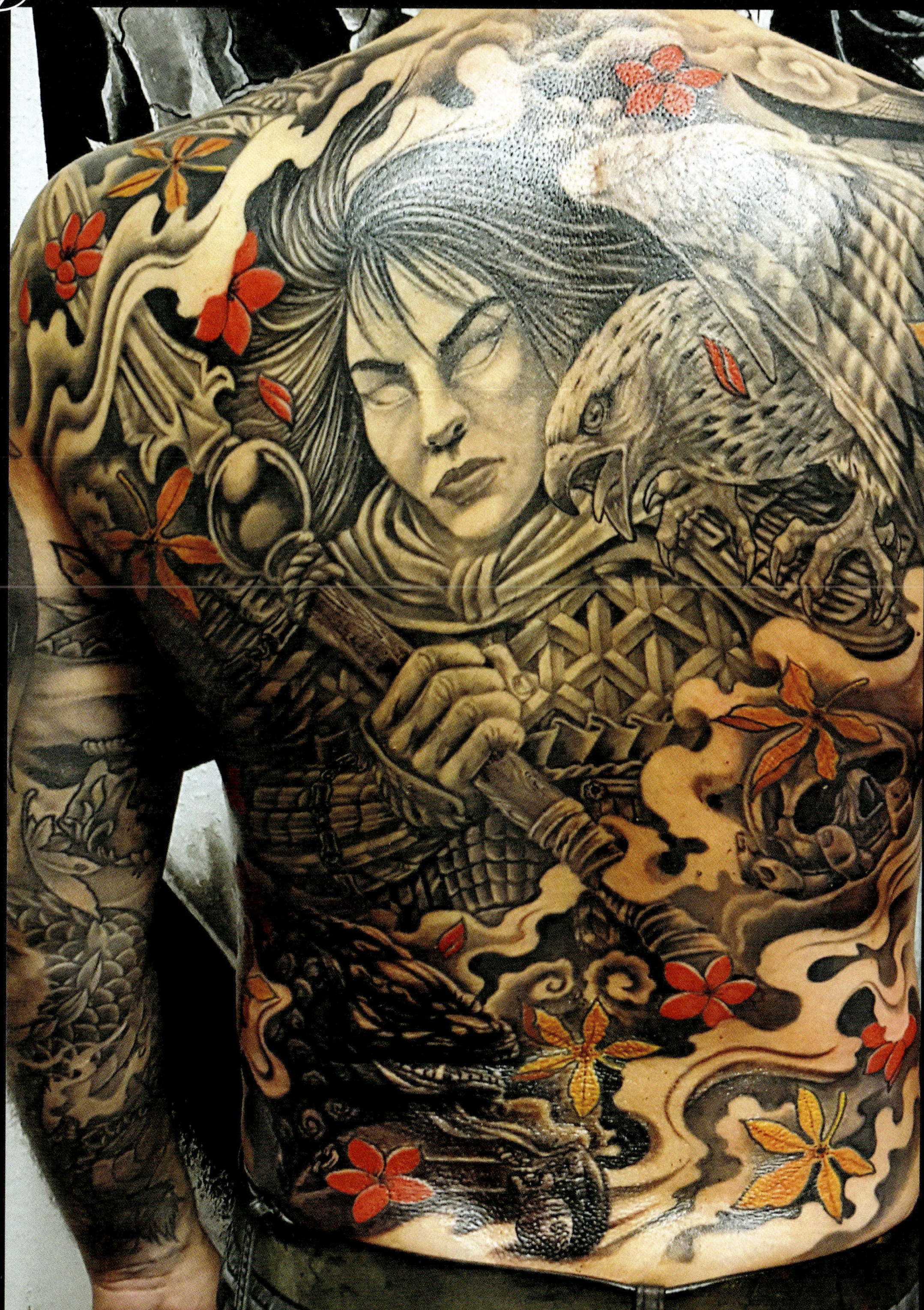

# Danny Brink

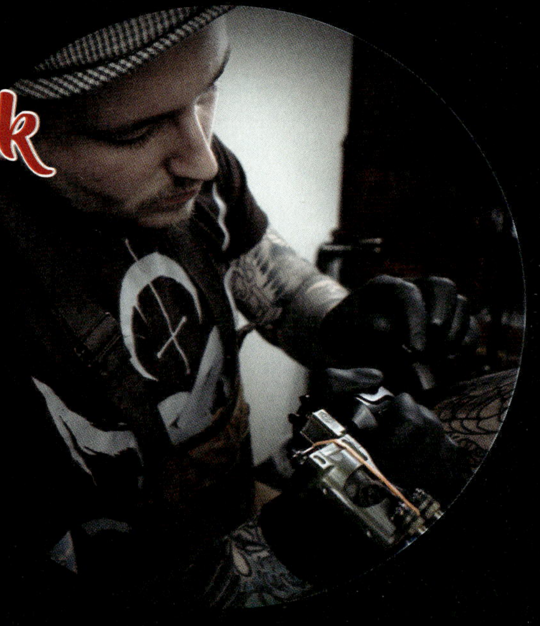

Stilrichtung: Traditional

Stadt: Recklinghausen

»Es wäre schön, wenn die Menschen wieder mehr auf ihr Herz und ihren Verstand hören und weniger auf Pinterest und Instagram schauen, wenn sie sich für ein Motiv entscheiden.«

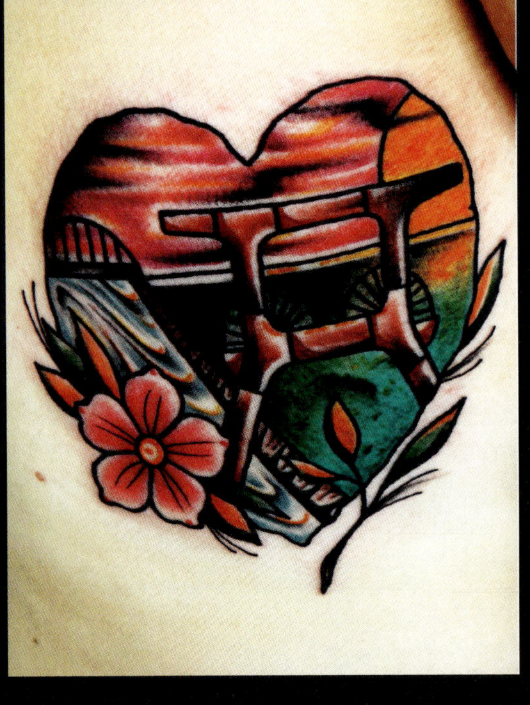

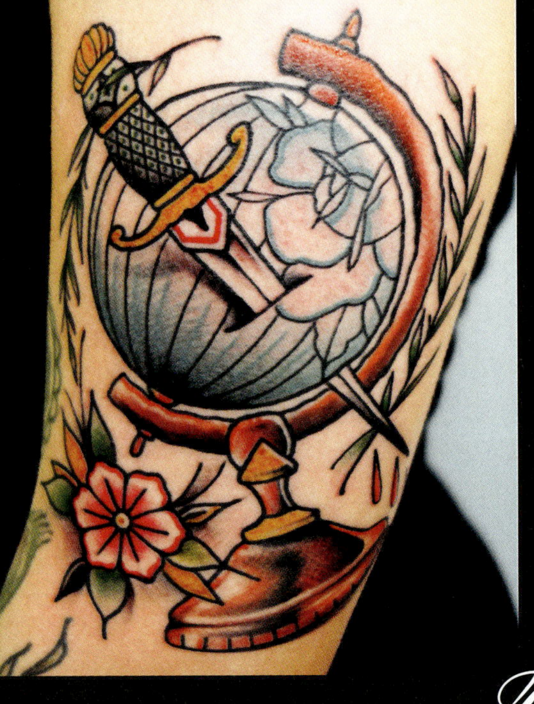

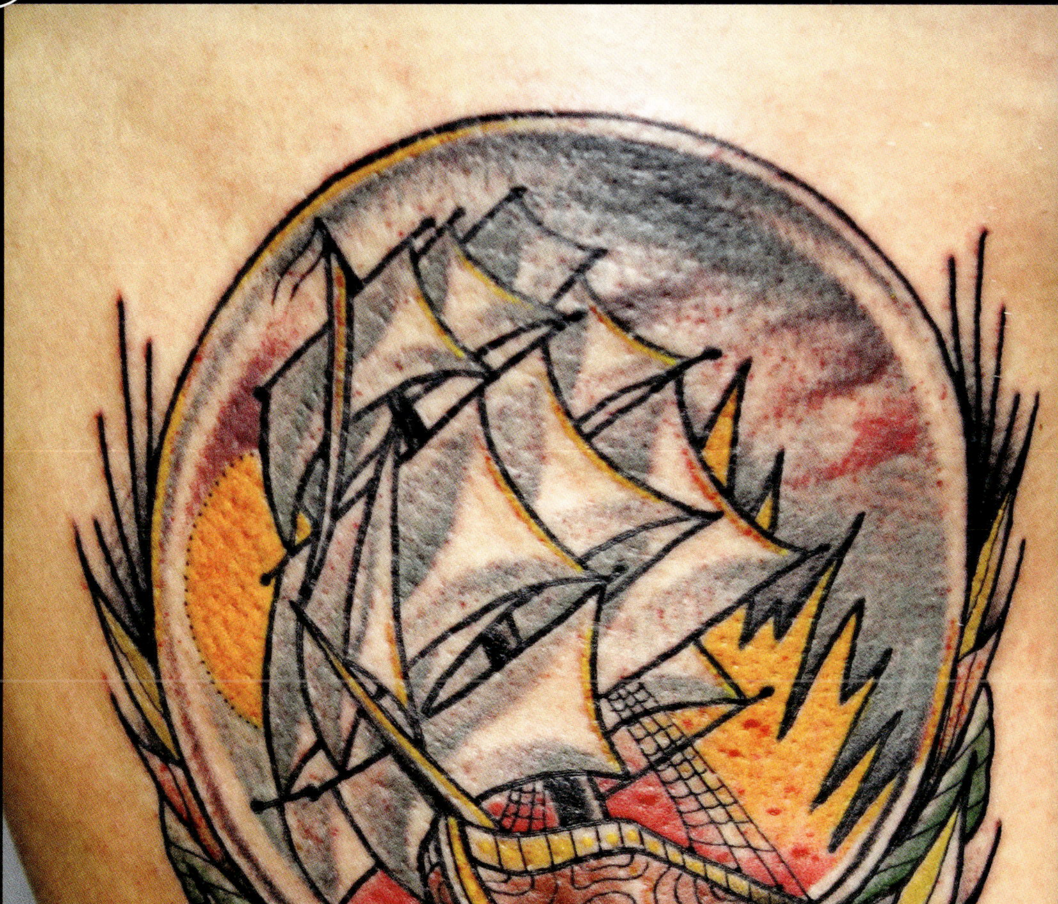

# Michael Koschel

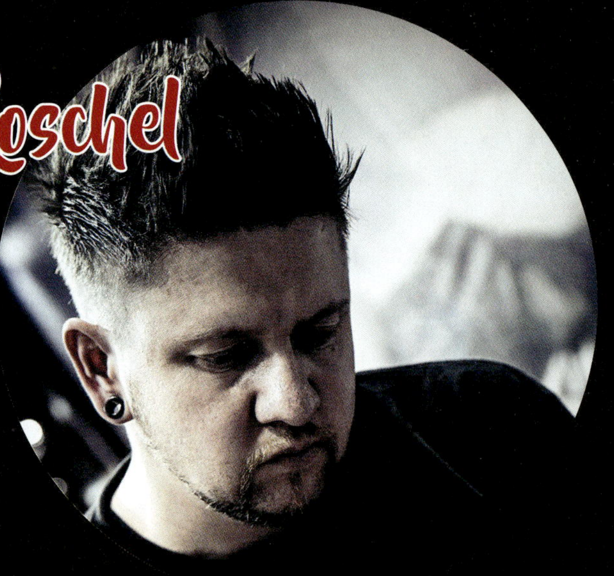

Stilrichtung: Realistic

Stadt: Gelsenkirchen

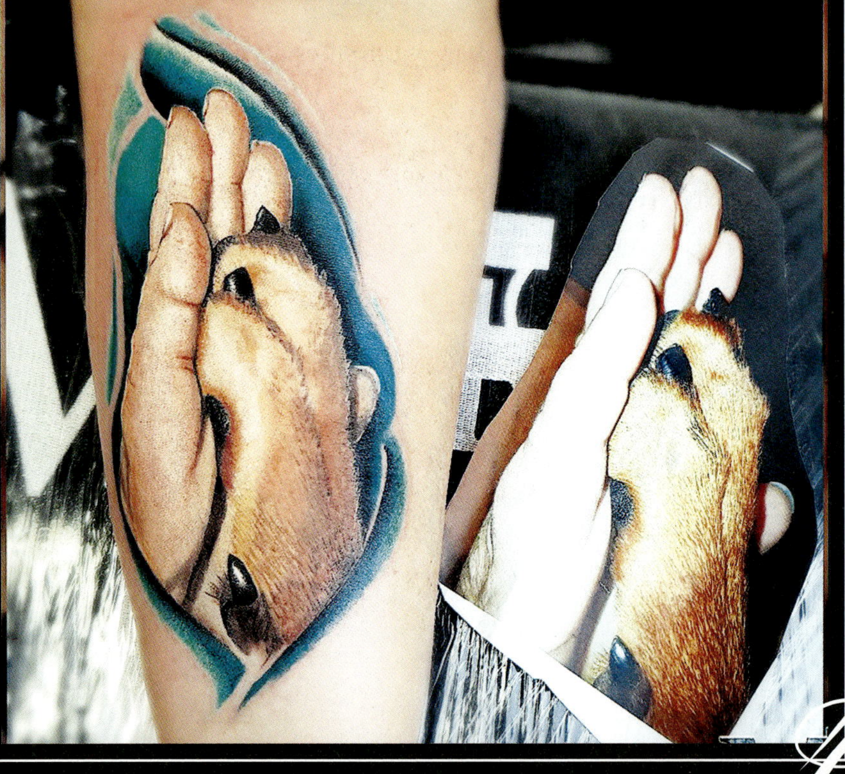

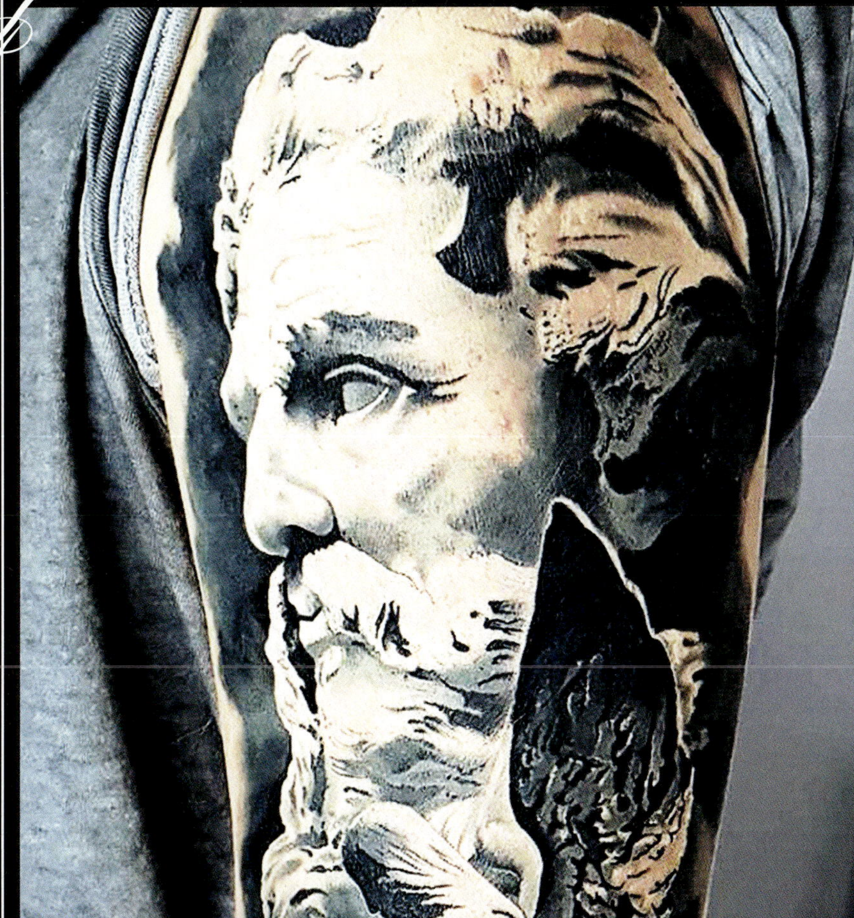

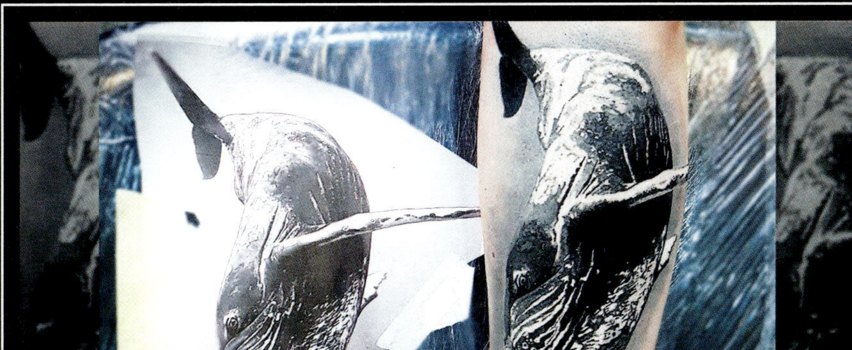

# Rossano Rossi

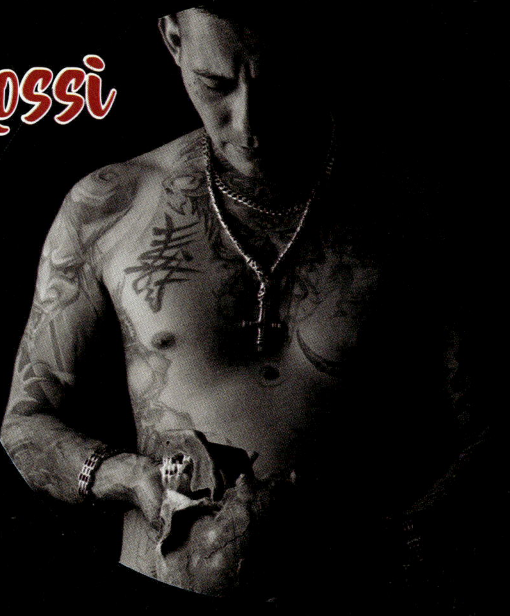

Stilrichtung: Realistic, Portrait

Stadt: Bubdendorf (Schweiz)

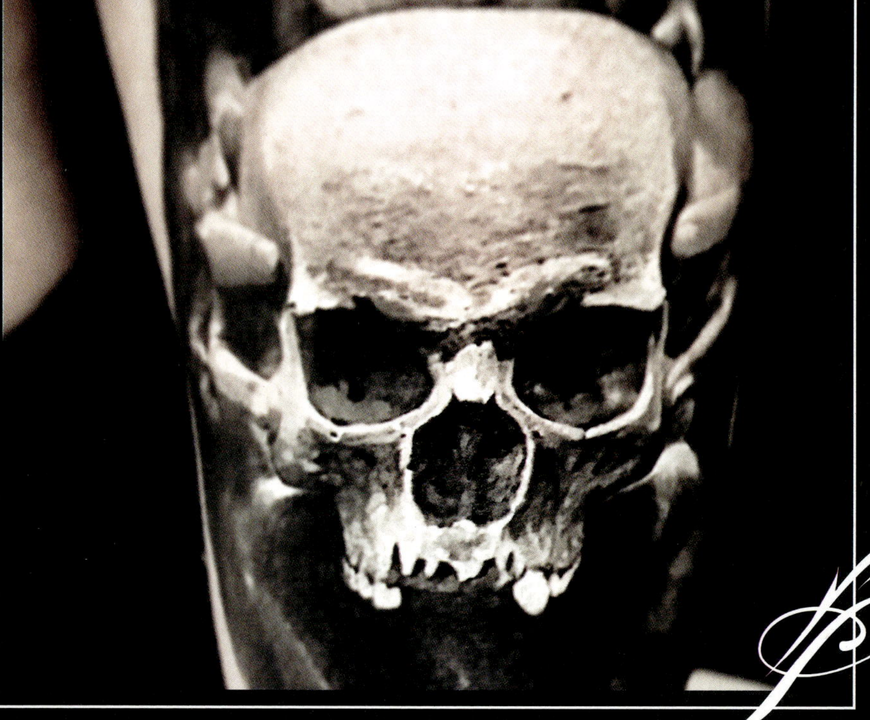

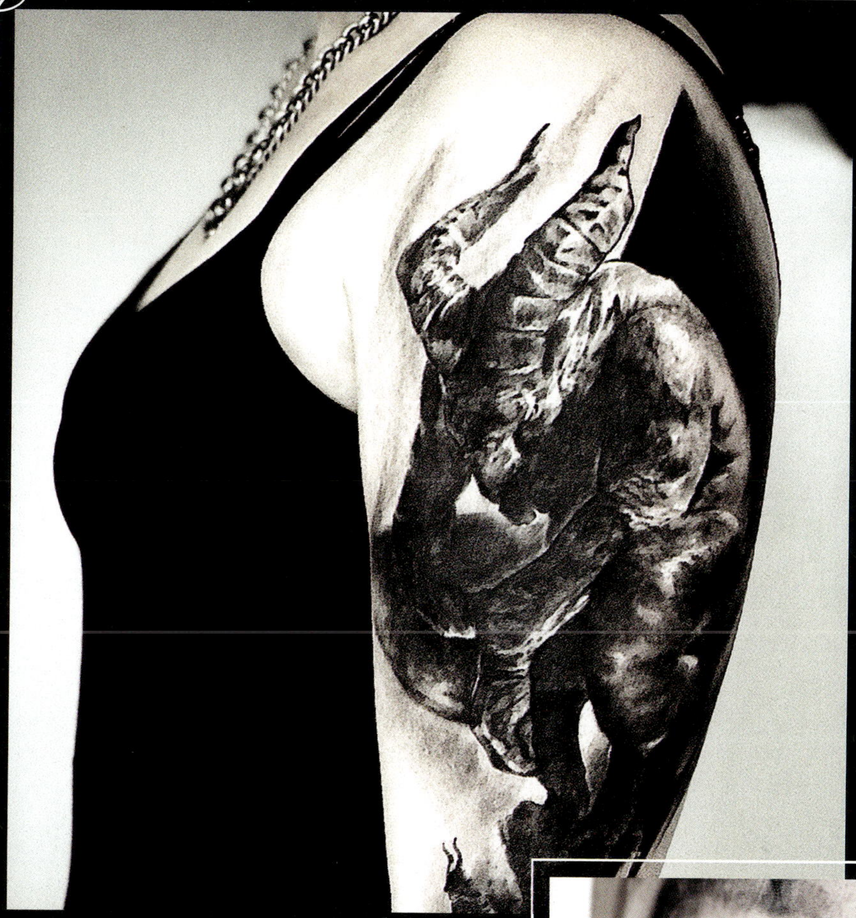

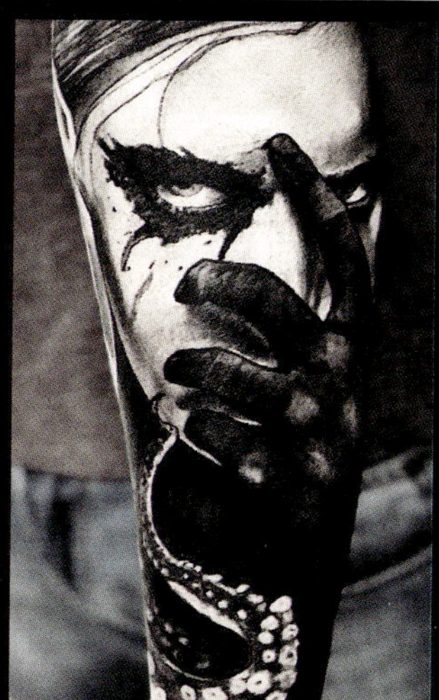

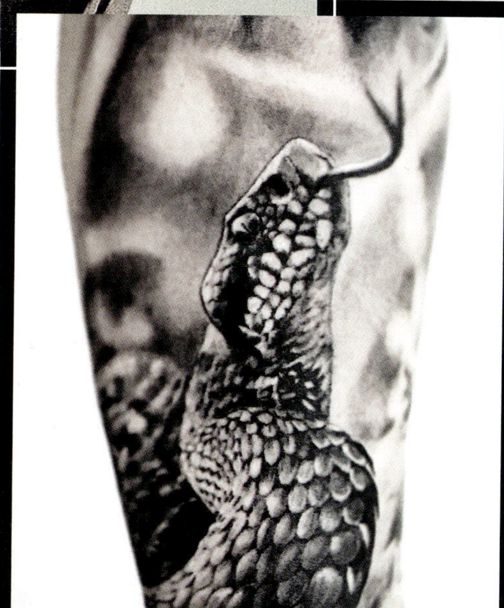

# Danny Black

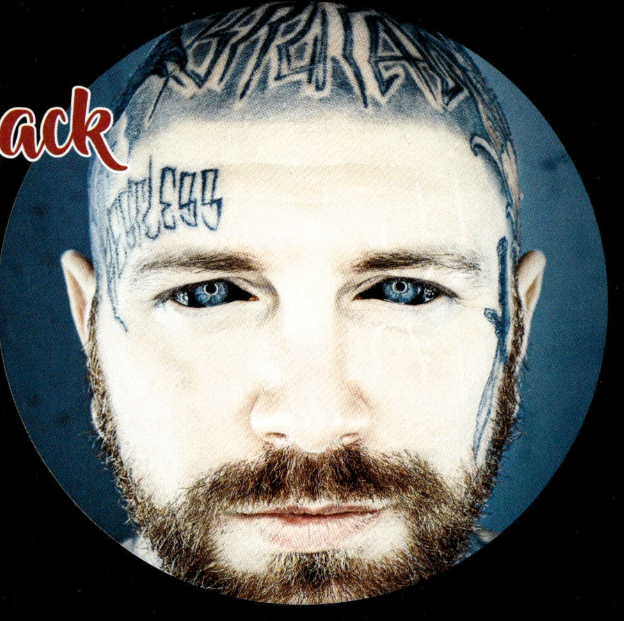

Stilrichtung:
Realistic, Trash Polka

Stadt: Luzern

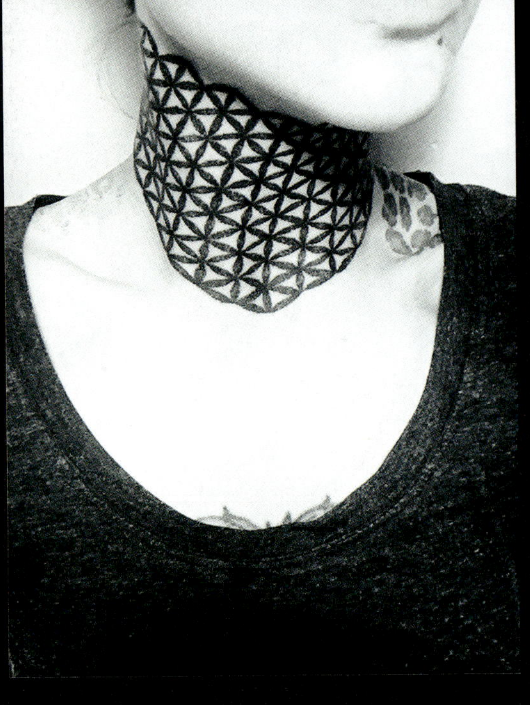

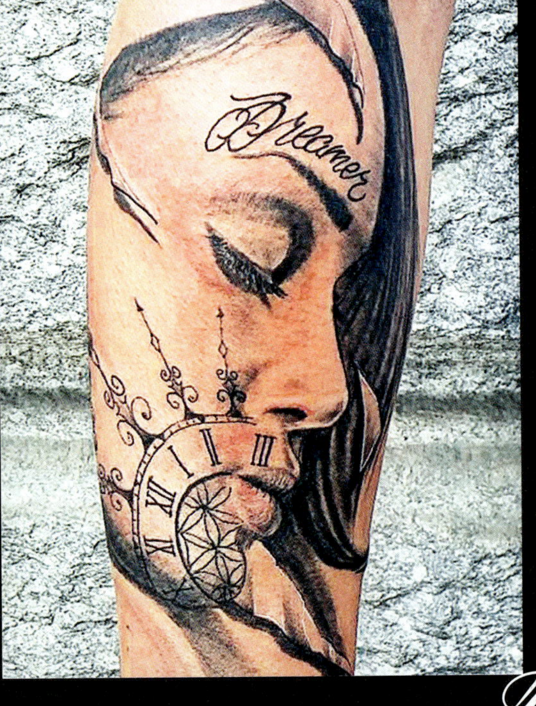

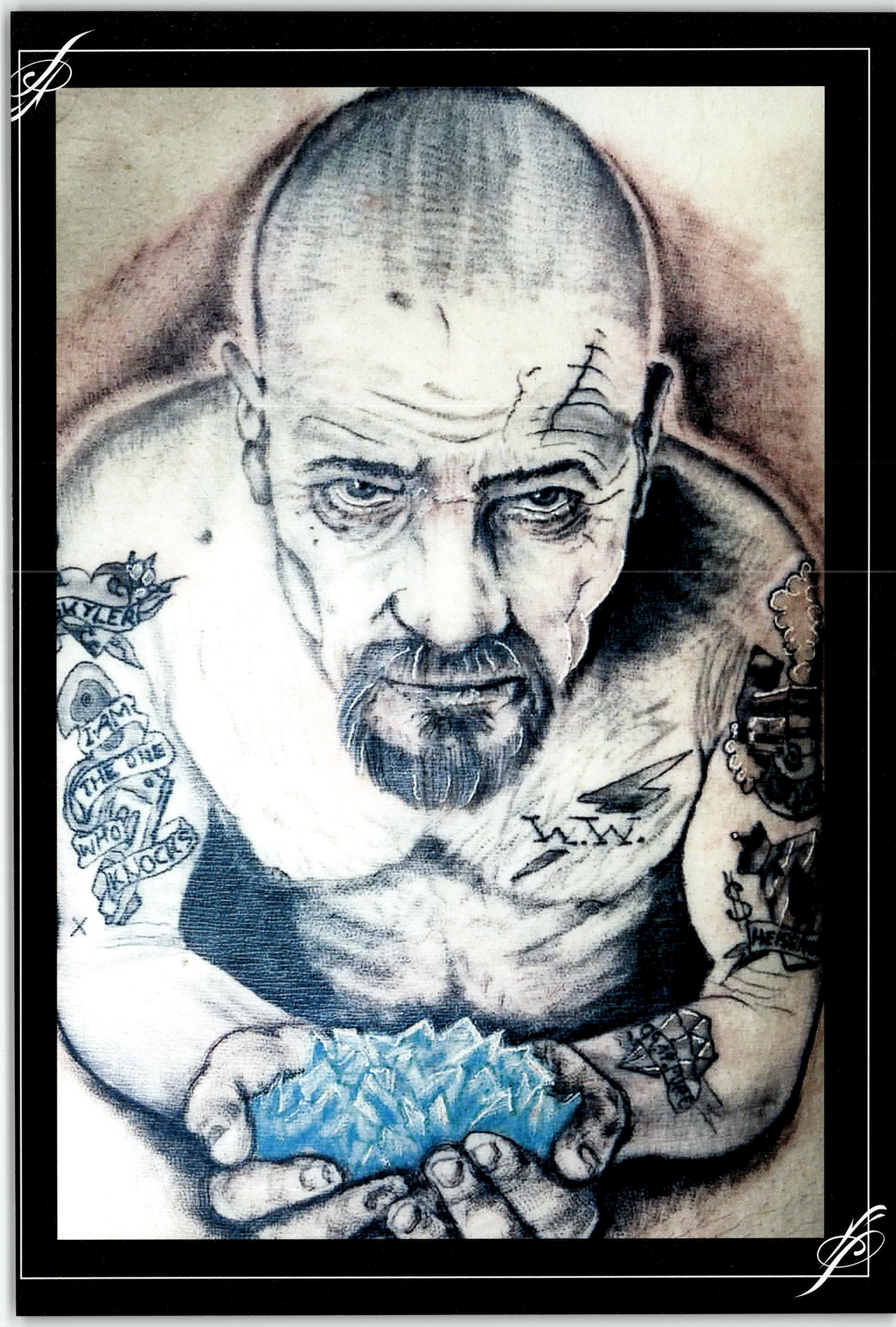
SKYLER
I AM
THE ONE
WHO KNOCKS
W.W.

# Yadi Tattoo

Mulyadhi Muhammad

Stadt: Heidelberg

Stilrichtung: Allrounder

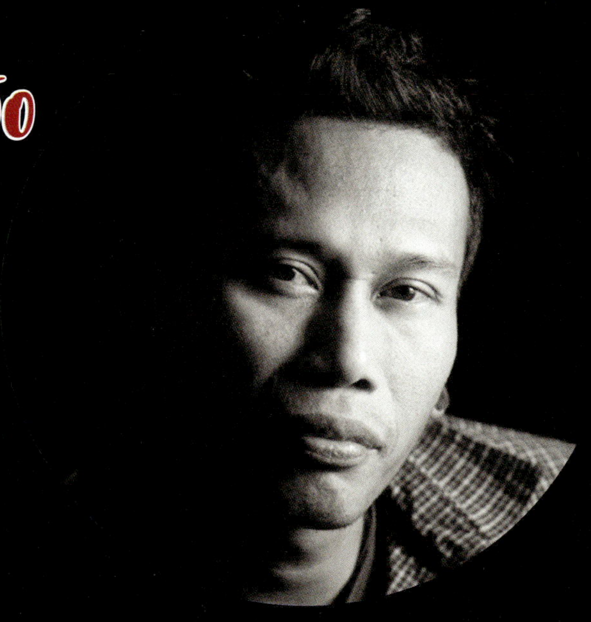

Yadi, geboren am 13.05.71 in Mataram Lombok, Indonesien, begann noch in seiner Heimat mit 23 Jahren das Tätowieren. 1994 kam Yadi nach Deutschland.

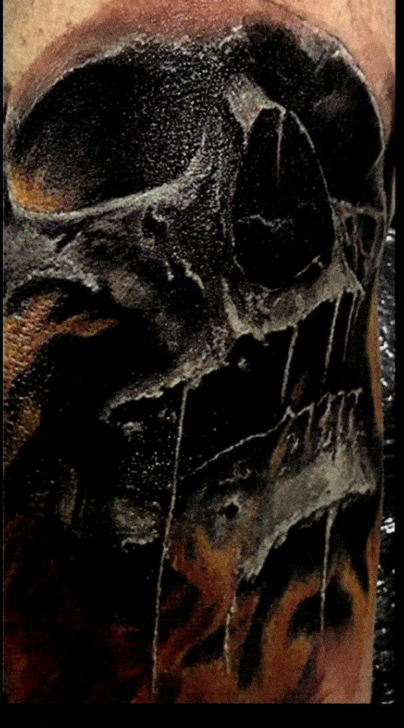

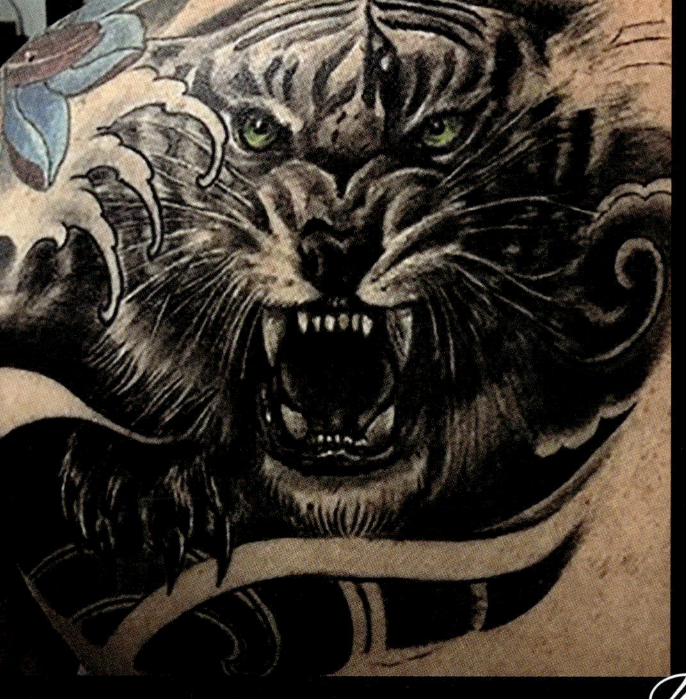

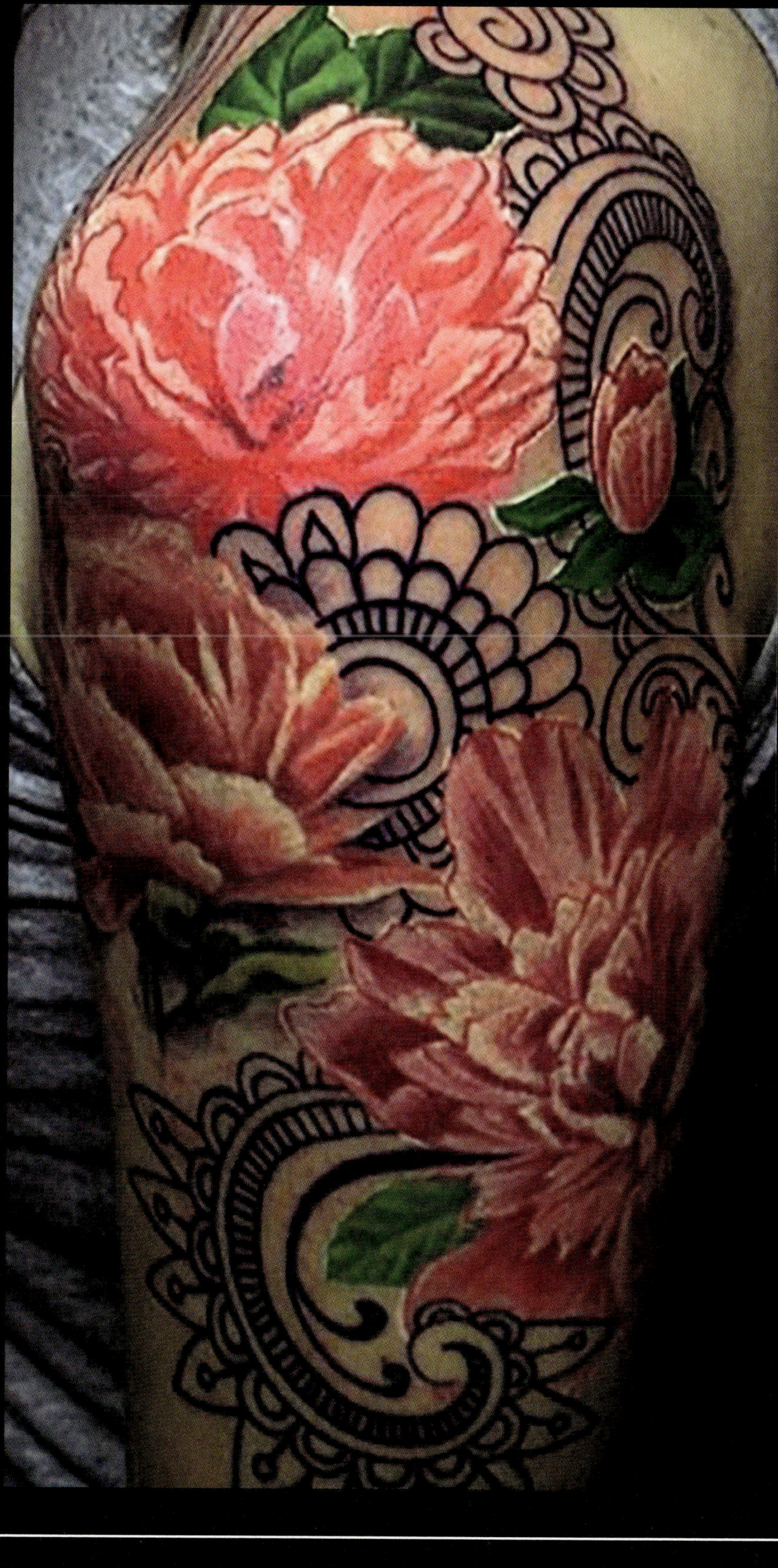

# Adrian Bueno

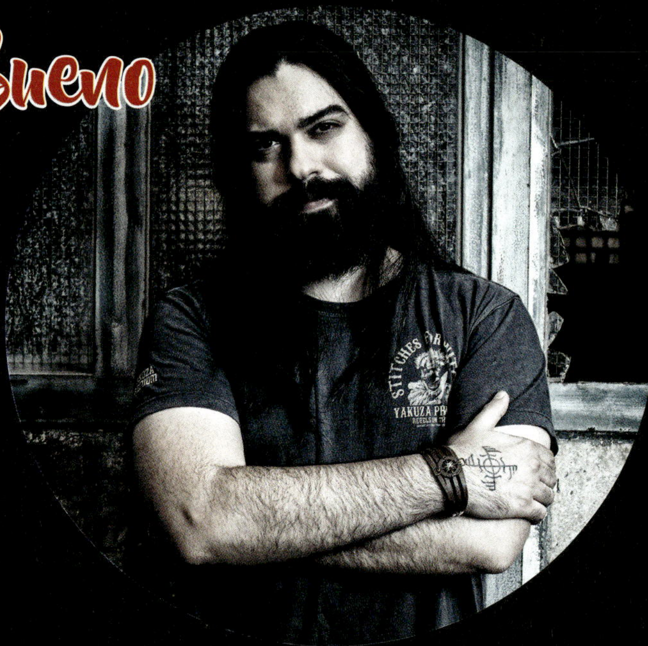


Stilrichtung: Realistic, Portrait, Black&Grey

Land: Brasilien/ Deutschland

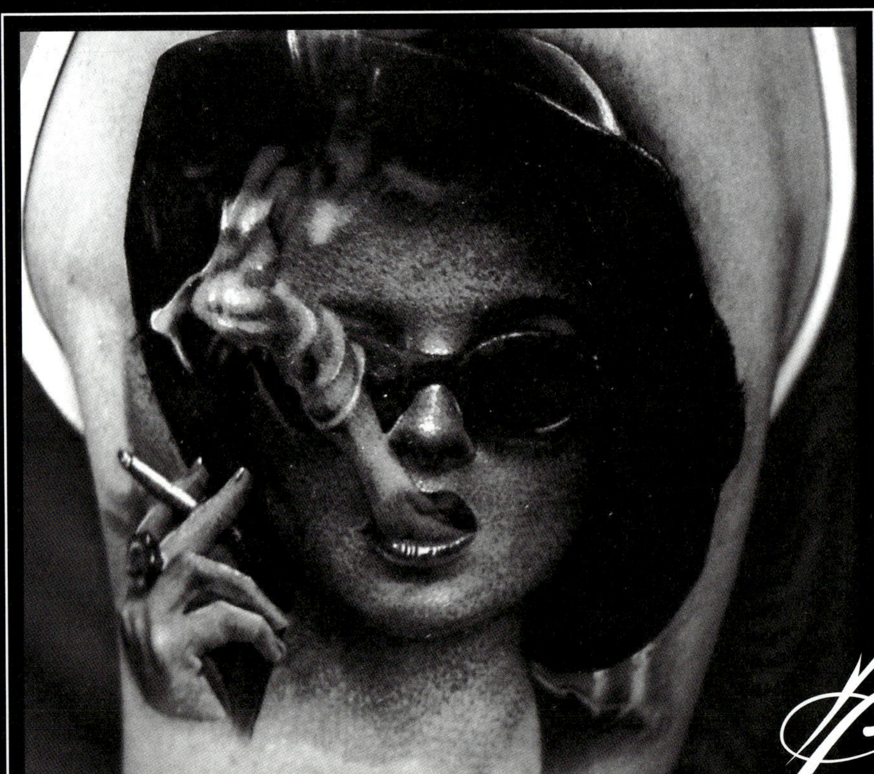

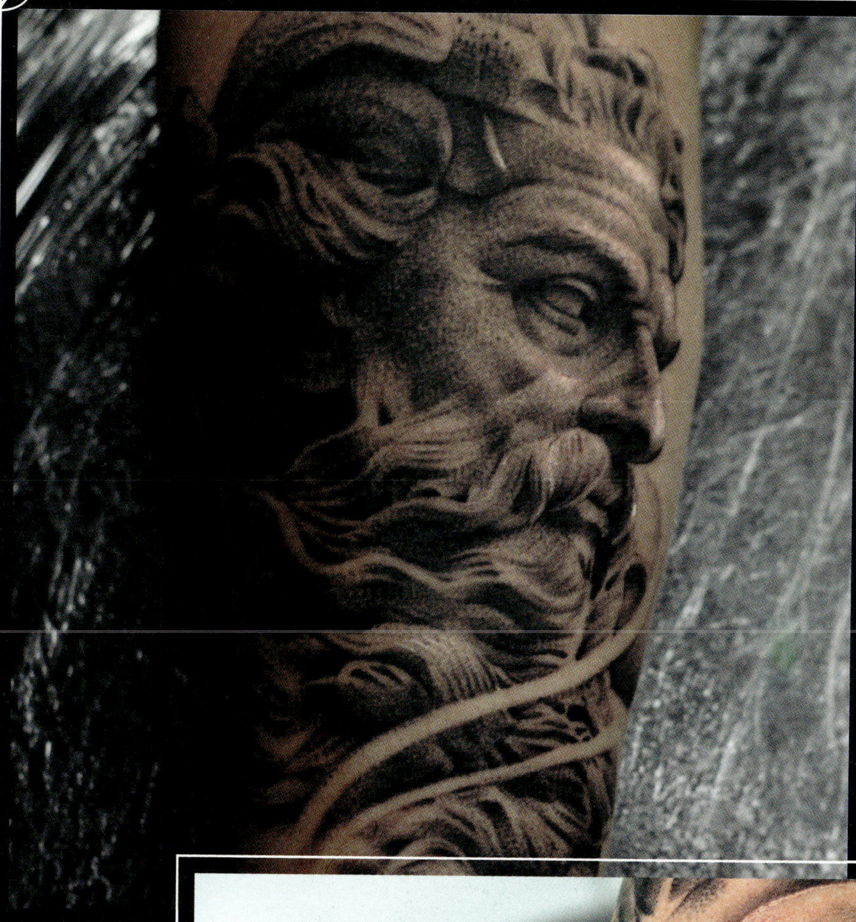

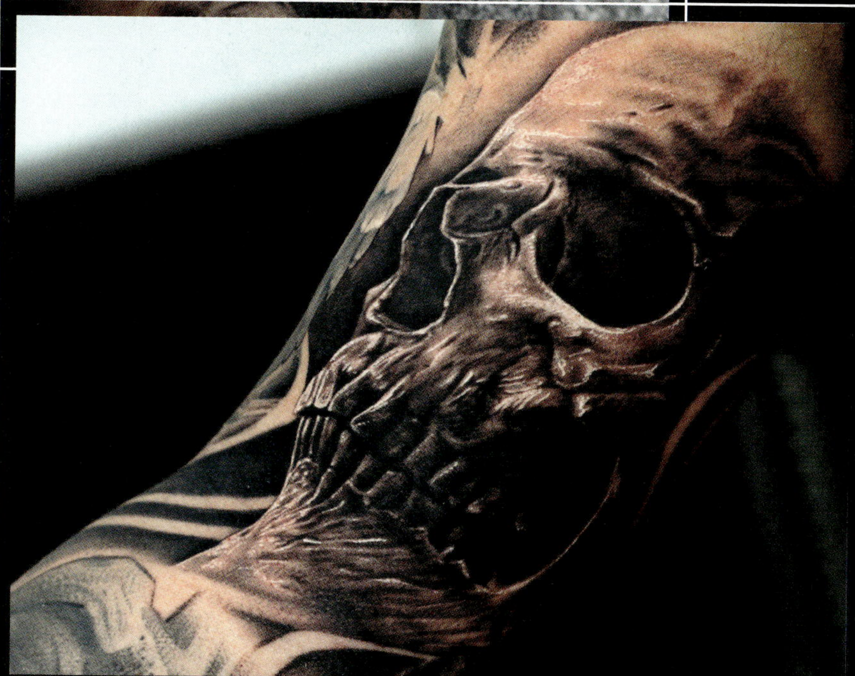

# Andy Engel

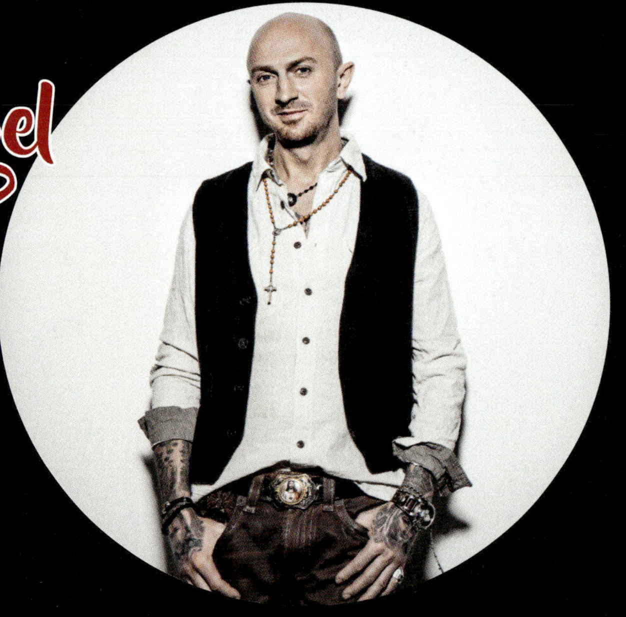

Stilrichtung:
Photorealistic

Stadt: Kitzingen

Wenn es um Tätowierungen geht, ist Andy Engel für viele Prominente die erste Adresse. Zu seinem Kunden- und Freundeskreis zählten und zählen nicht nur bekannte Musikstars wie Chester Bennington von Linkin Park, sondern auch der Königssohn eines Arabischen Landes. Dieser ließ ihn sogar extra einfliegen.

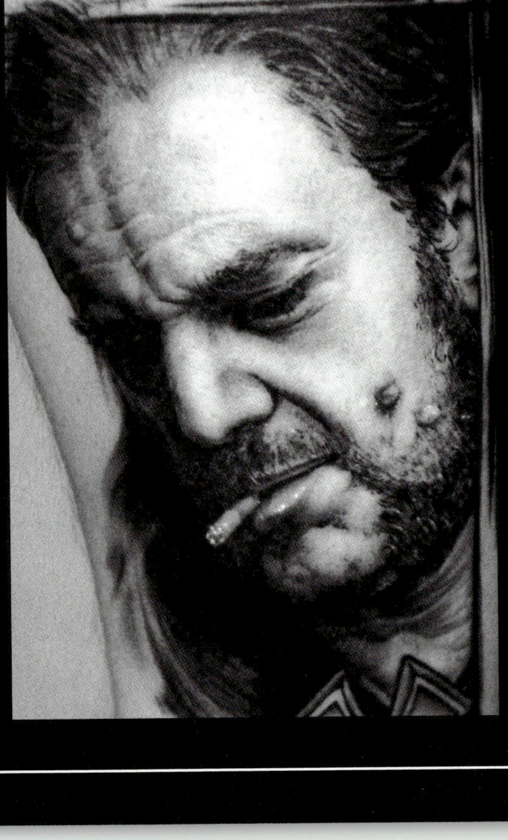

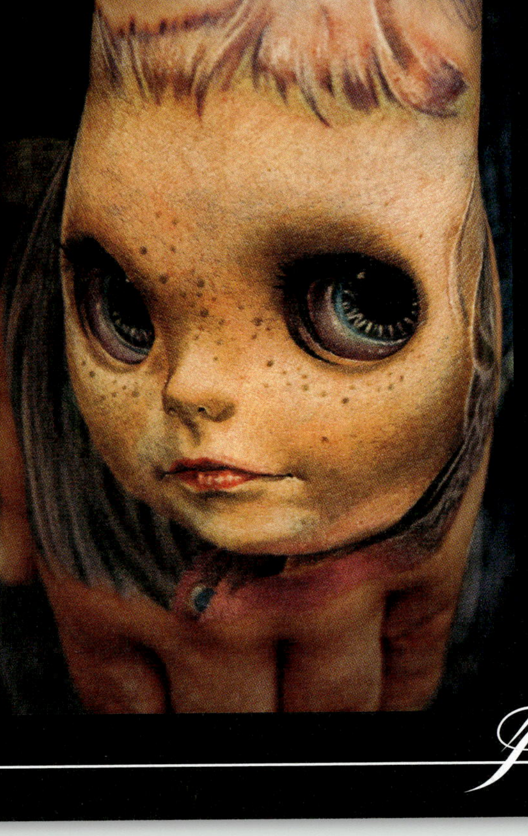

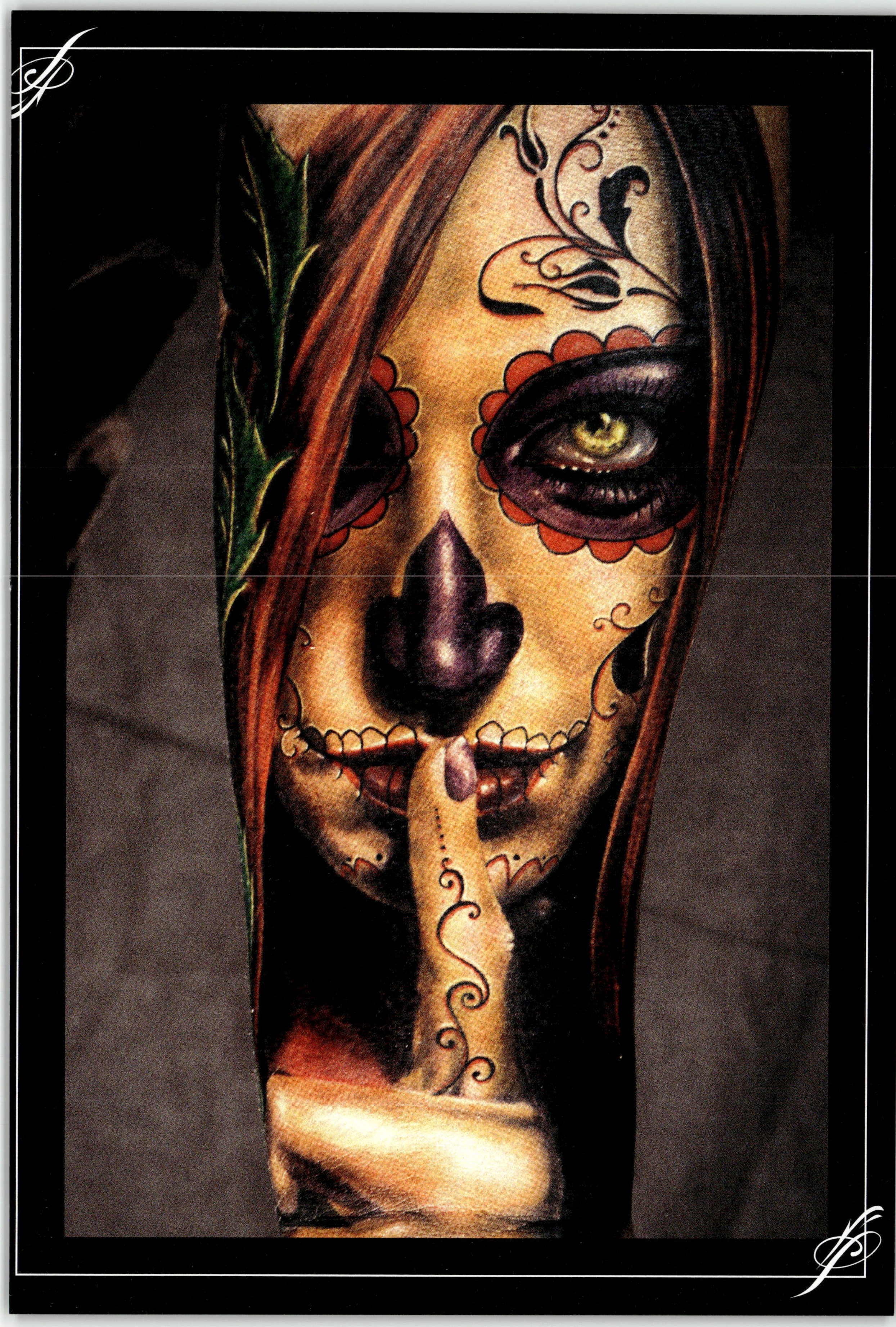

# Kevin F. Libuda

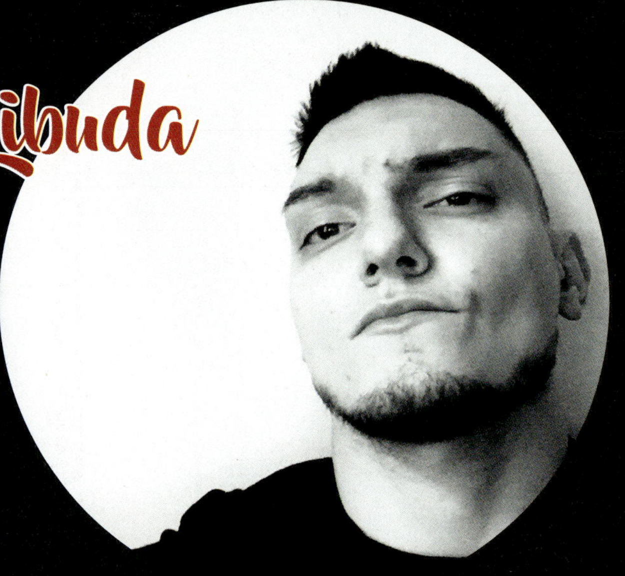

Stilrichtung:
Black&Grey, Realistic

Stadt: Essen

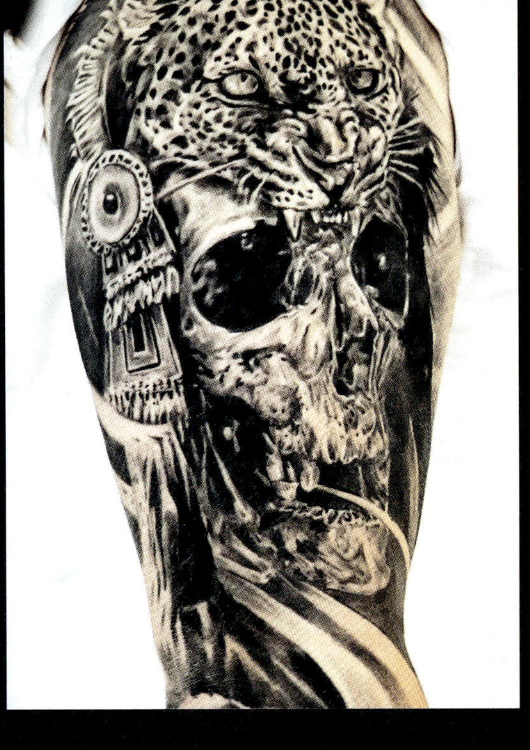

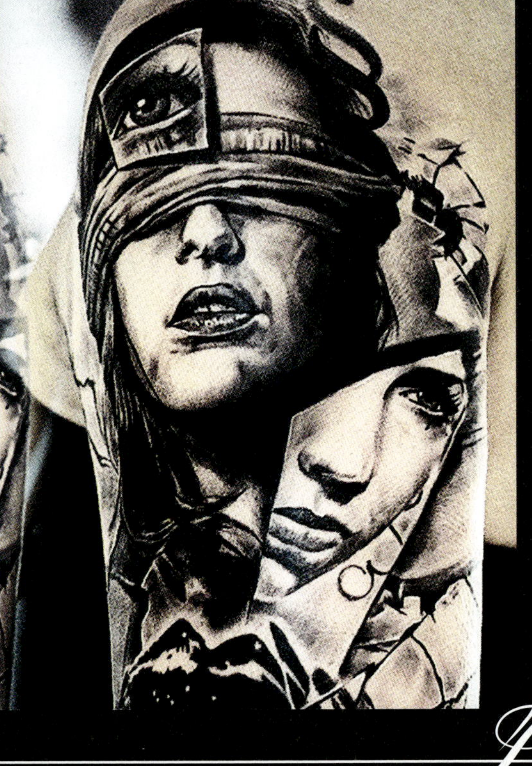

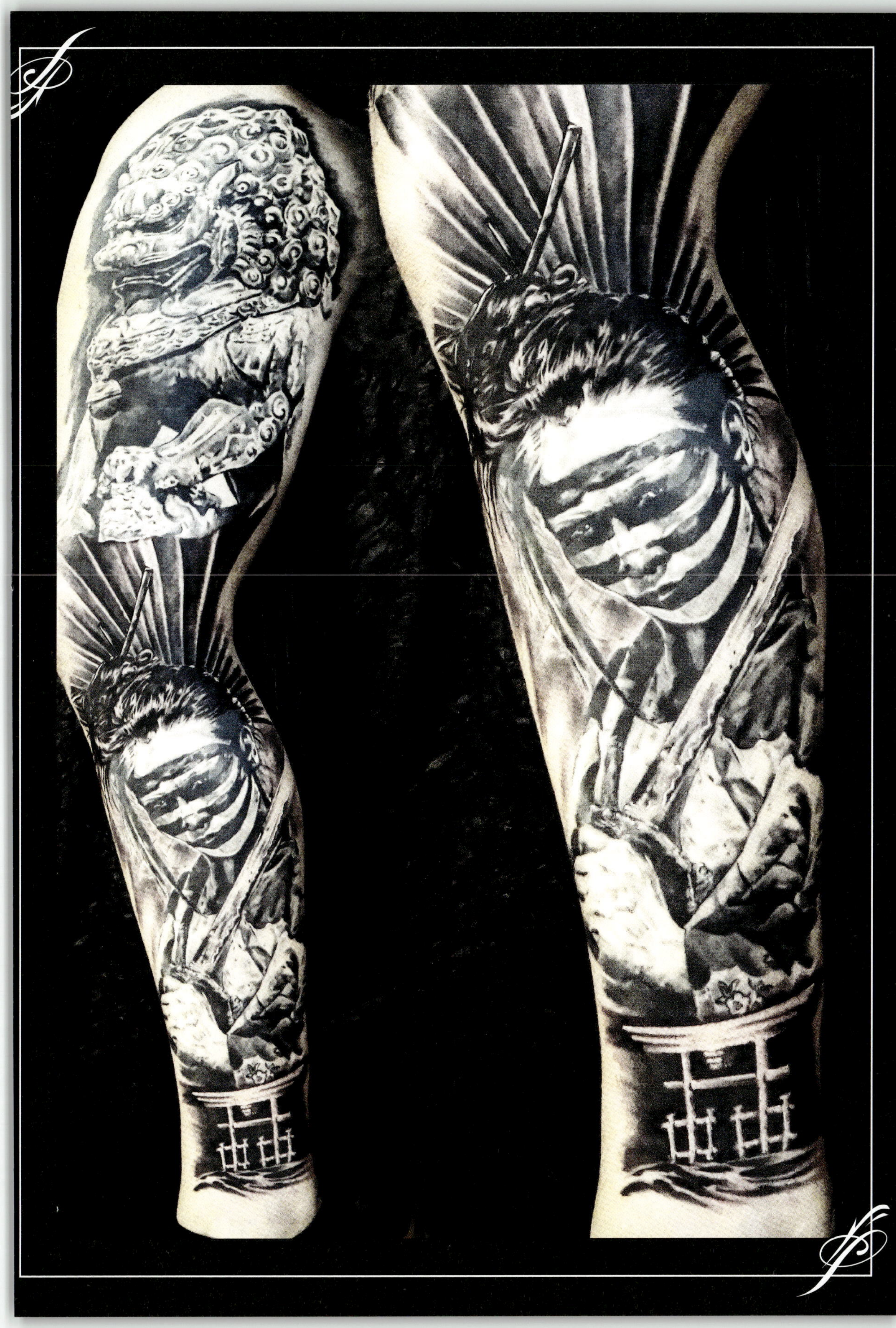

# David Werner

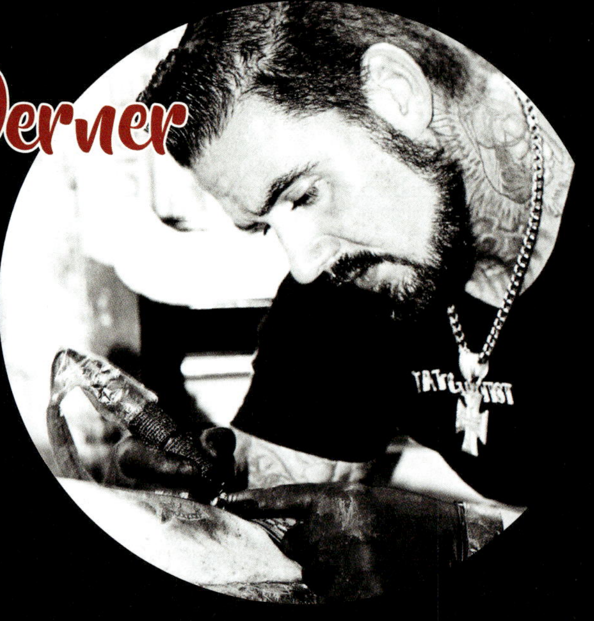

Stilrichtung: Old School, New School, Neo Traditional

Stadt: Trier

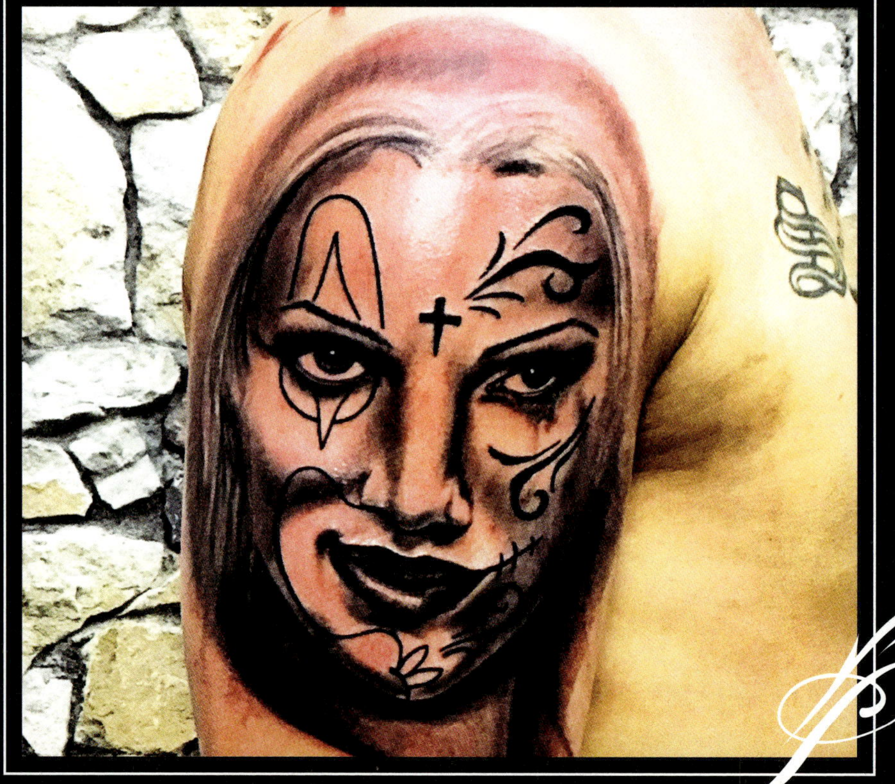

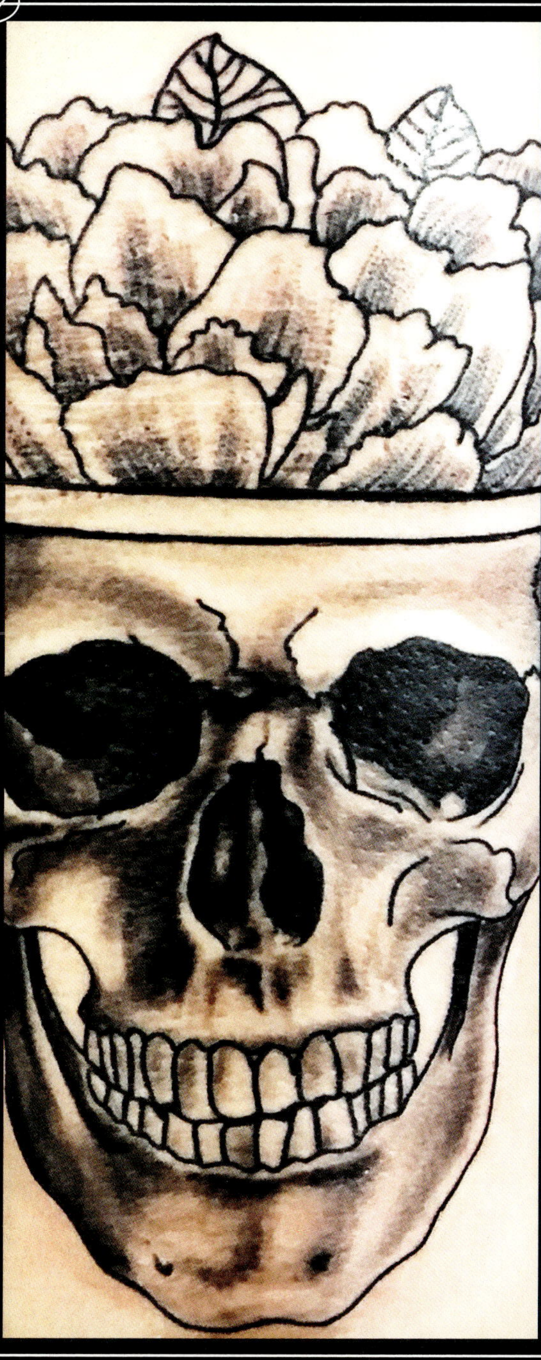

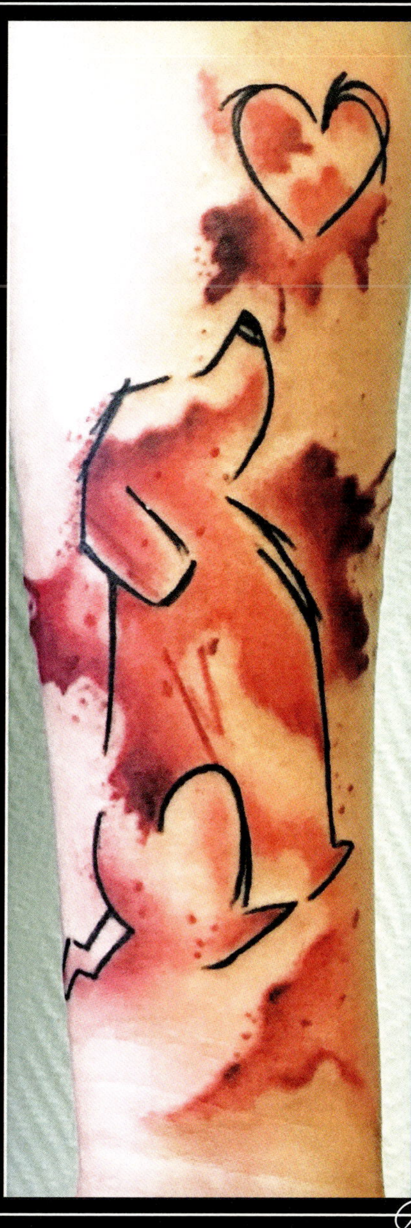

# Auge Tattoos

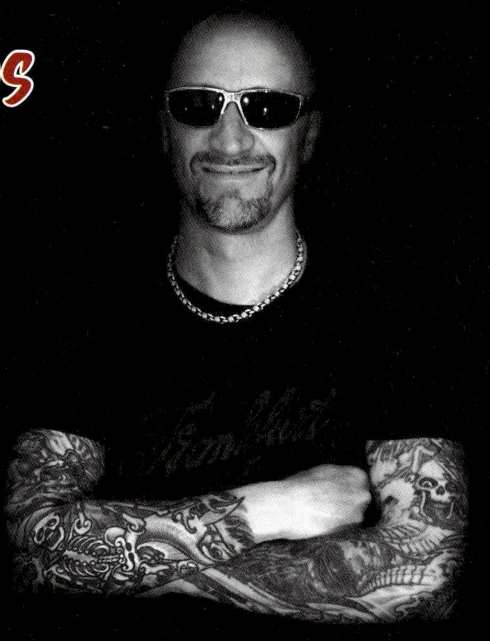

Stilrichtung: Old School

Stadt: Frankfurt

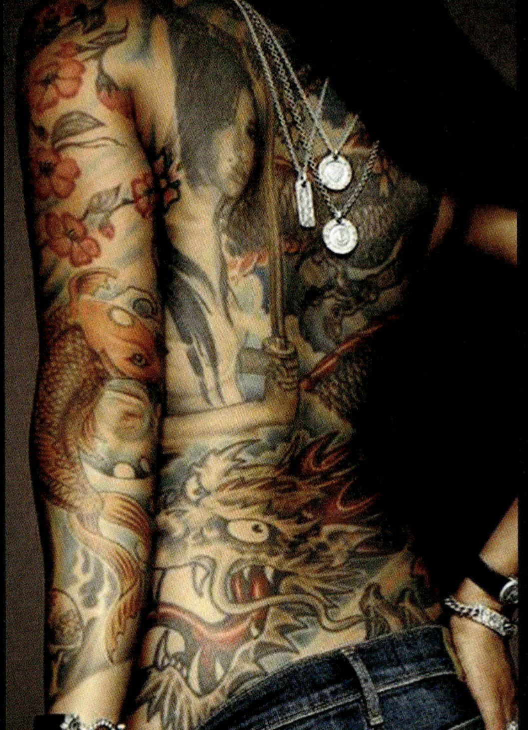

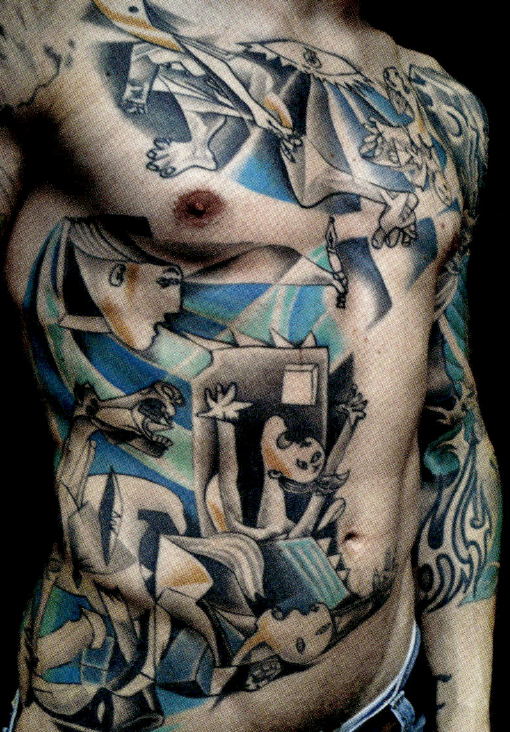

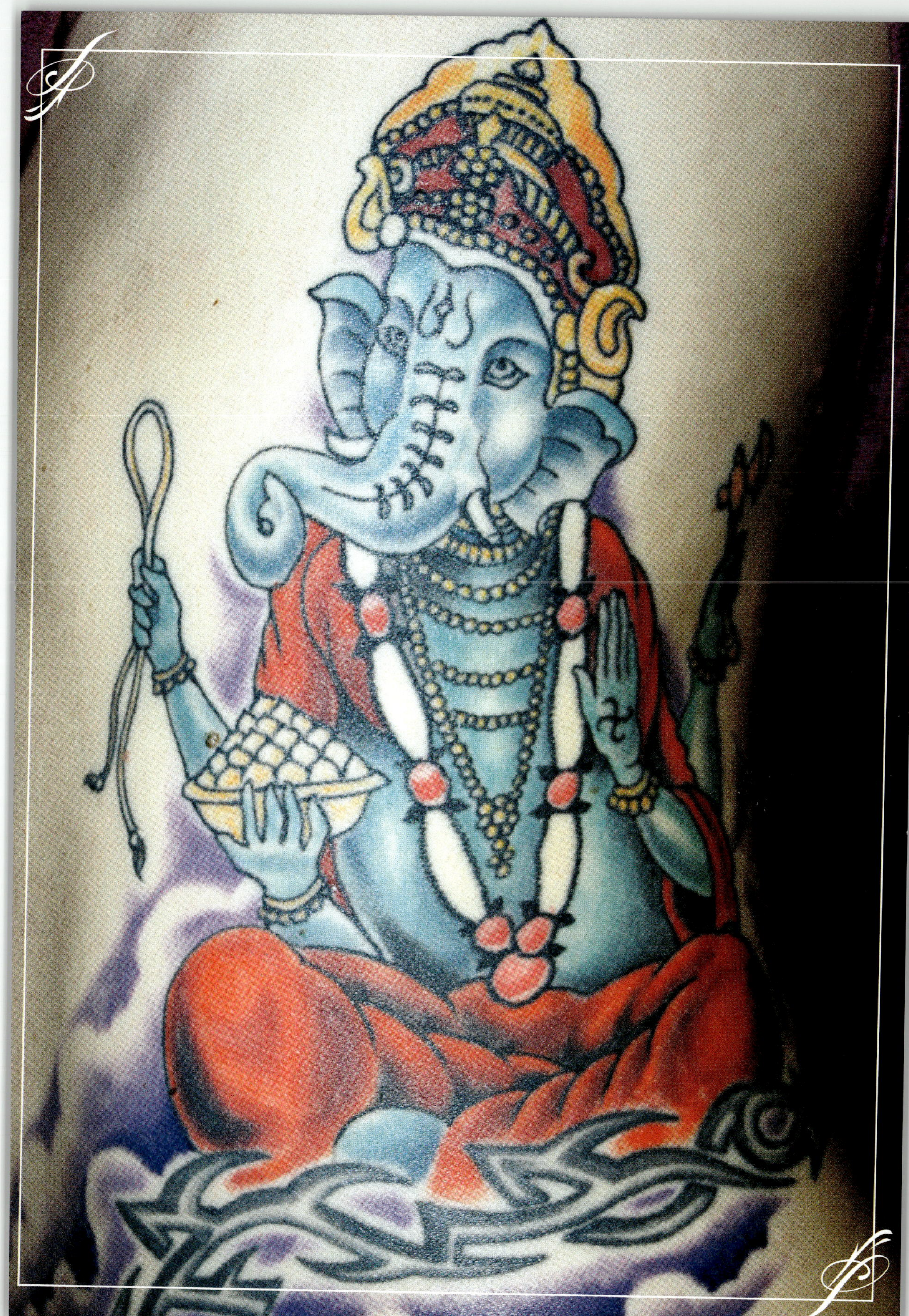

# Phil Carrier

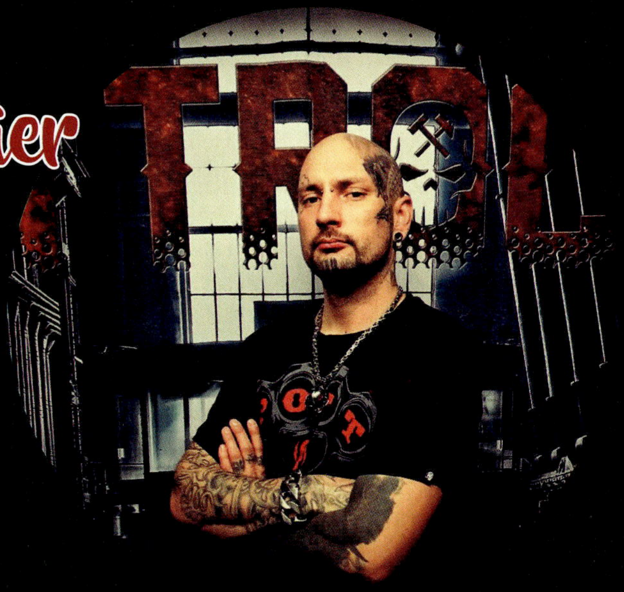

Stilrichtung: Black&Grey, Realistic, Portrait

Stadt: Oberhausen

»Wo ich mich in 5 Jahren sehe? Mindestens Bundeskanzler.«

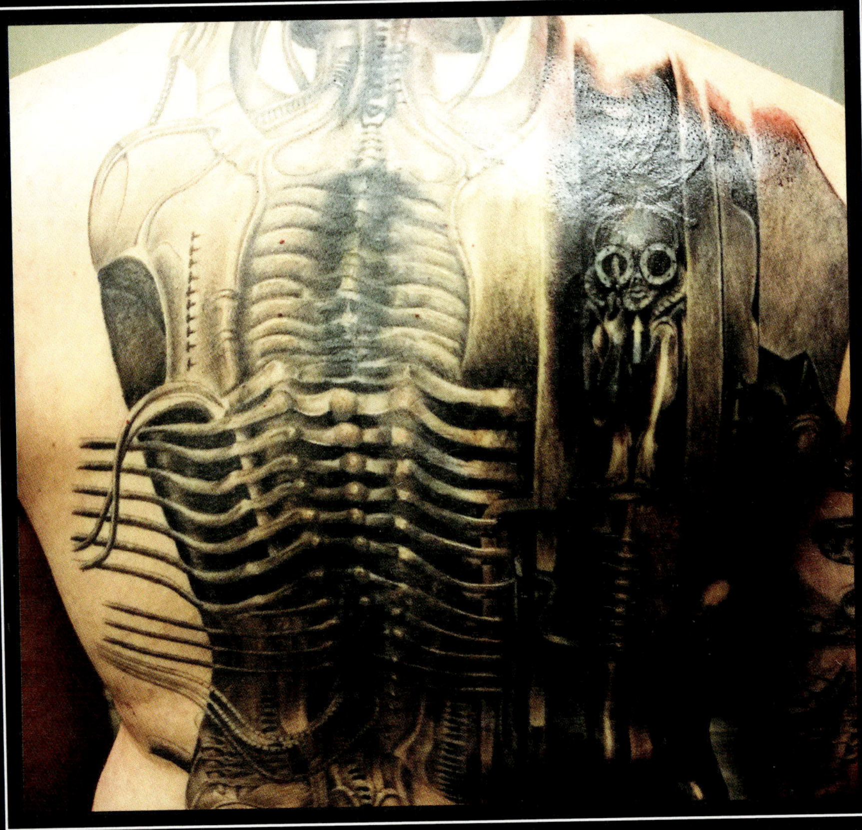

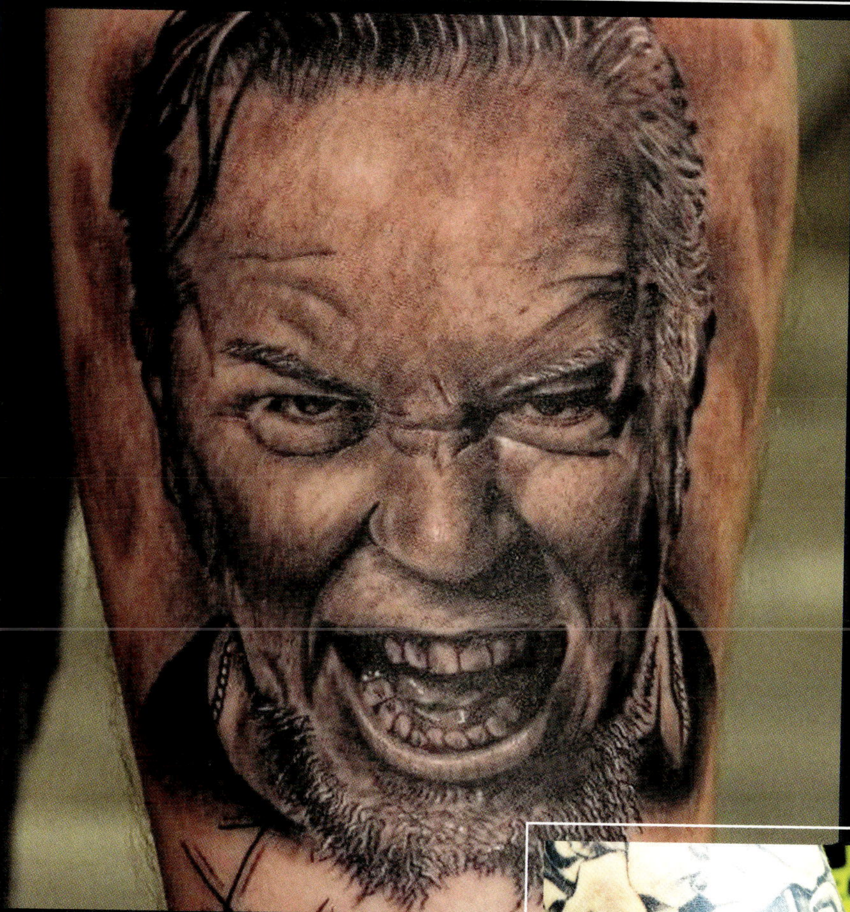
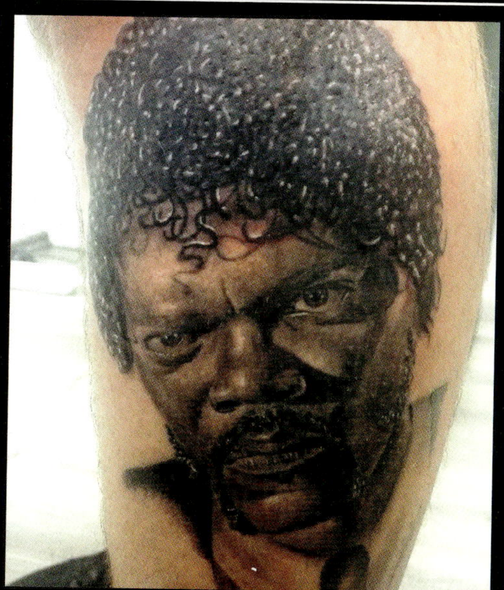
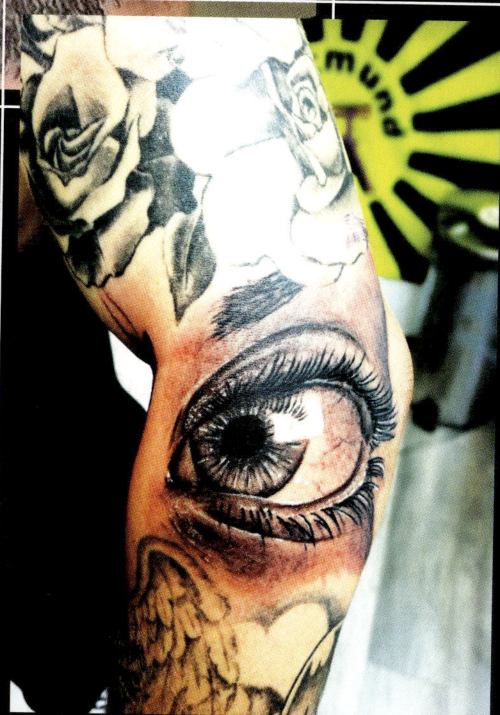

# Michal Ledwig

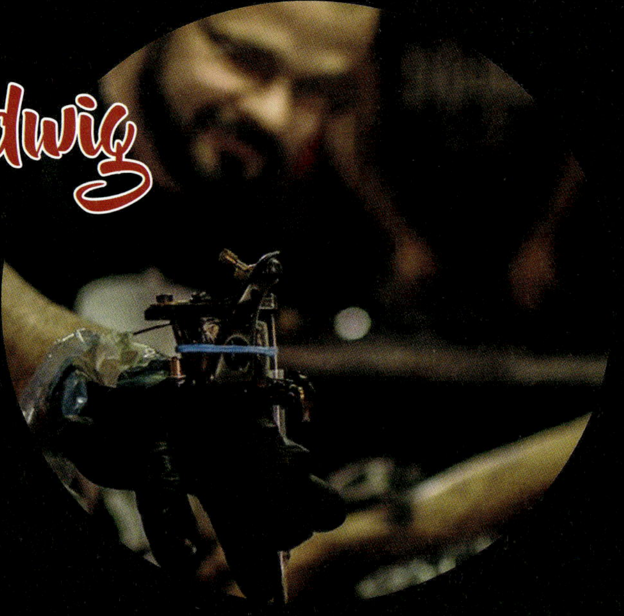

Stilrichtung: Realistic, Black&Grey, Dark Art

Stadt: Bremen

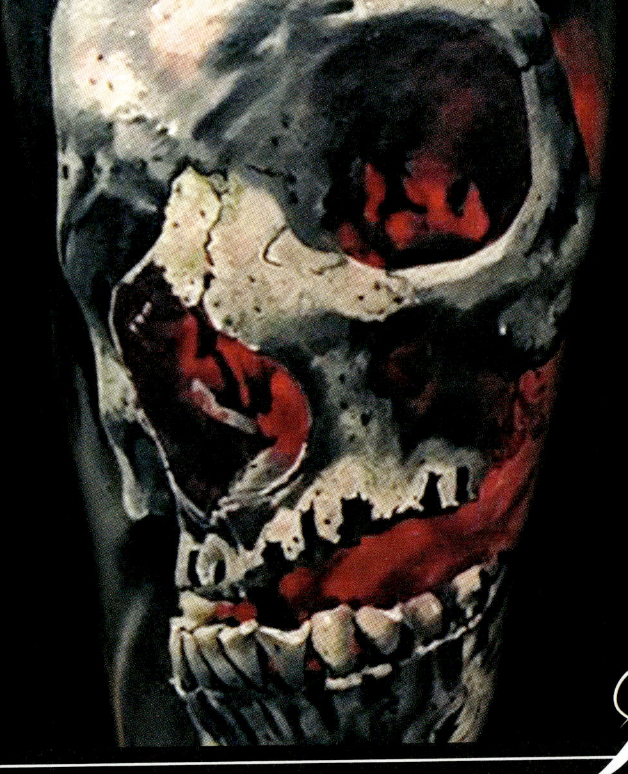

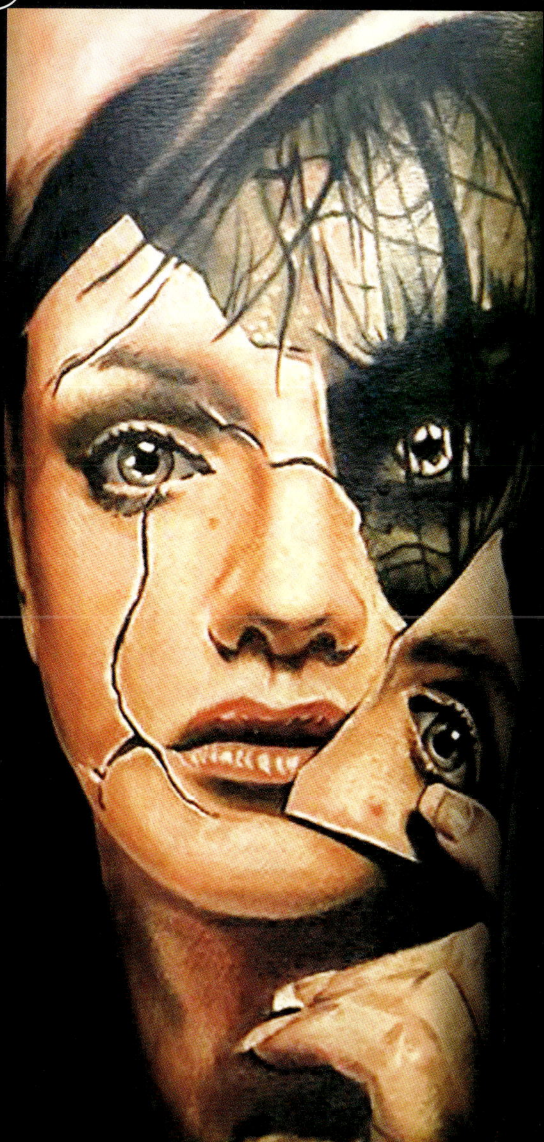

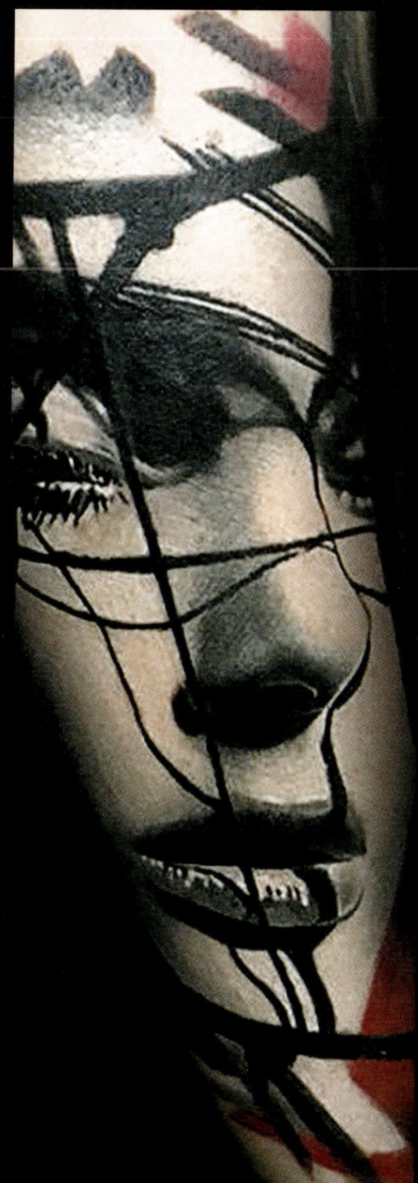

# BB Tattoo

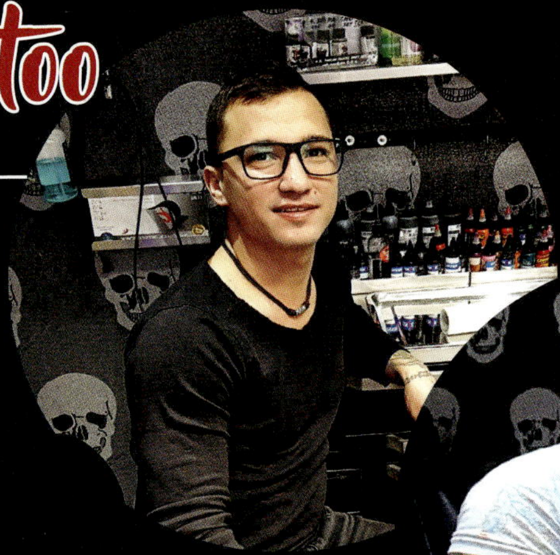

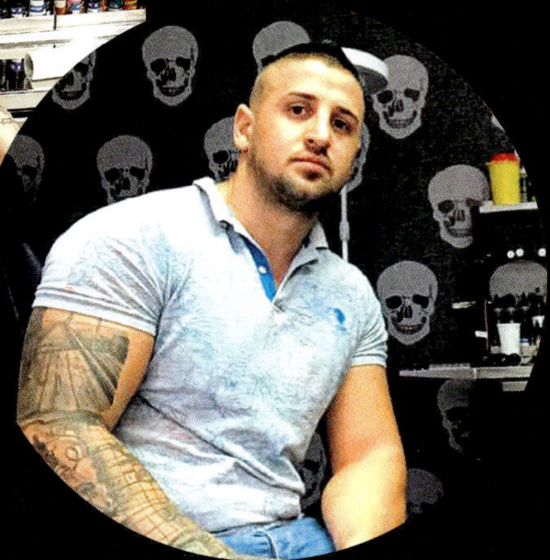

Florentin Pienar und
Robert Radulescu

Stilrichtung: Black&Grey,
Watercolour, Colour
Portrait

Stadt: Hamm

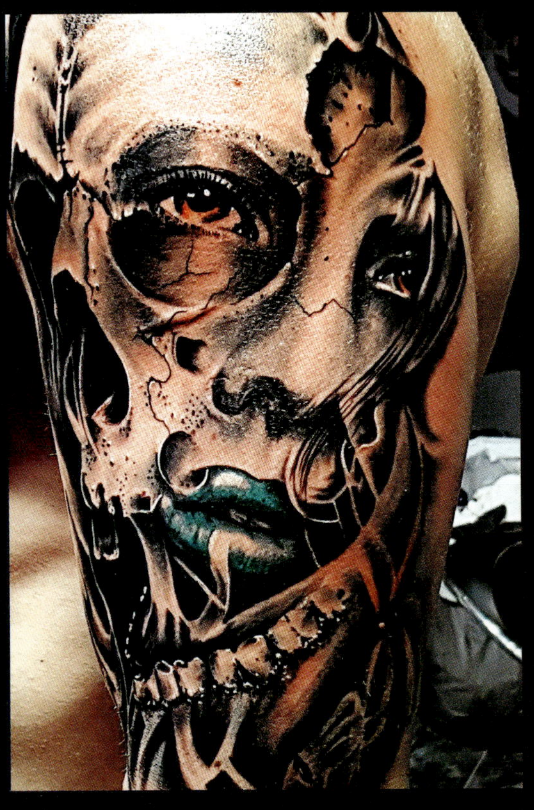

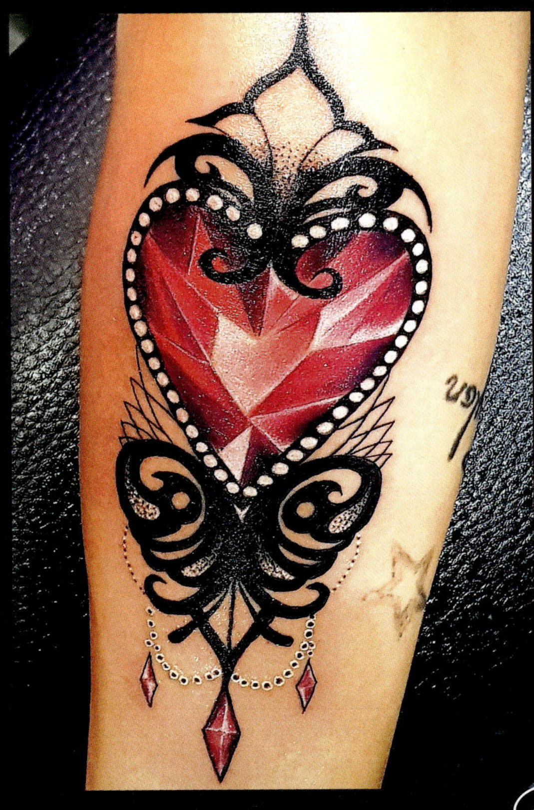

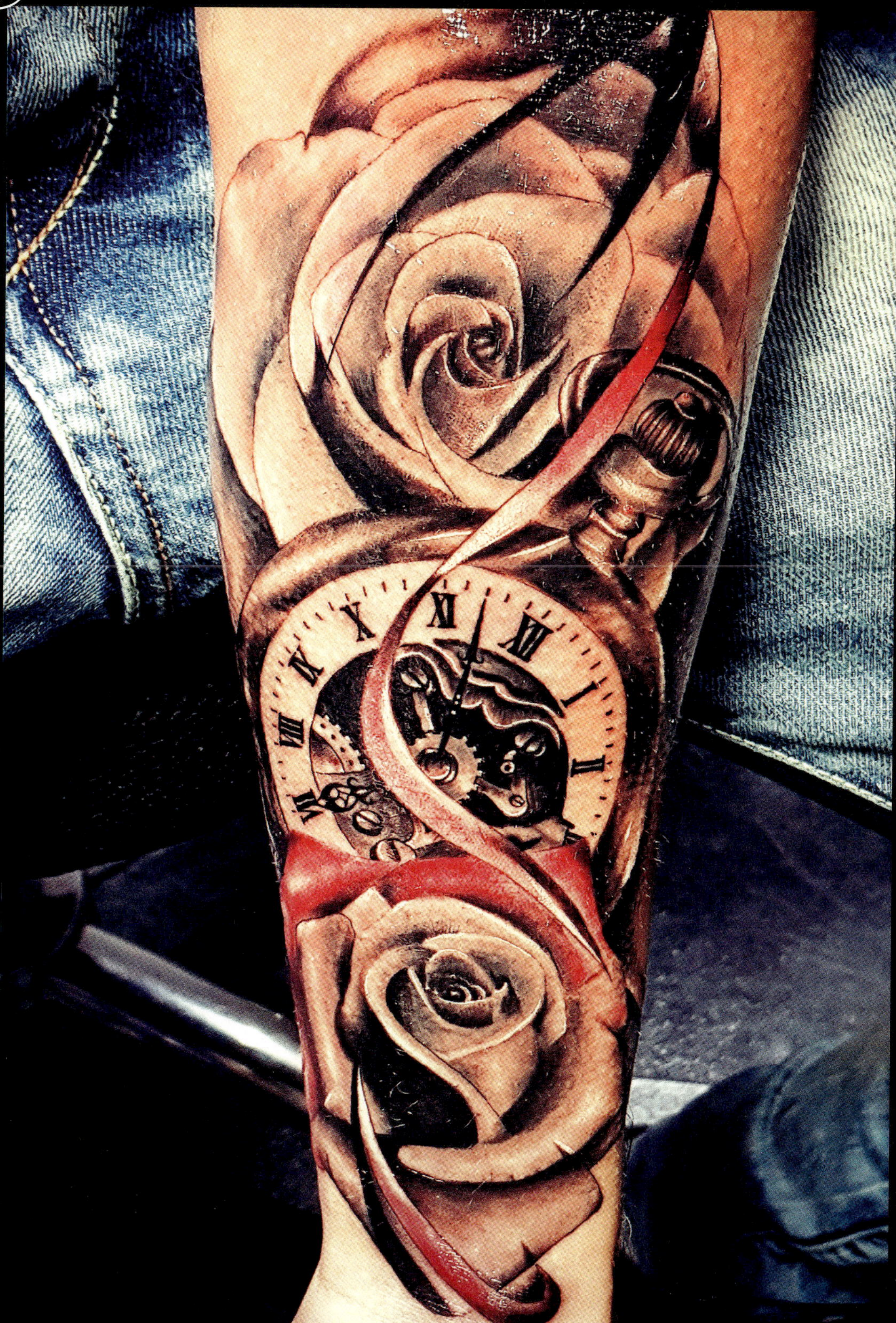

# Christian Behrens

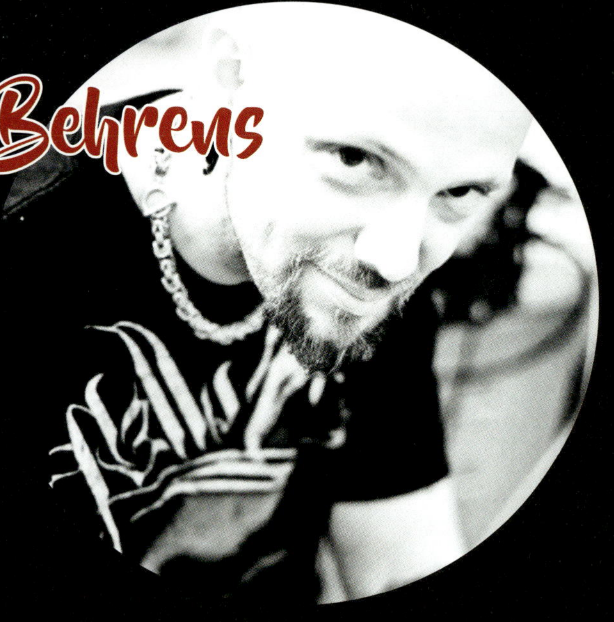

Stilrichtung: Black&Grey

Stadt: Bremen

»Ich bin dankbar, dass sich in den letzten Jahren die Industrie des Tätowierens stark verändert hat, was die Technik, das Material und das ganze Drumherum angeht. Was ich allerdings recht argwöhnisch beobachte, ist die negative Entwicklung unter den Tätowierern selbst. Die Rockstar-Allüren von wenigen und doch vielen sind weitab vom ursprünglichen Geist der Künstler untereinander ...«

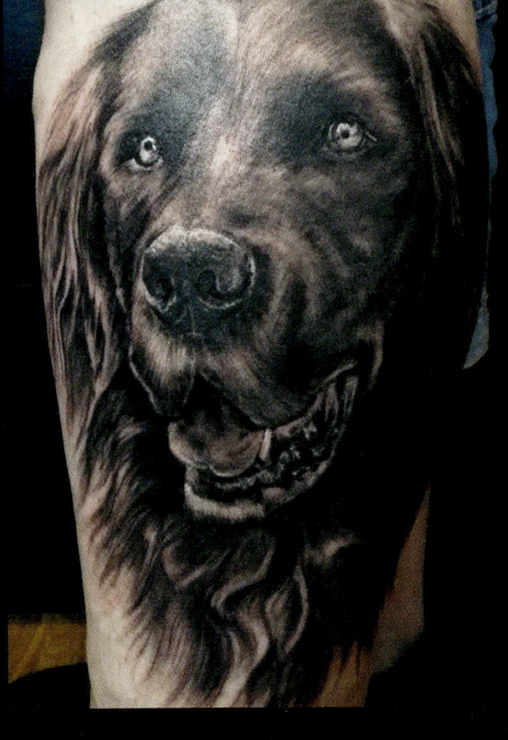

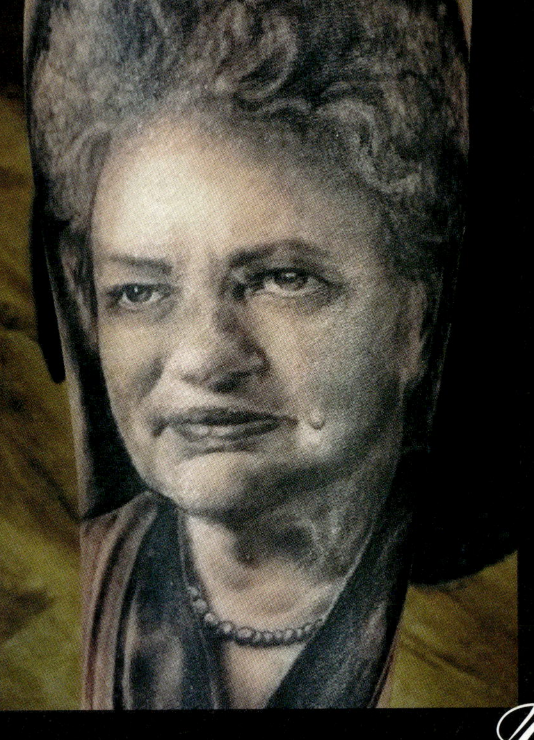

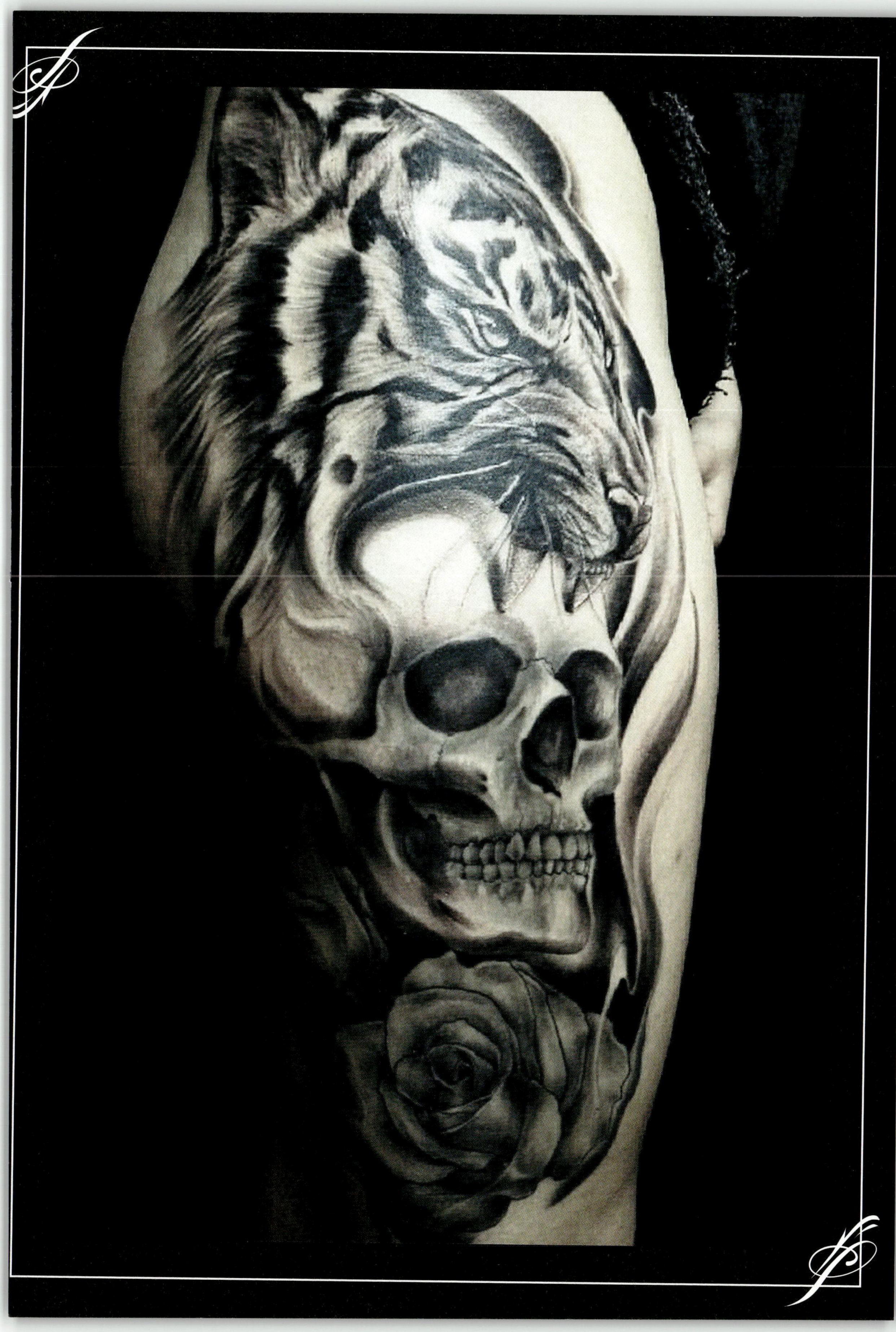

# Julian Siebert

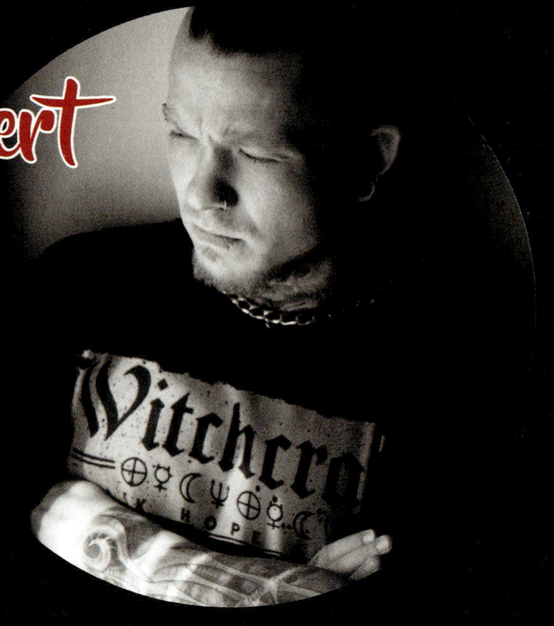

Stilrichtung:
Biomechanic, Bold
Realistic

Stadt: München

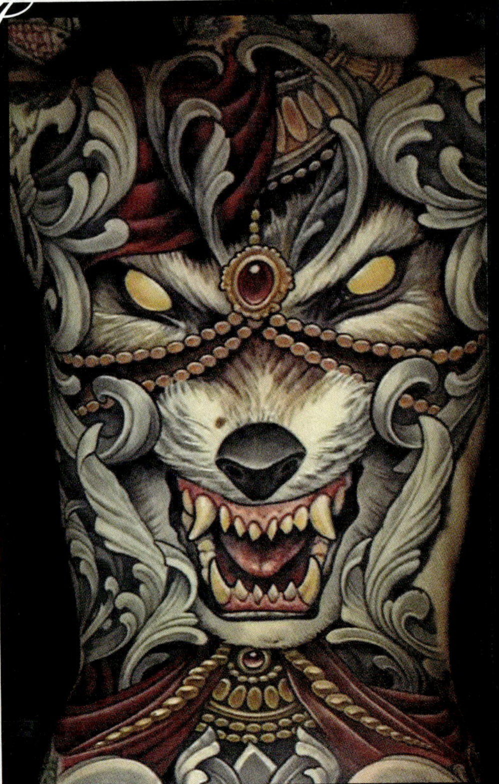

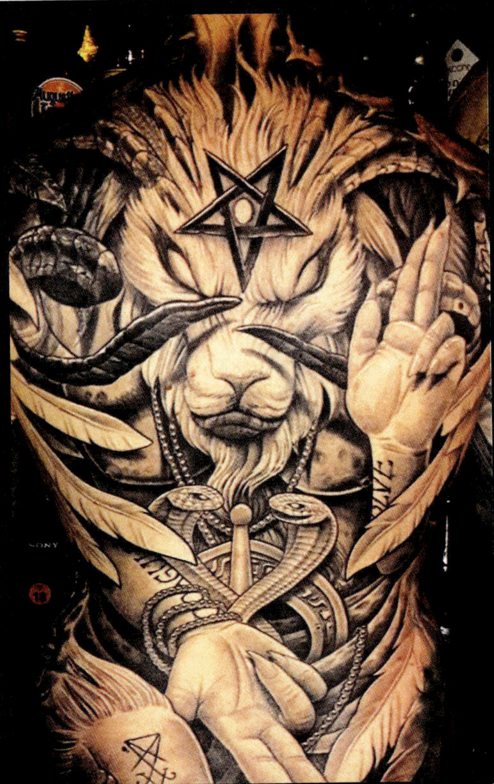

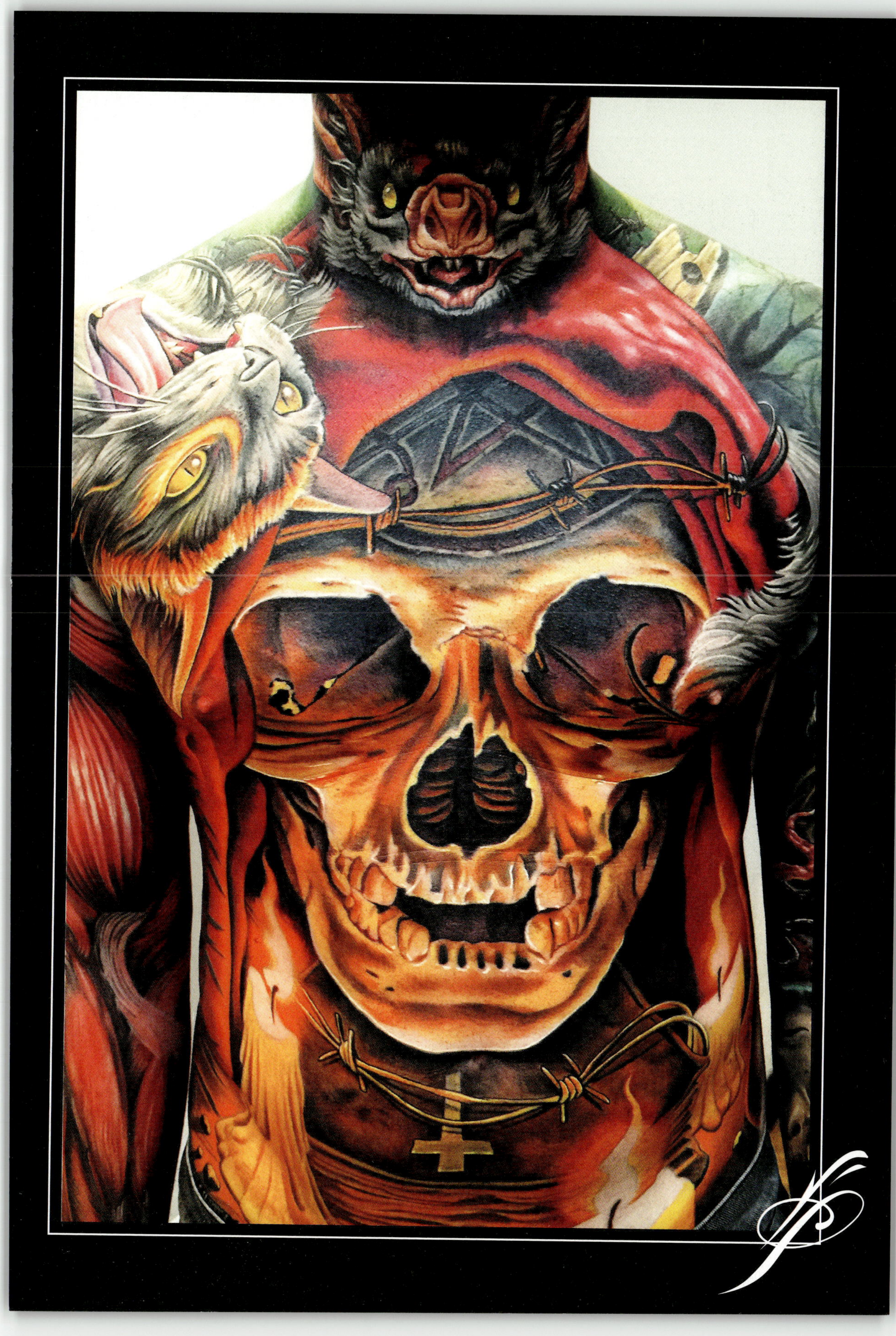

# Tim Pisters

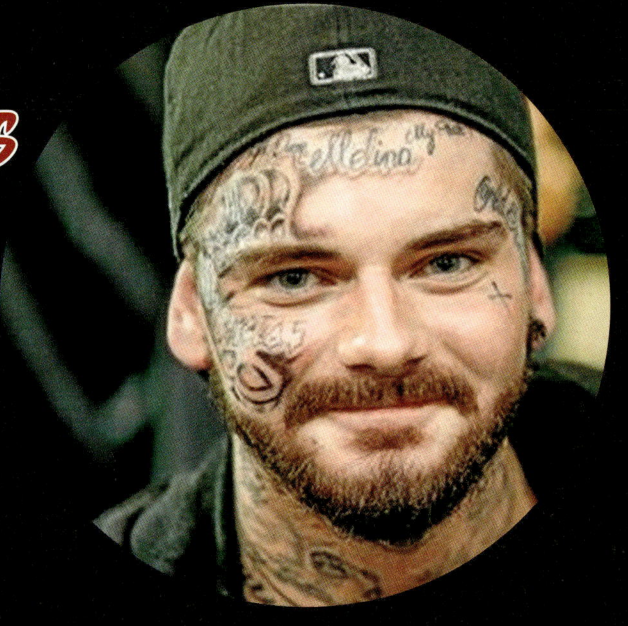

Stilrichtung:
Black&Grey, Realistic

Stadt: Duisburg

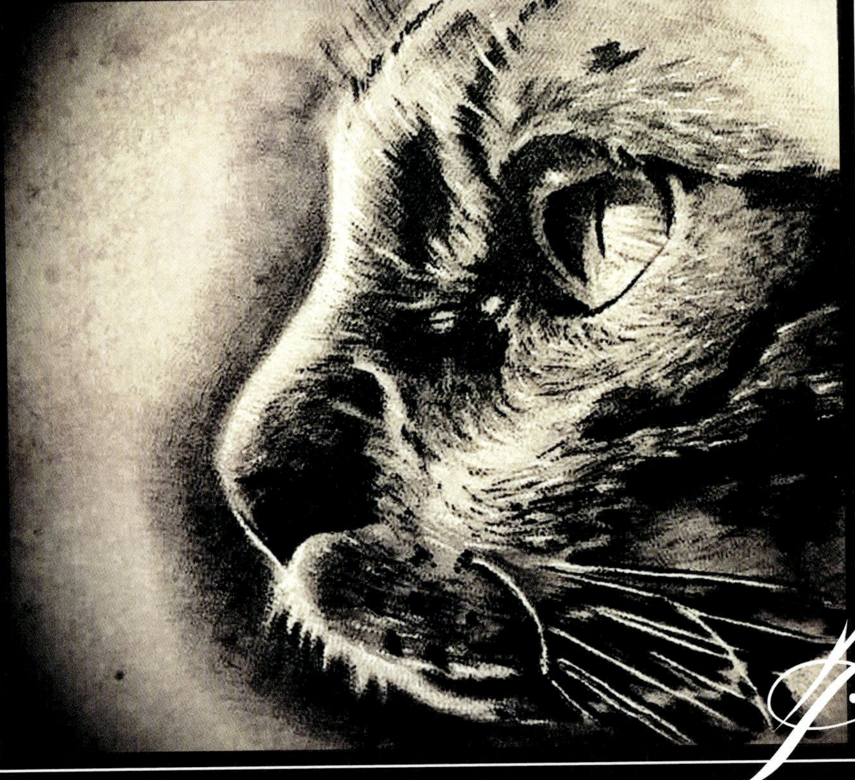

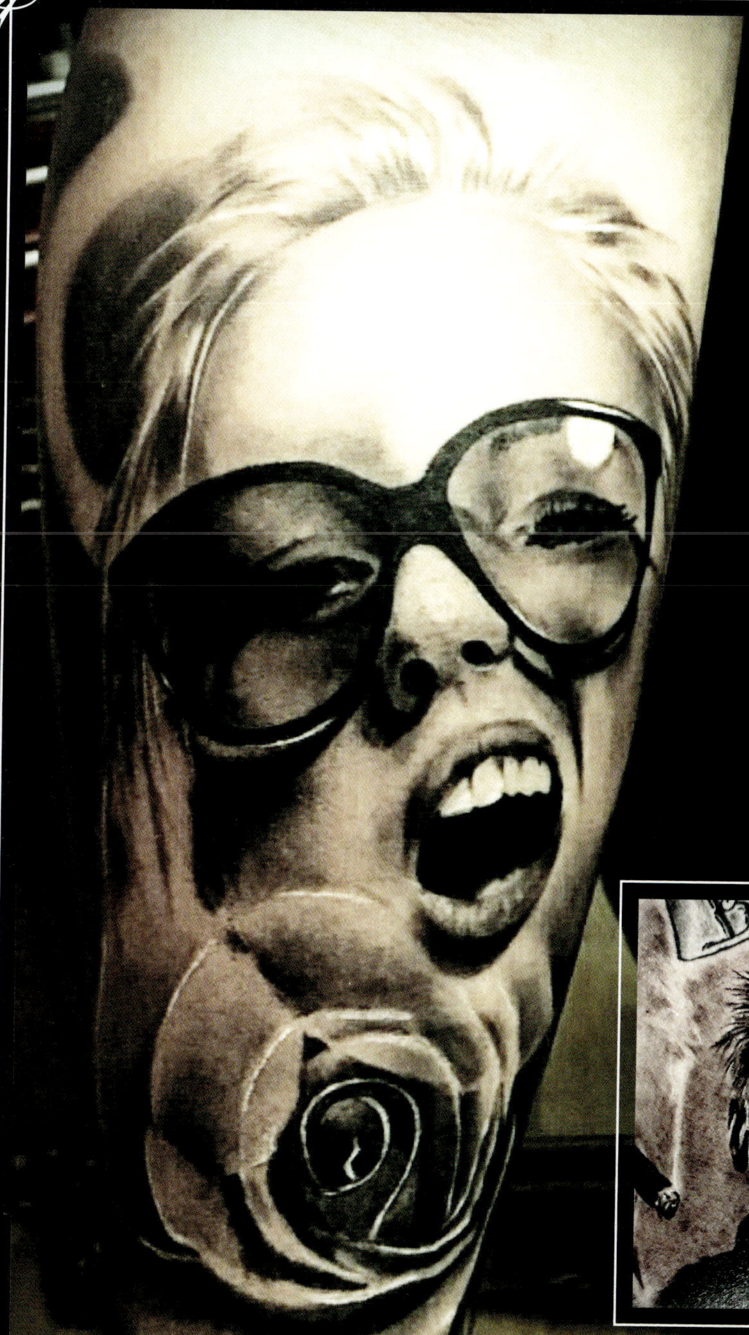

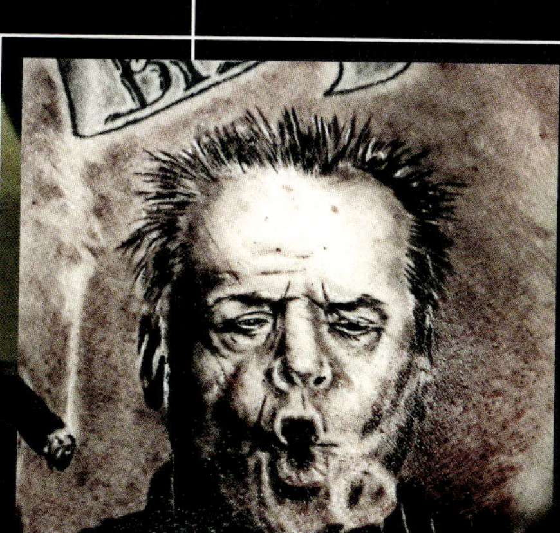

# Marco Klose

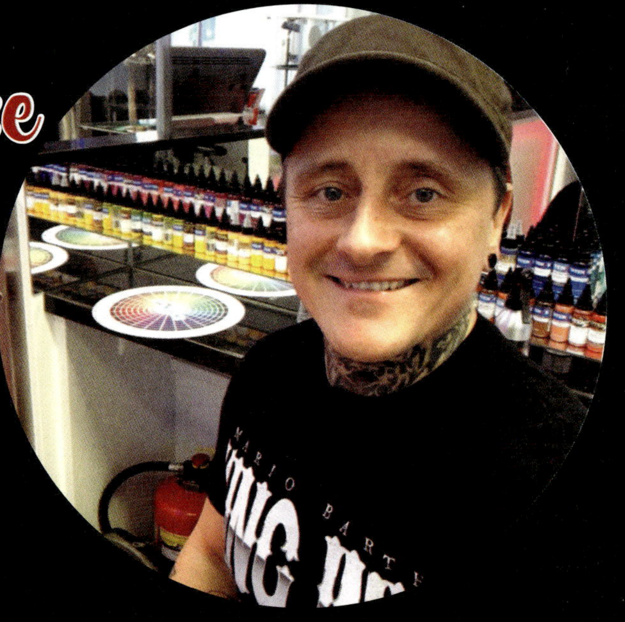

Stilrichtung: Realistic,
Black&Grey

Stadt: Darmstadt

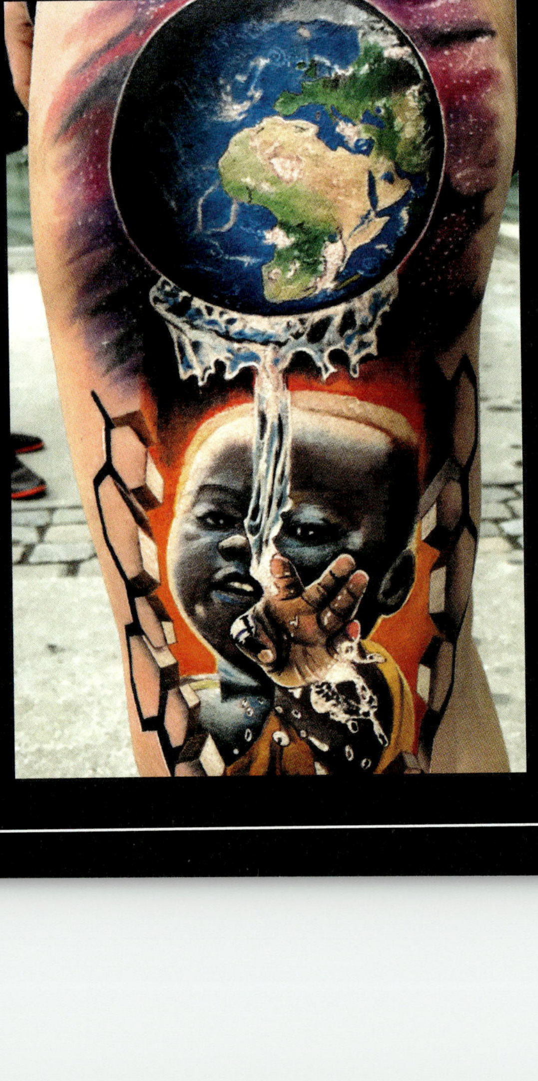

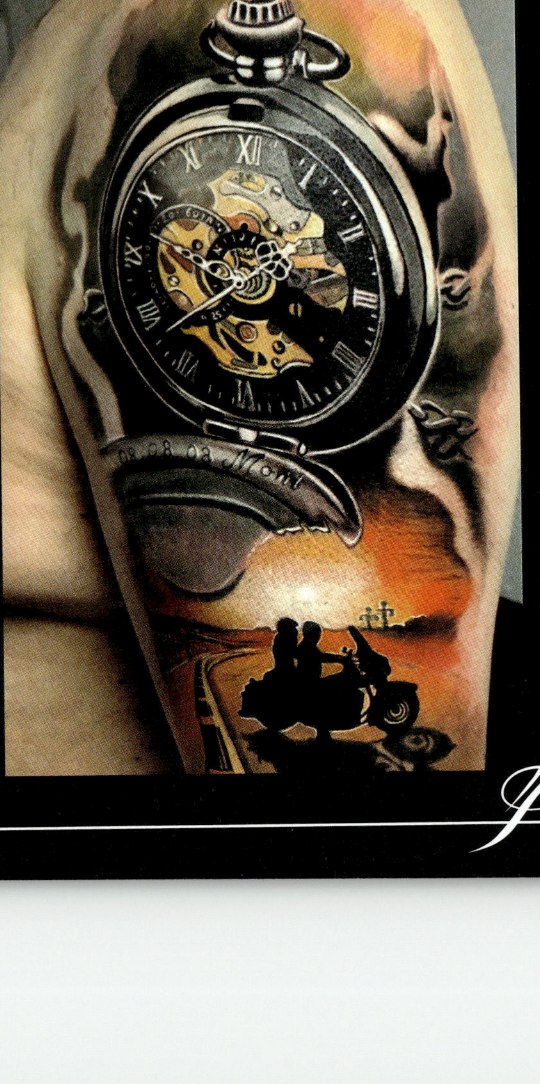

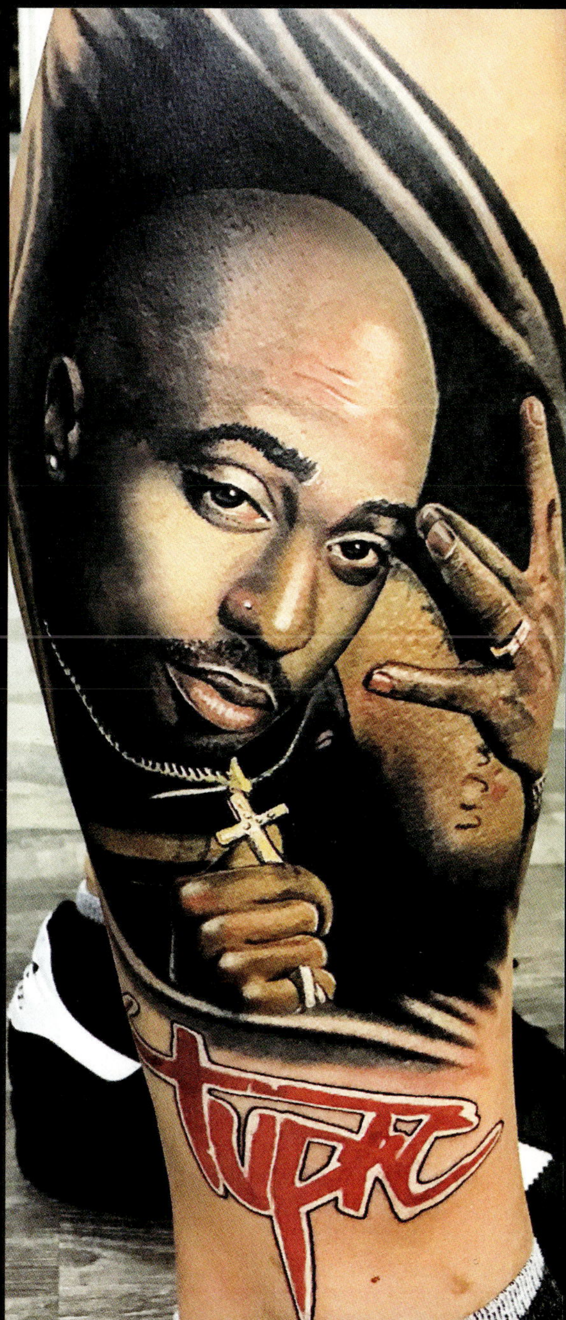

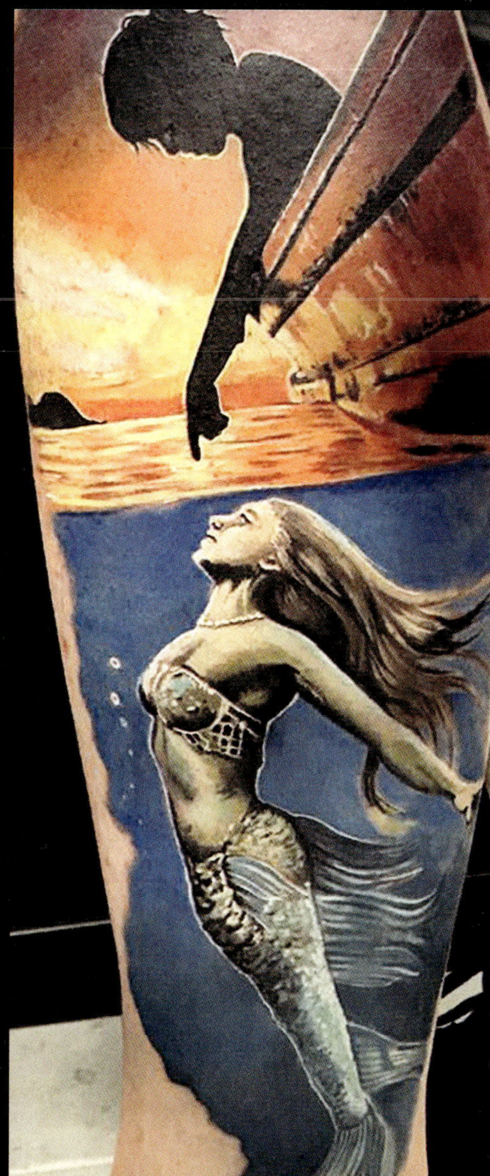

# Robin Kemper

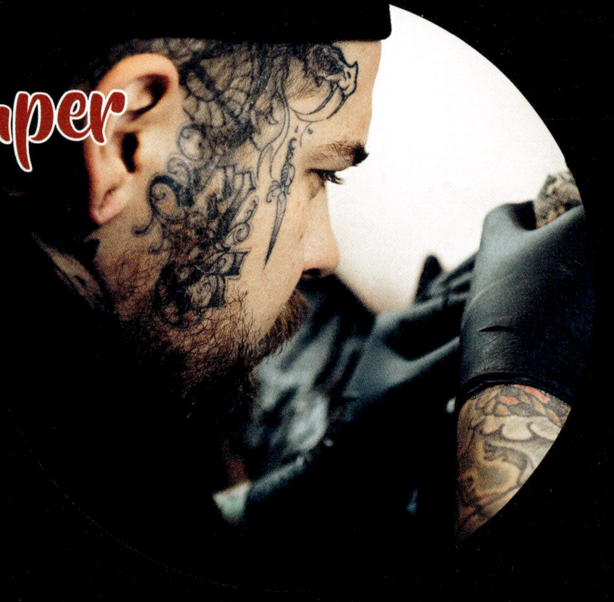

Stilrichtung: Traditional, Neo Traditional, Blackwork

Stadt: Castrop-Rauxel

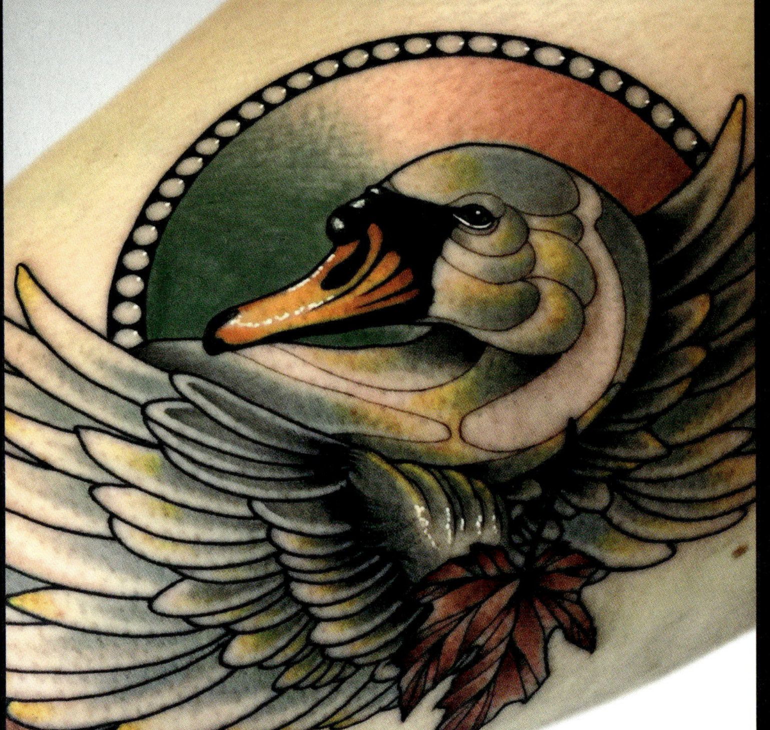

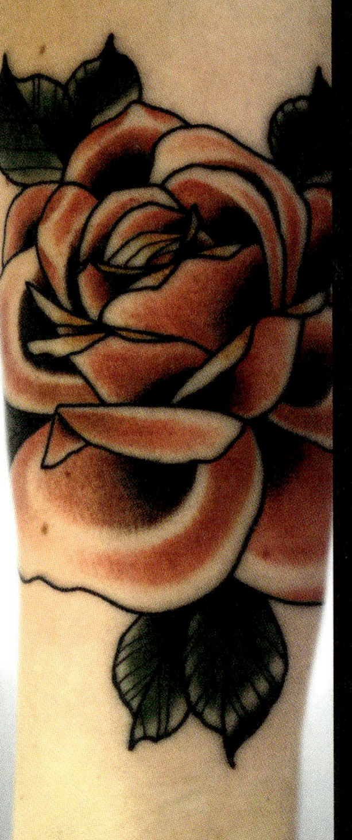

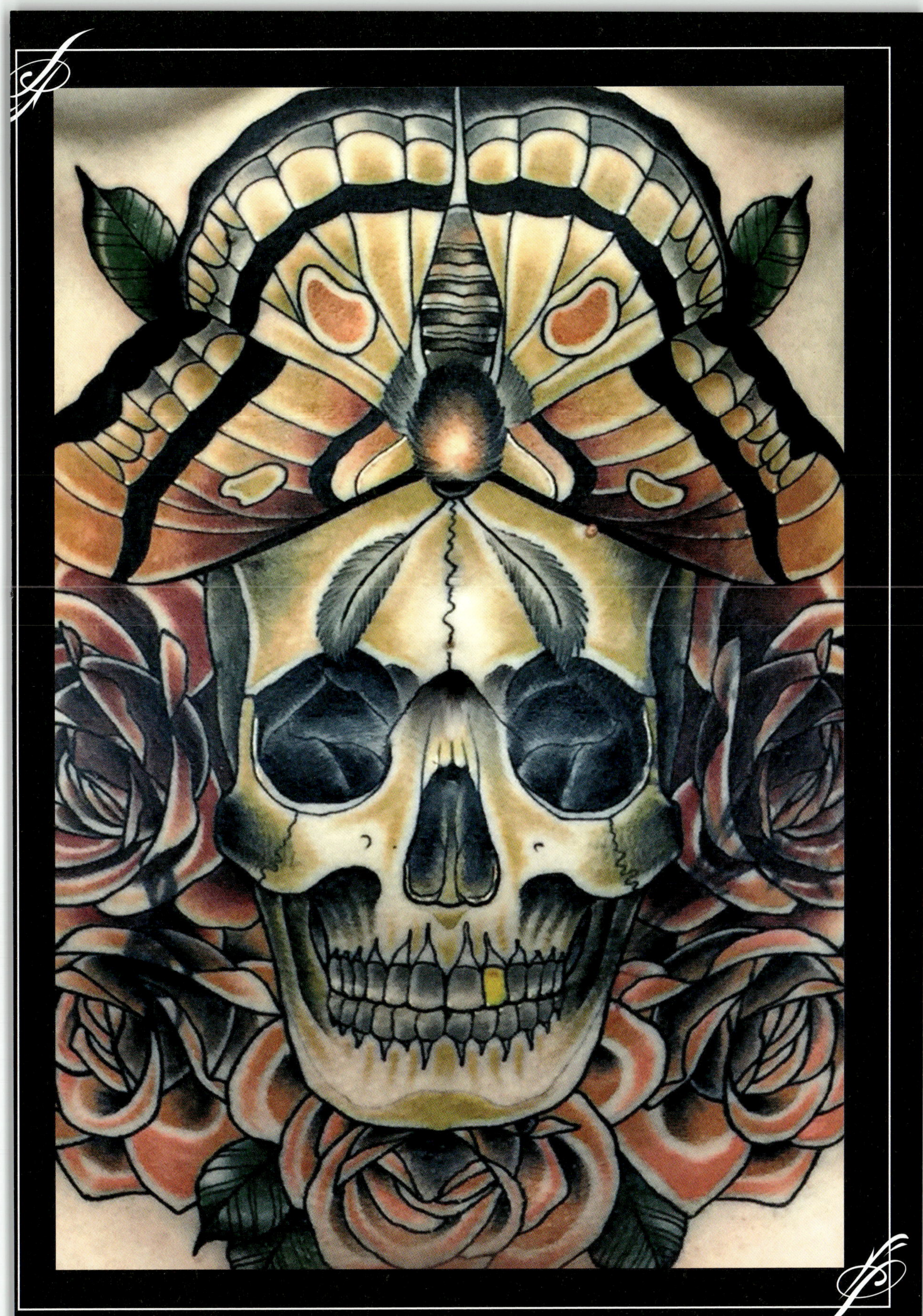

# Kai Schmidt

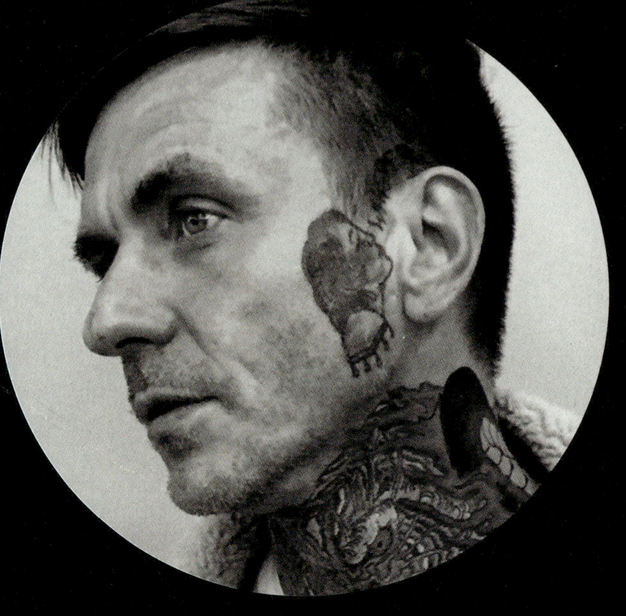

Stilrichtung: Realistic,
Black&Gray,
Old School

Stadt: Duisburg

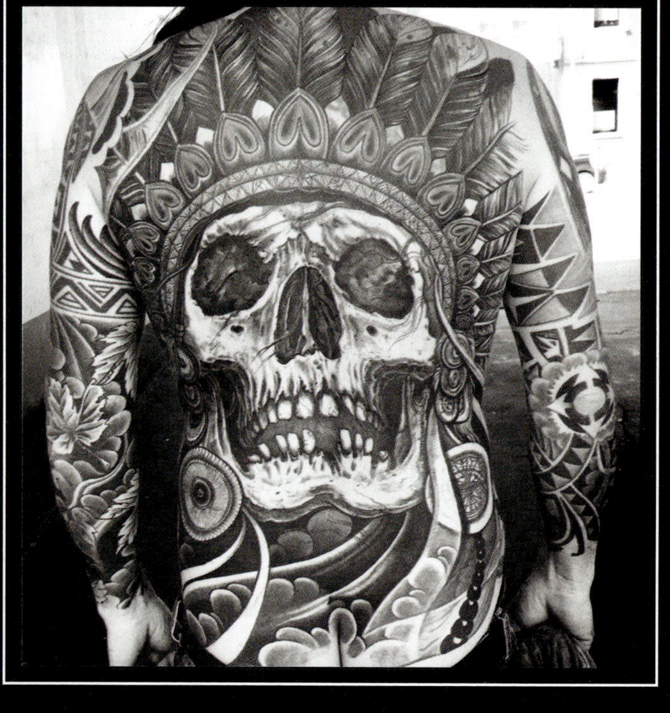

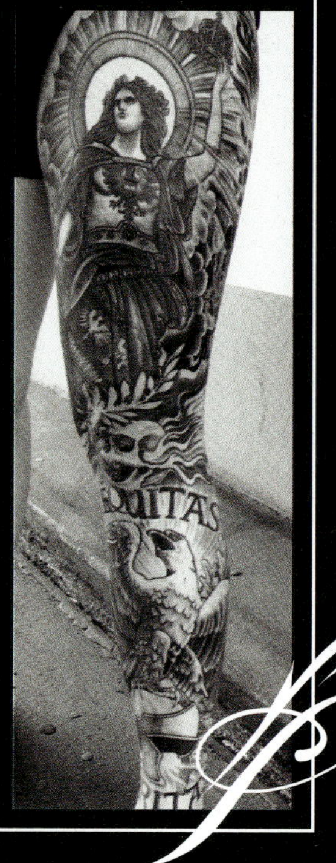

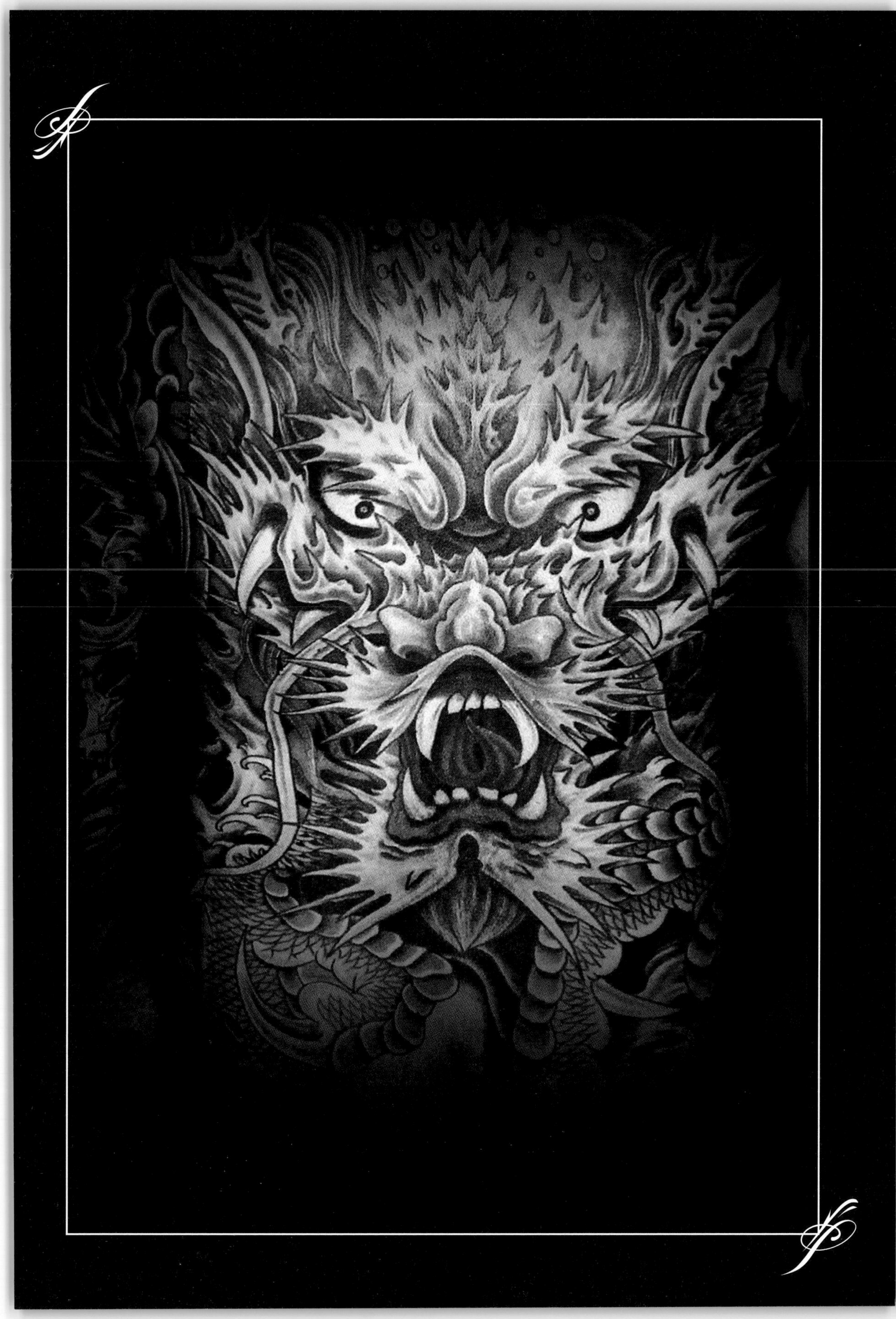

# Mona Wanner

Stilrichtung: Blackwork,
Dotwork Ornamental,
Geometric

Stadt: Blaichach

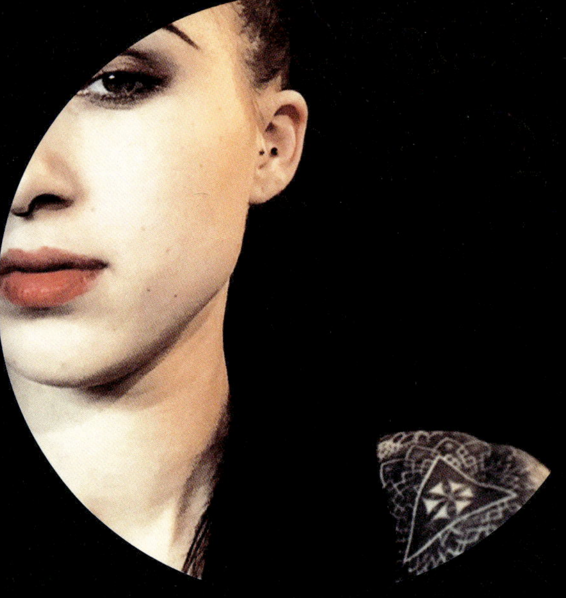

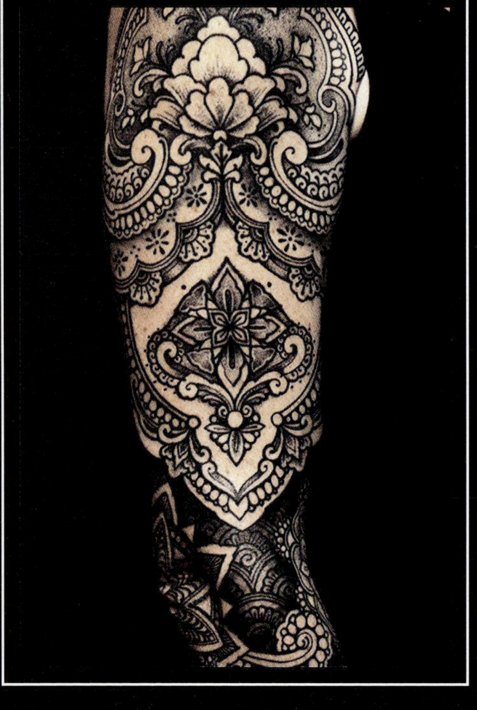

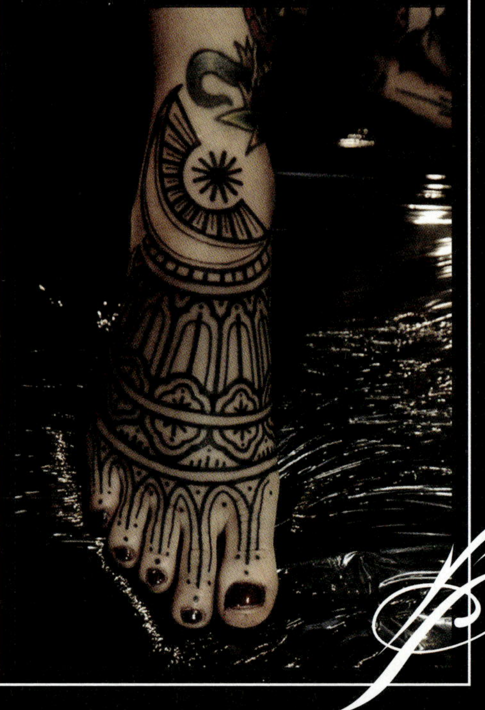

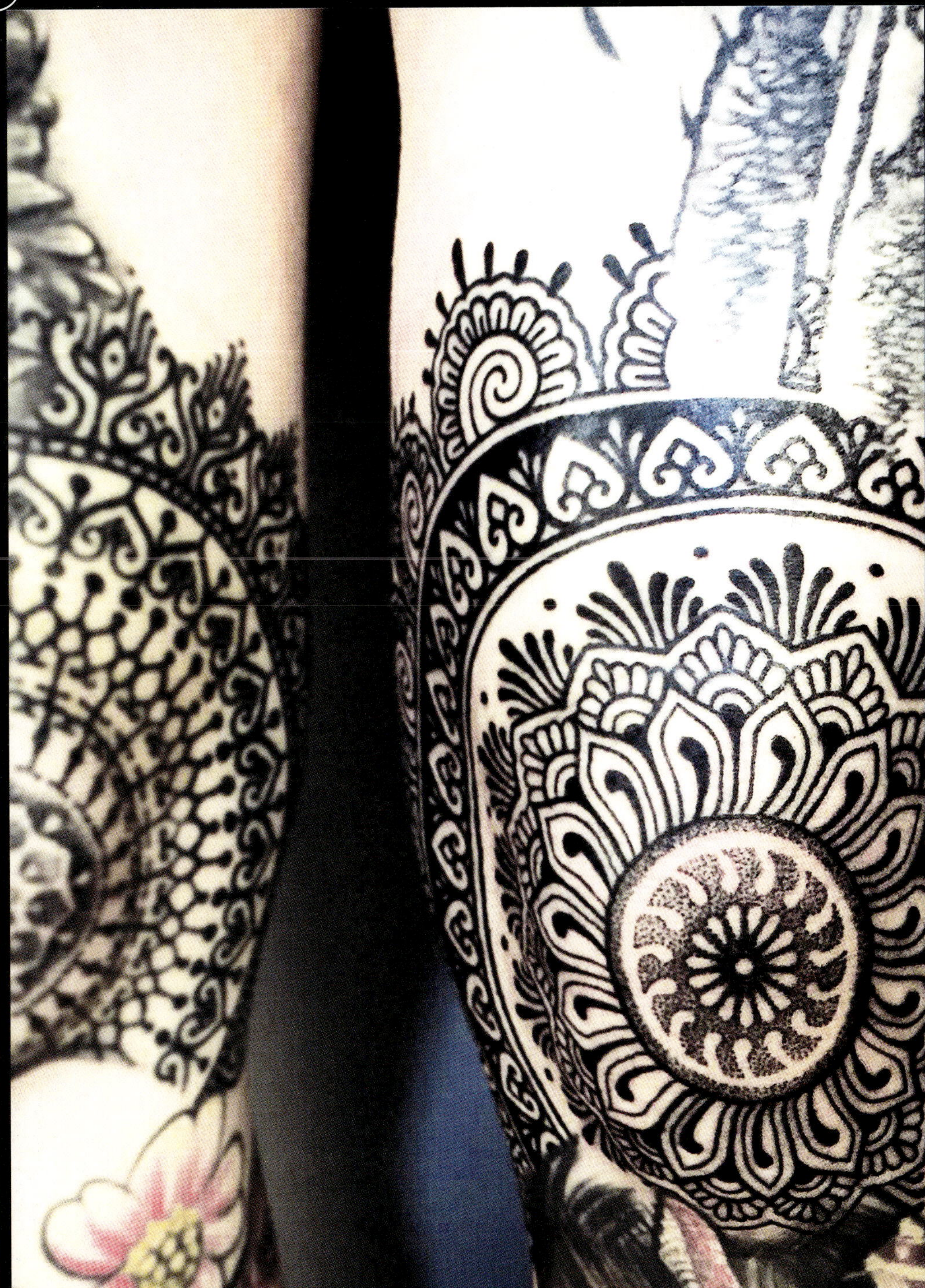

# Mr. MannyMaker

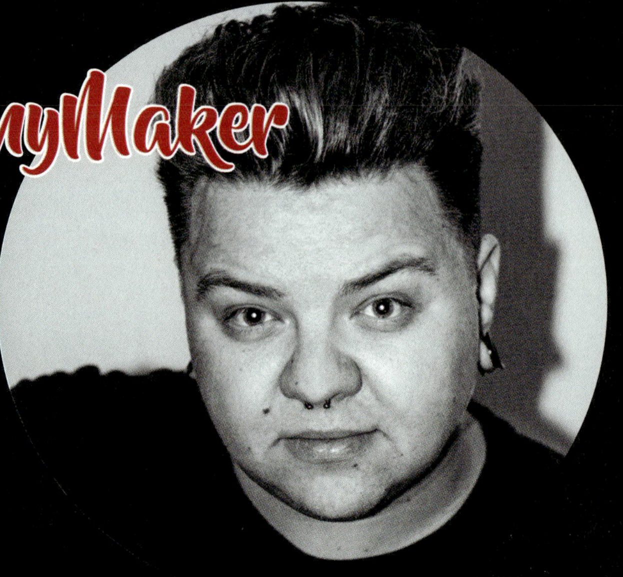

Stilrichtung: Mandala, Dotwork, Blackwork

Stadt: Neuss

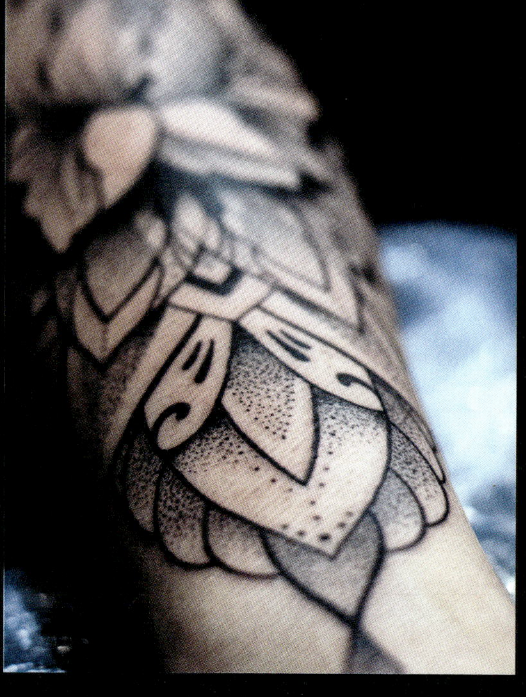

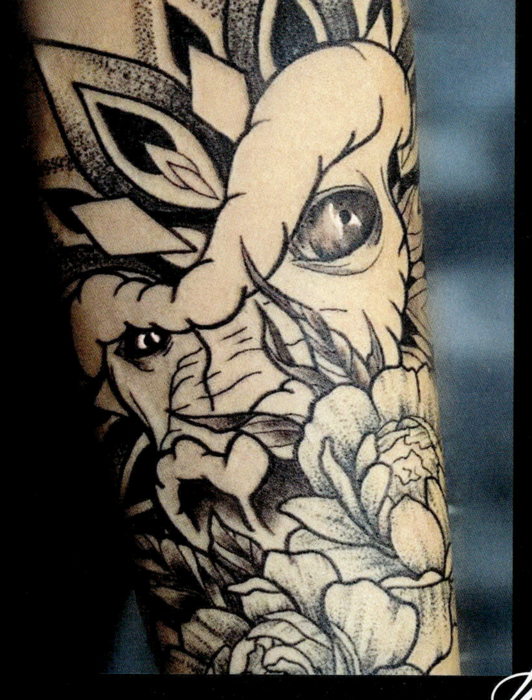

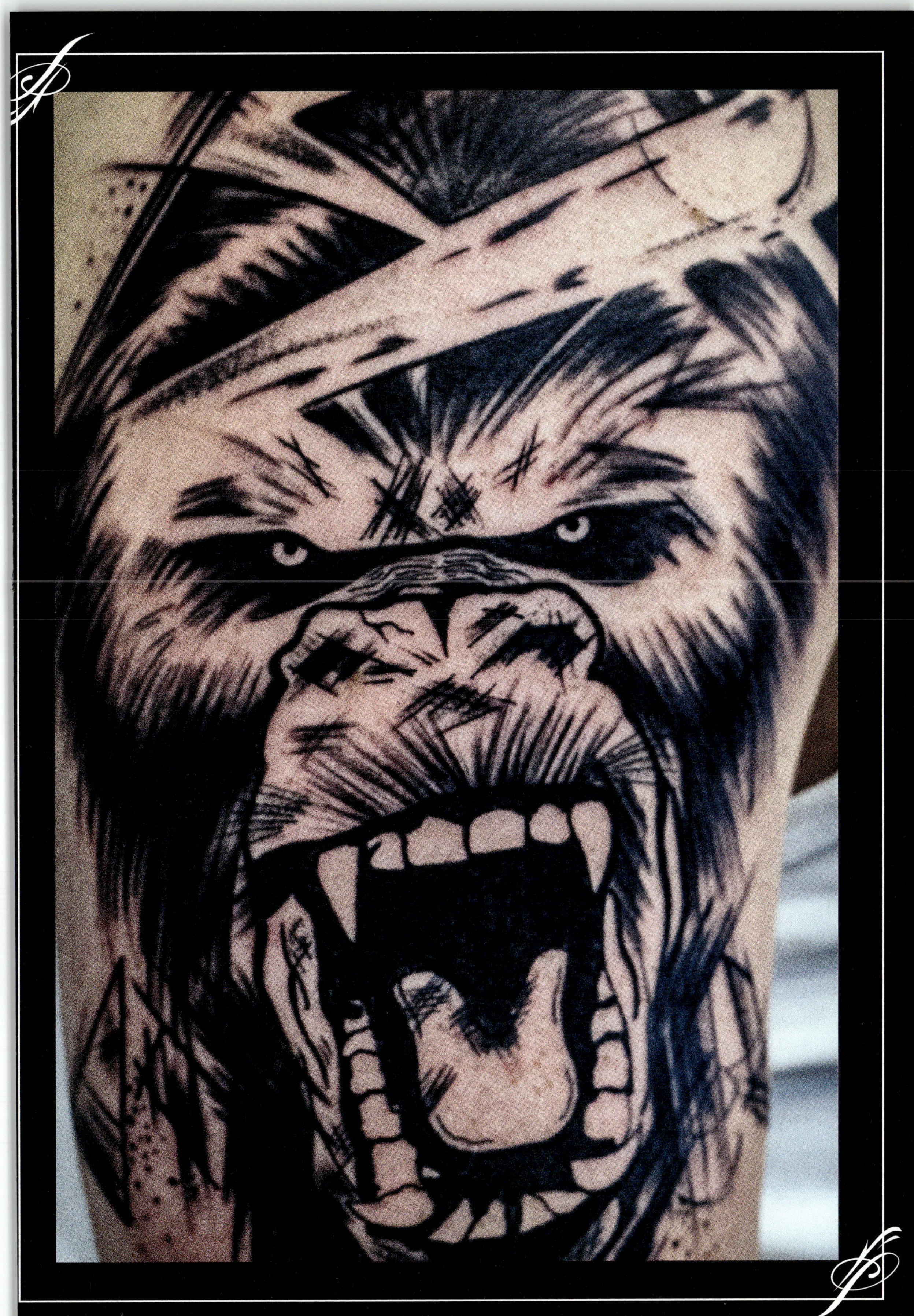

# Julian Greif

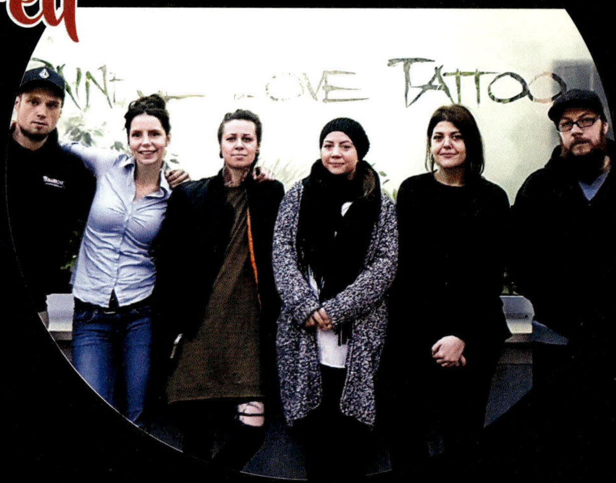

Stilrichtung: Watercolor, Black&Grey, Realistic

Stadt: Berlin

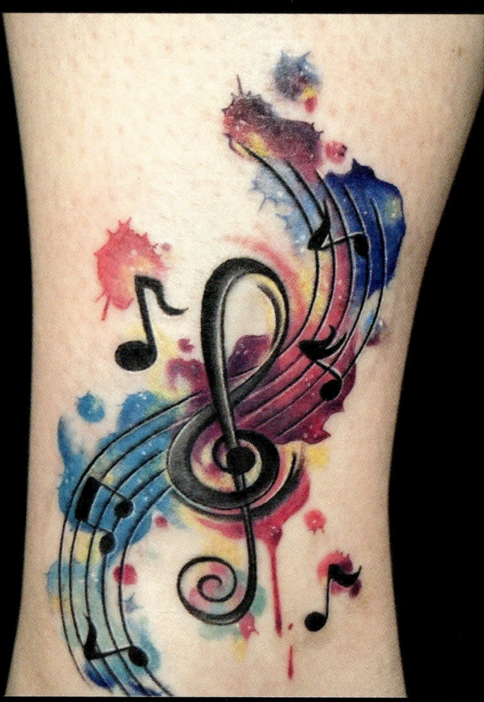

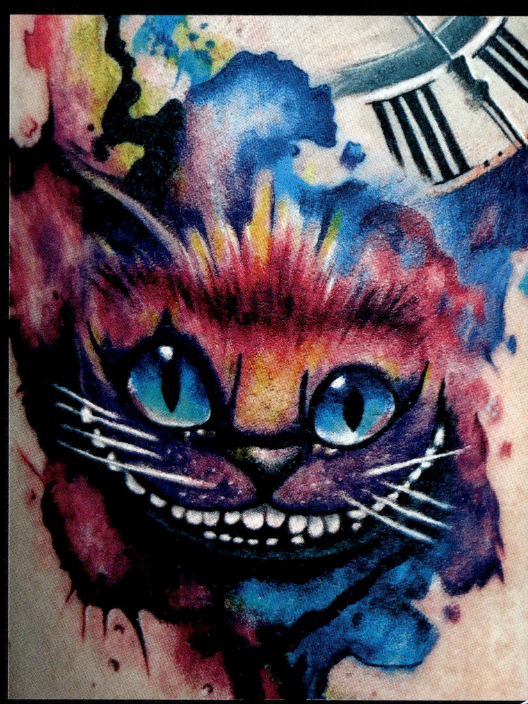

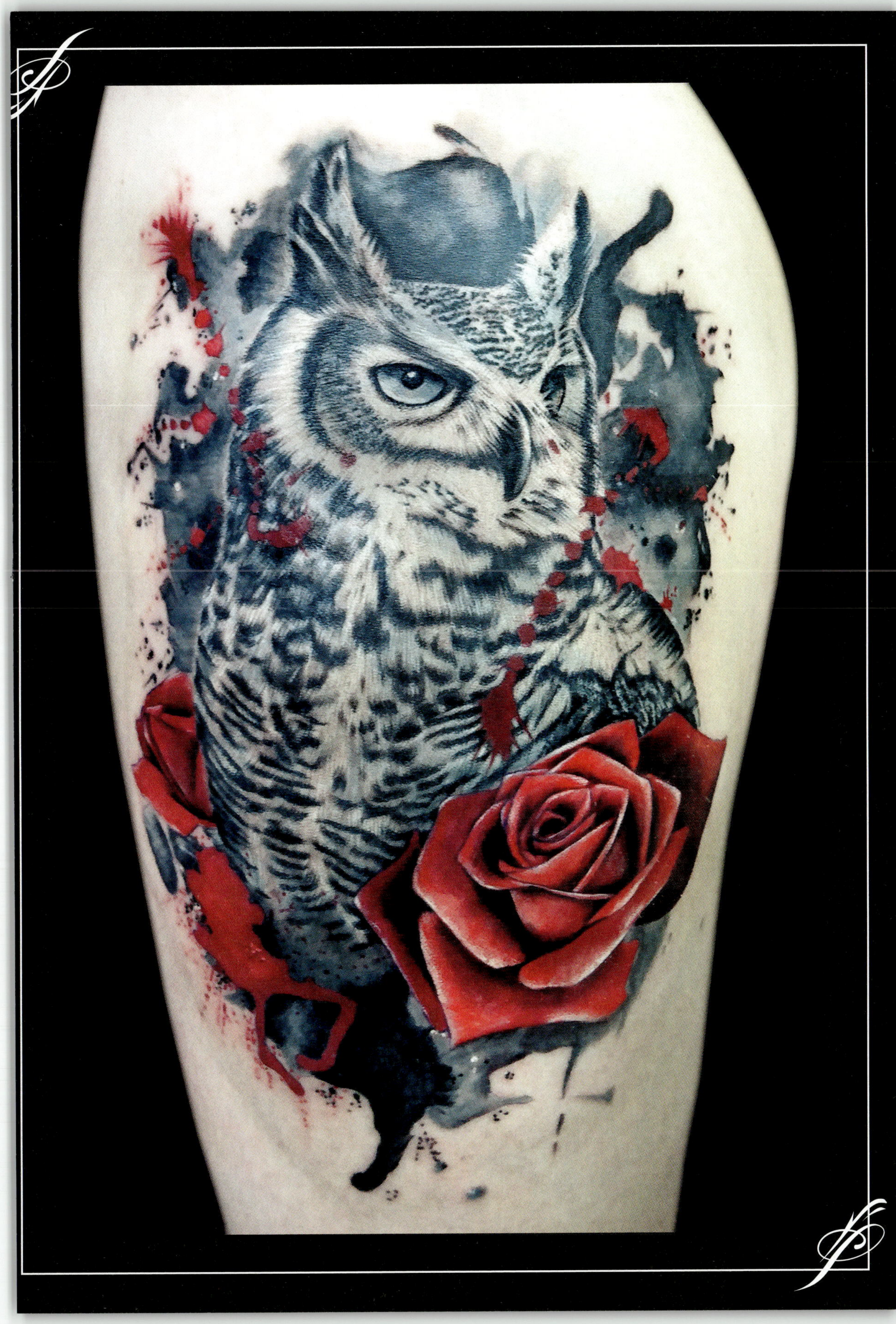

# Danko

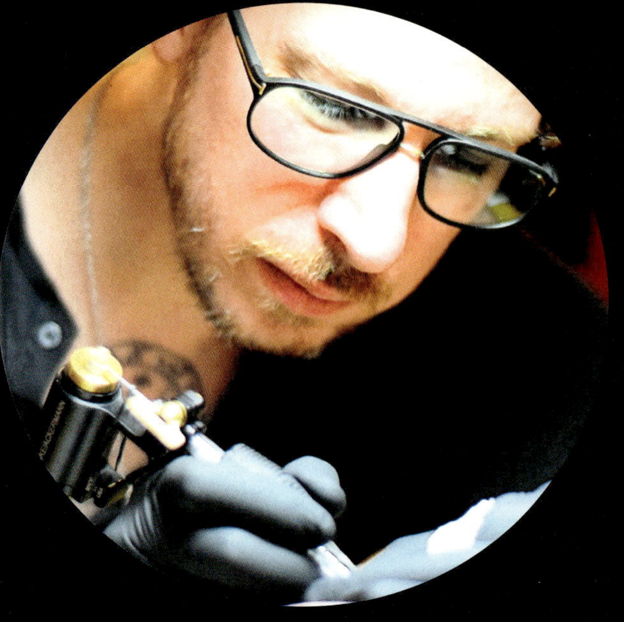

Stilrichtung: kontrastreicher Watercolor

Stadt: Engelskirchen (Bonn, Dortmund, Duisburg)

»Meinen Stil würde ich als naives graphisch-sketchy Buntstift-Zeug beschreiben. Der meiste Watercolor-Kram ist mir zu kraftlos, darum versuche ich, harte Kontraste und fließende Linien zu kombinieren. Angefangen habe ich mit Traditionellem, bis ein Kunde eine grobe Skizze genau so tätowiert haben wollte. Und für genau diese Experimentierfreudigkeit liebe ich meine Kundschaft, denn meine Vorlagen sind sehr minimalistisch. 90 Prozent entstehen spontan auf der Haut.«

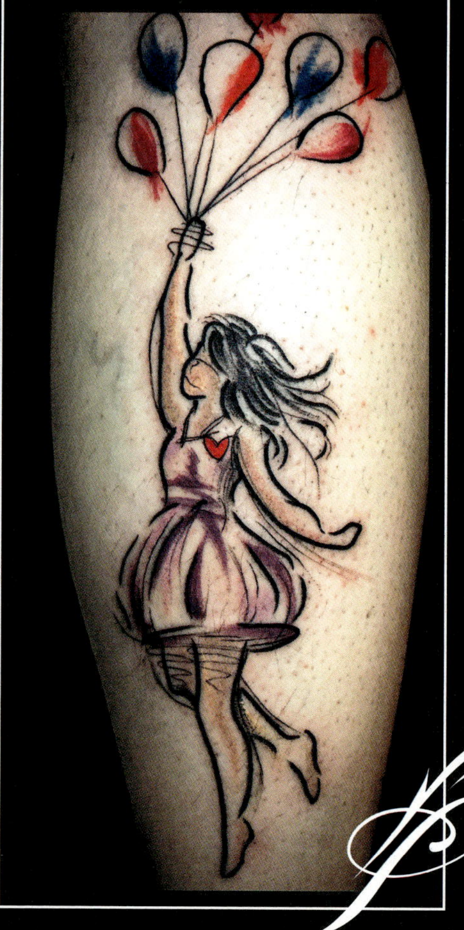

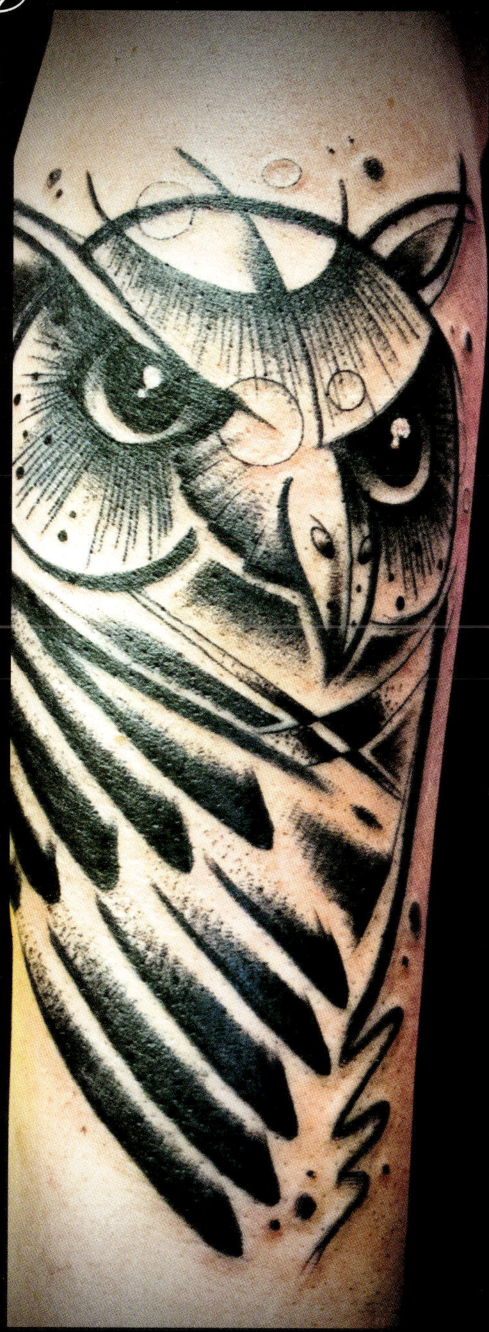
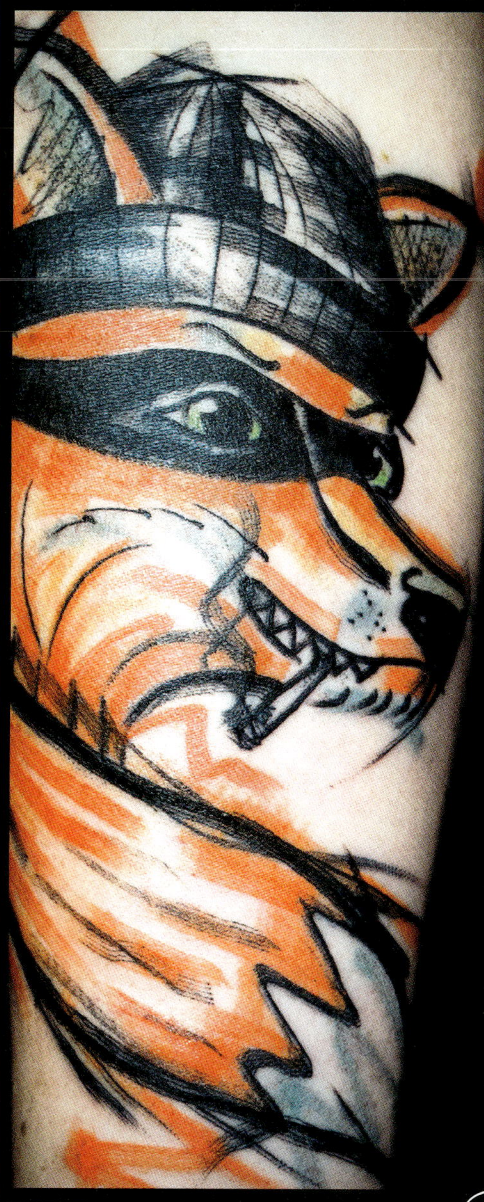

# Rockland Tattoo

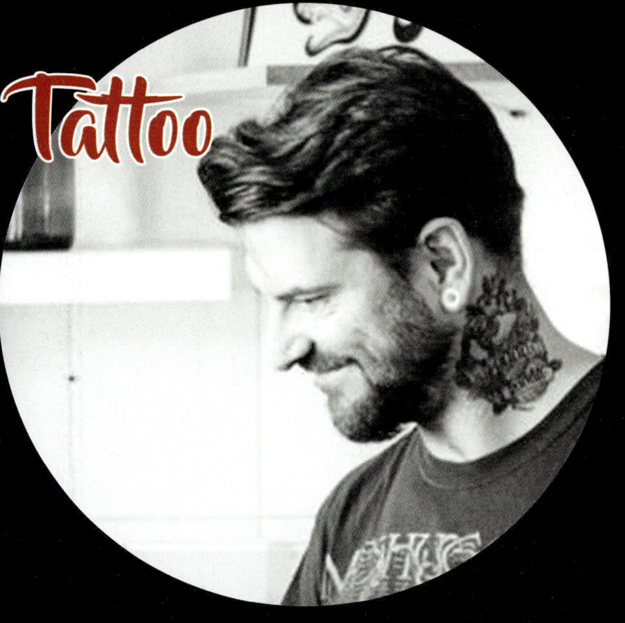

Stilrichtung: Dotwork,
Traditional,
Traumfänger

Stadt: Witten

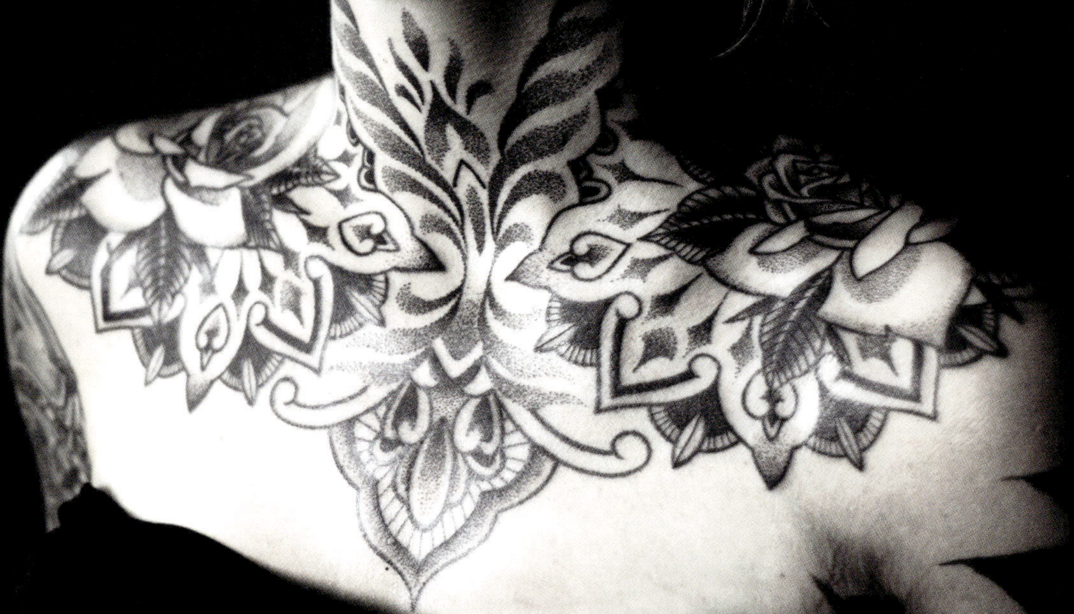

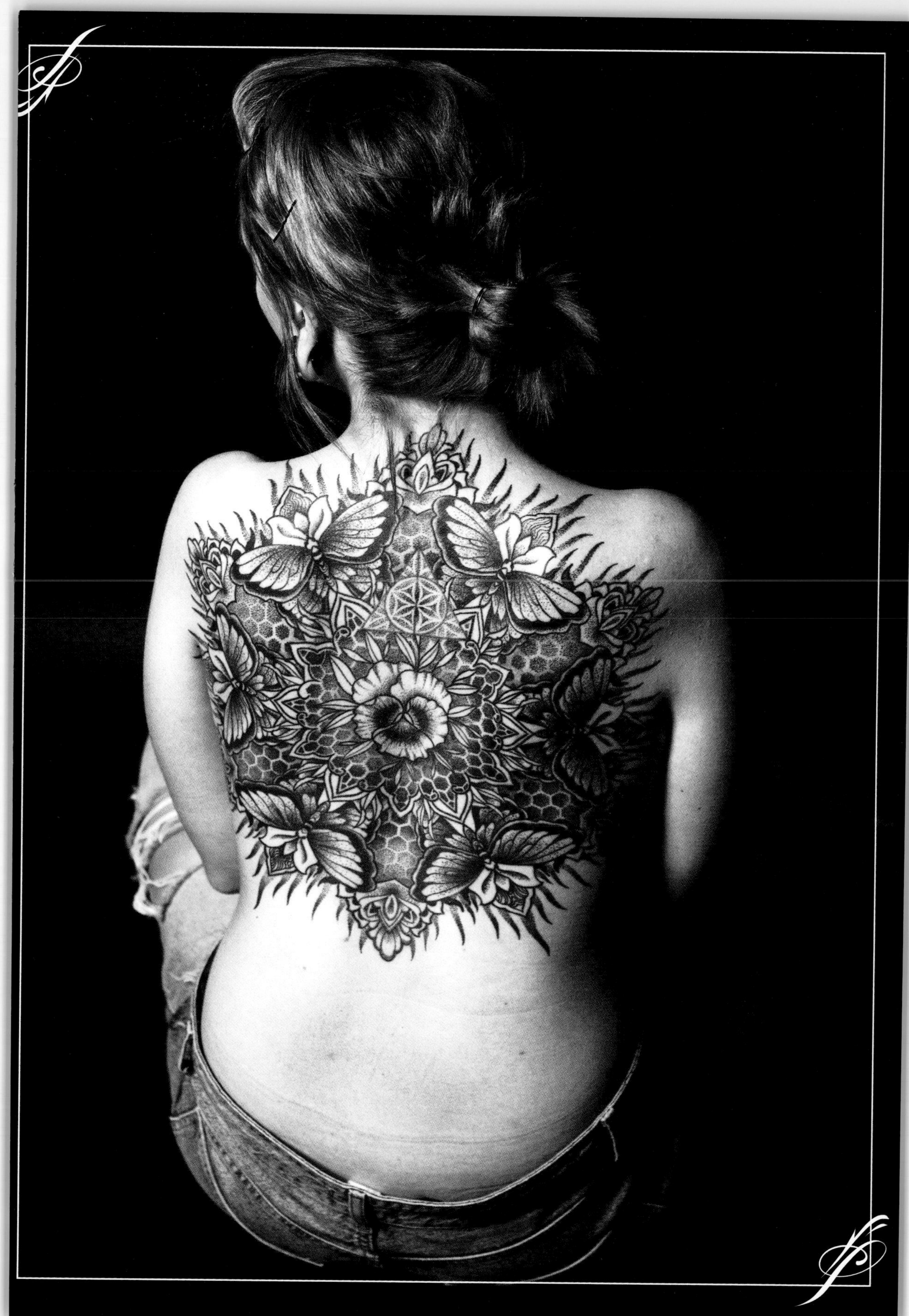

# Stefan Muler

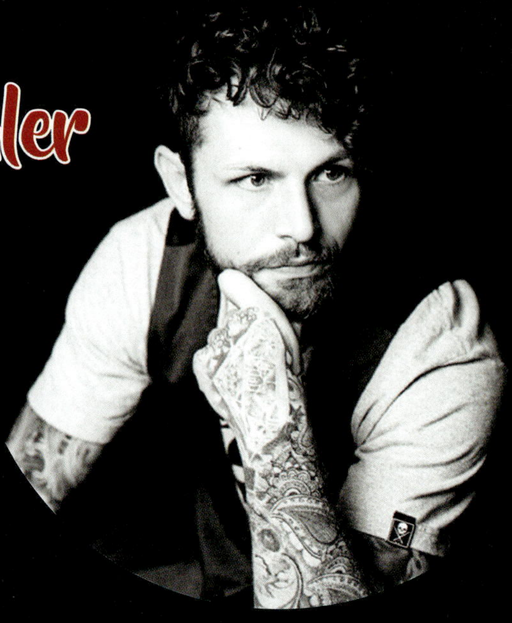

Stilrichtung: Photorealistic, Black&Grey, Modern Art

Stadt: Viersen

»Ich möchte meine Träume hinsichtlich des Tätowierens nicht träumen, sondern leben. Meine künstlerische Gabe ist ein Geschenk Gottes und ich möchte diese von Herzen gern voll ausschöpfen. Ich bin ehrlich gesagt sehr perfektionistisch veranlagt, was meinen Kunden sehr zum Vorteil gereicht. Stets versuche ich, das Maximum aus meinen Bildern herauszuholen. Mir ist es wichtig, dass meine Kunst individuell und besonders ist.«

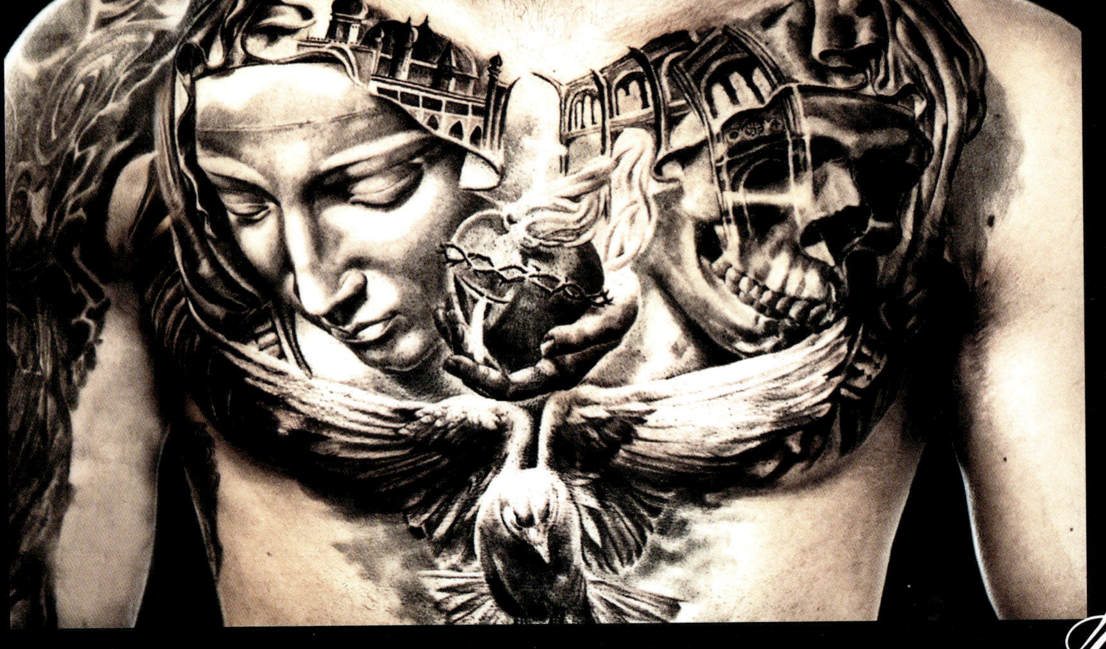

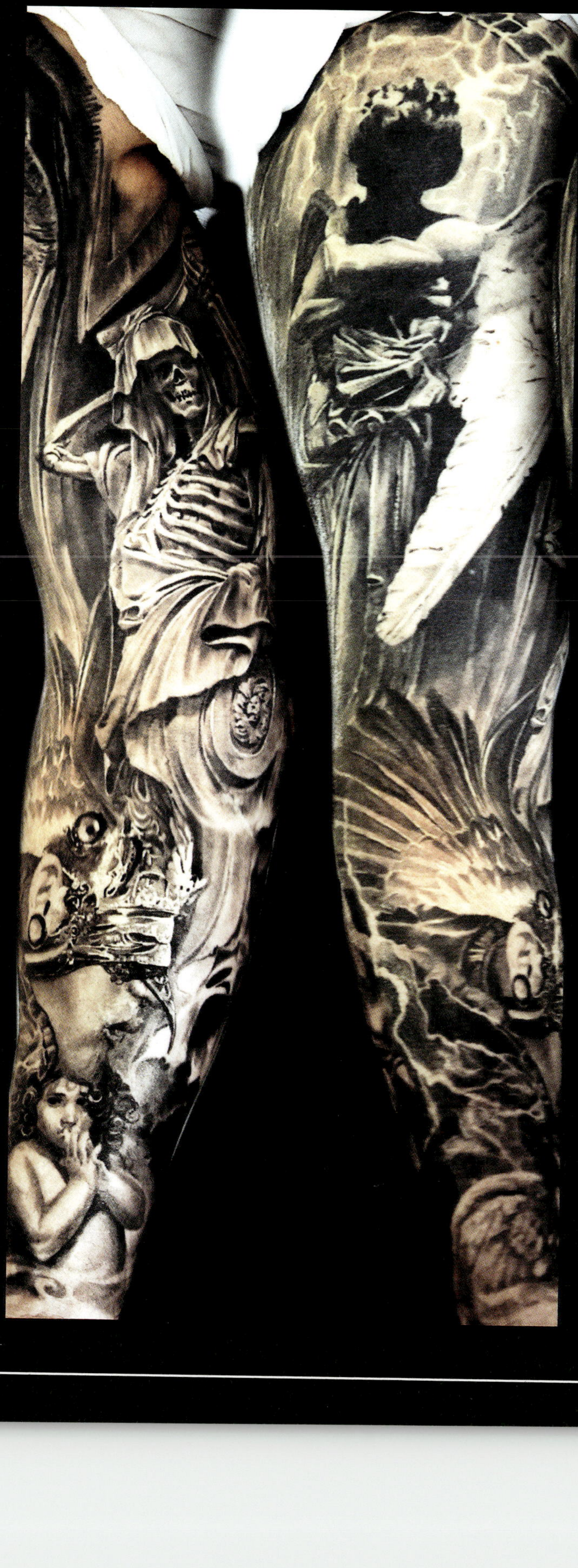

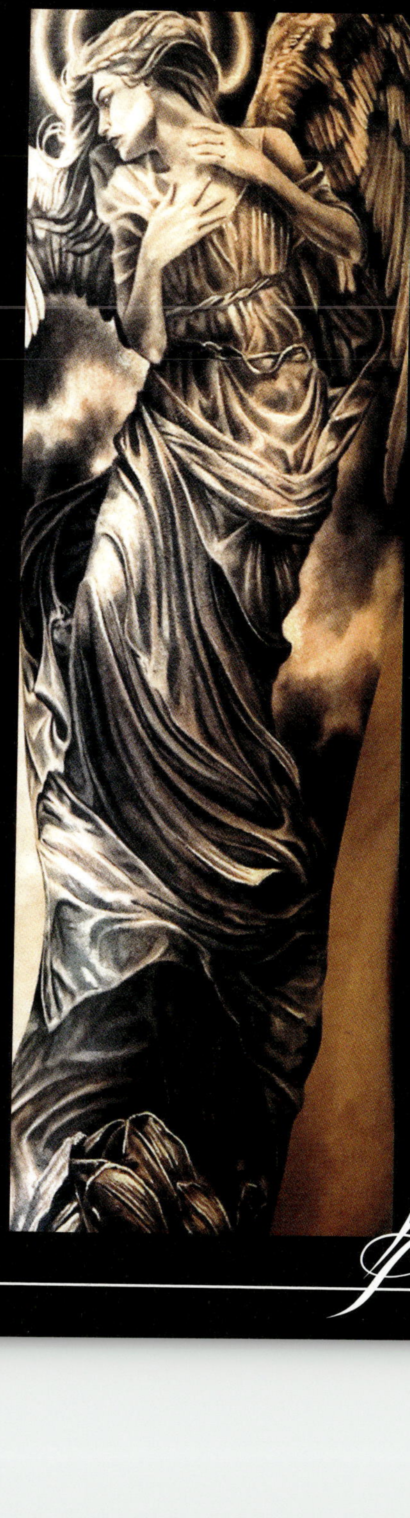

# Ralph Riedener

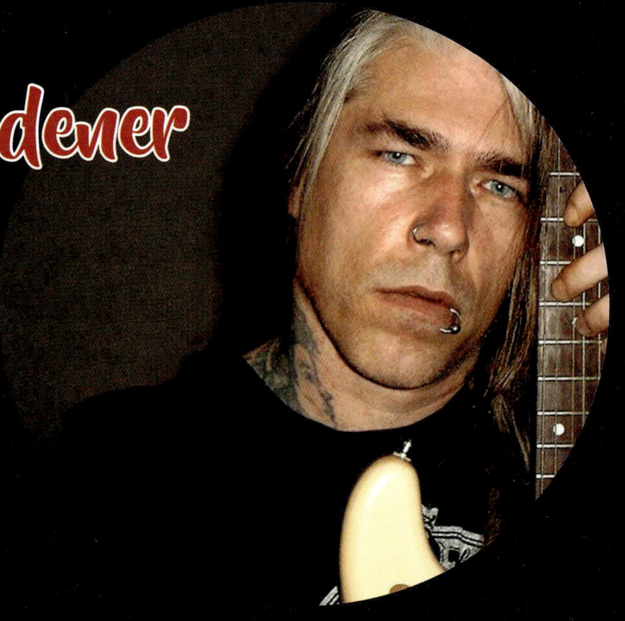

Stilrichtung: Japanisch,
Black&Grey

Stadt: Romanshorn
(Schweiz)

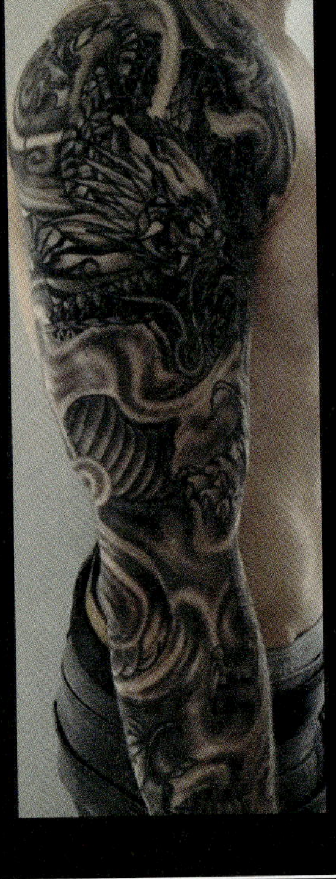

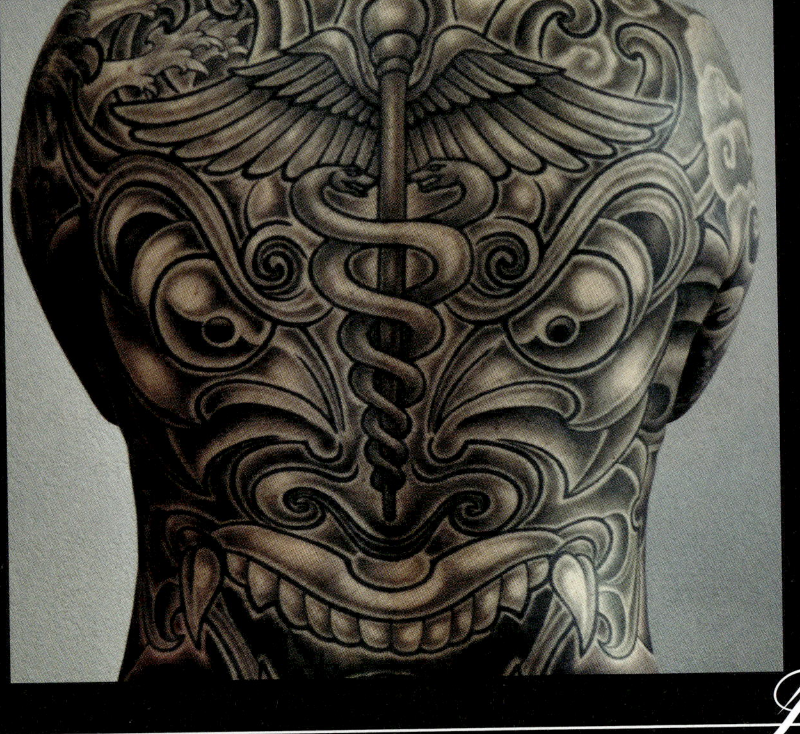

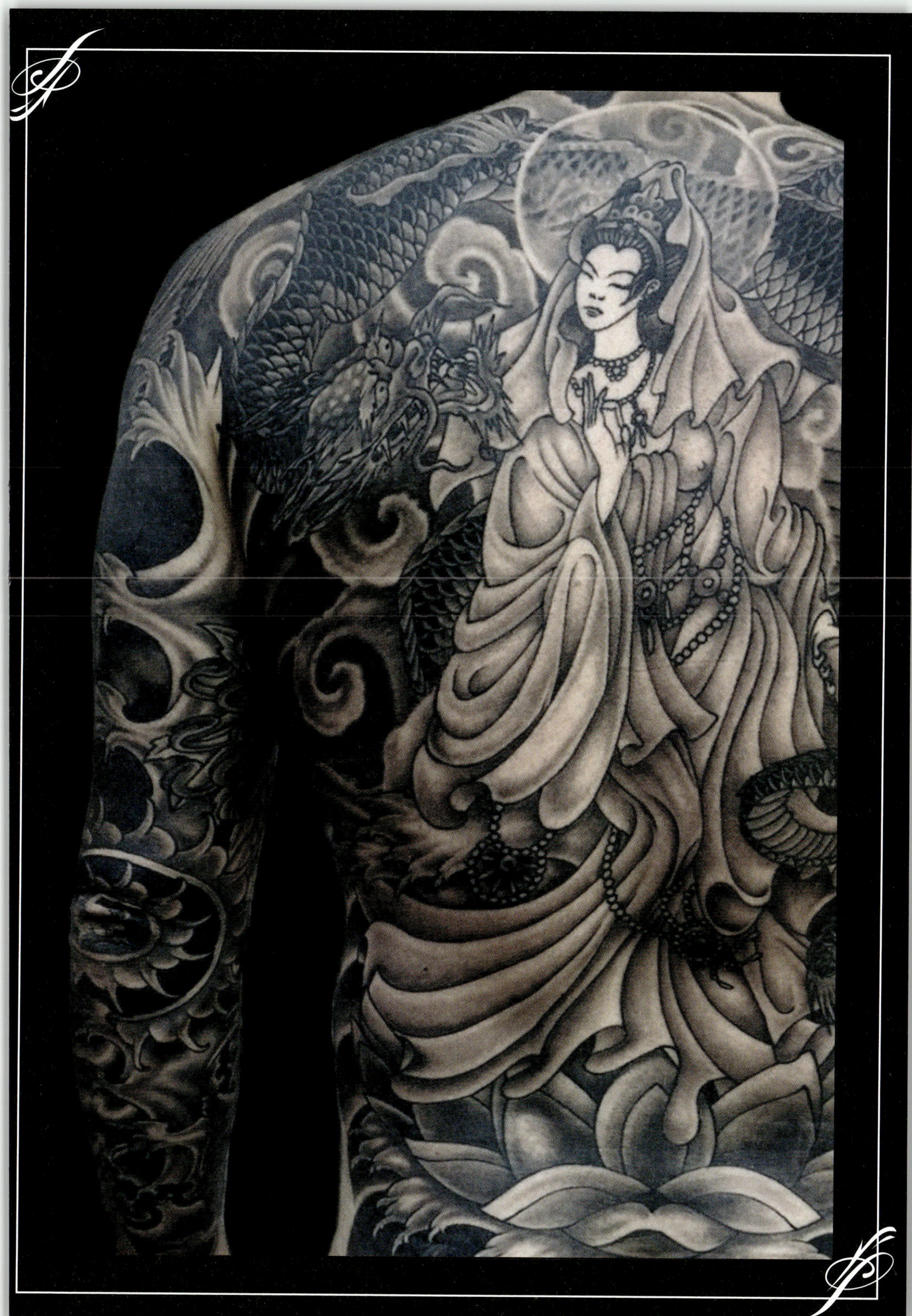

# Kris Mliczek

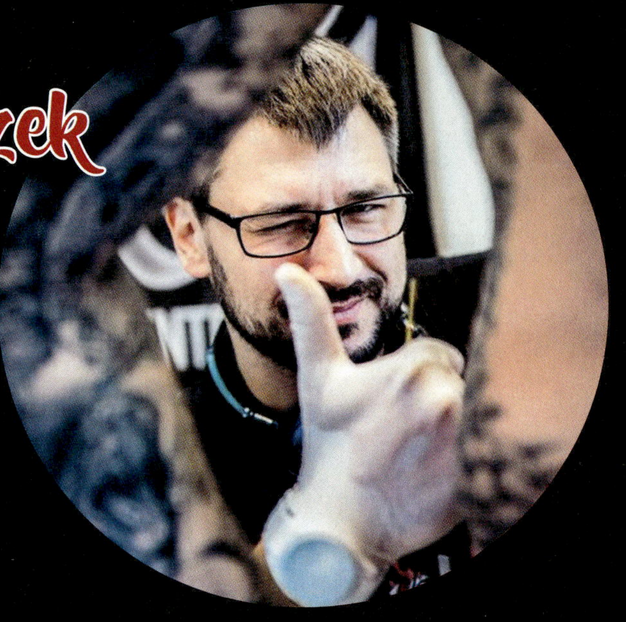

Stilrichtung: Realistic, Portrait, Watercolour

Stadt: Kleve

»Kris ist unser Realistic-Künstler. Bring ihm ein Foto, er kopiert es detailgetreu auf deinen Körper. Beliebt ist er für seine Blumenmotive, Kompasse, Uhren und vor allem Portraits. Am liebsten sticht er jedoch dunkle Sachen, die in die Horrorrichtung gehen.«

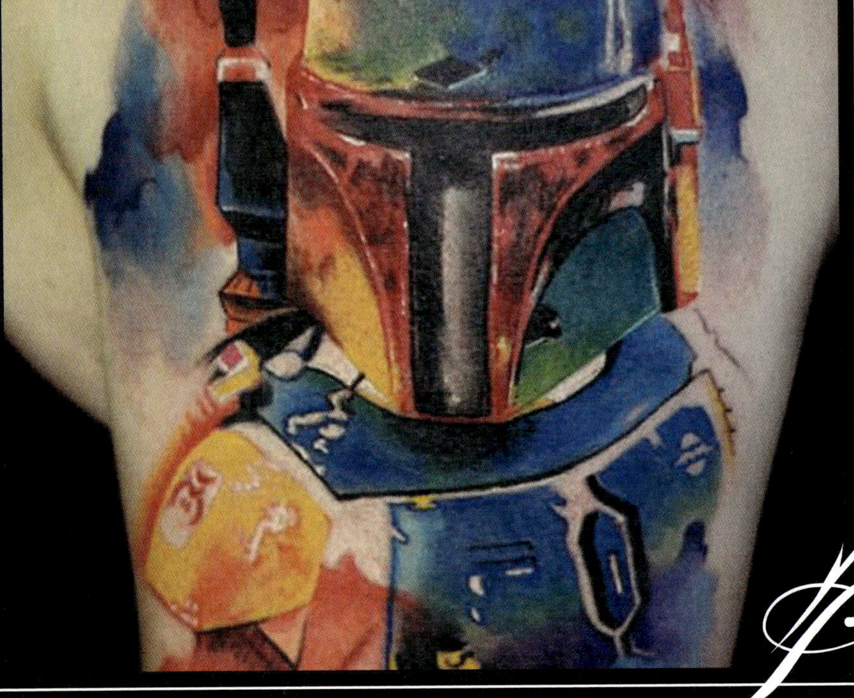

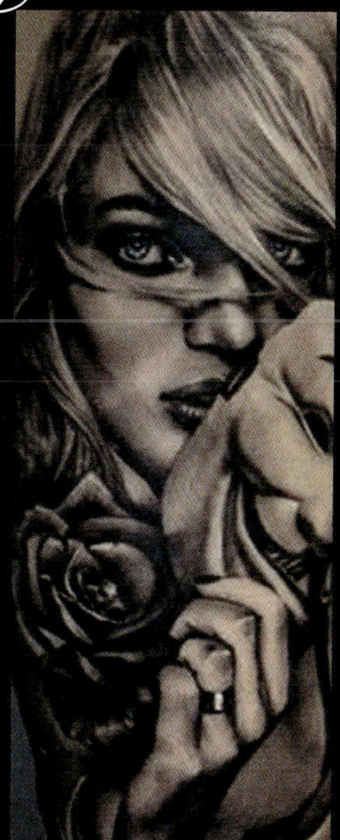

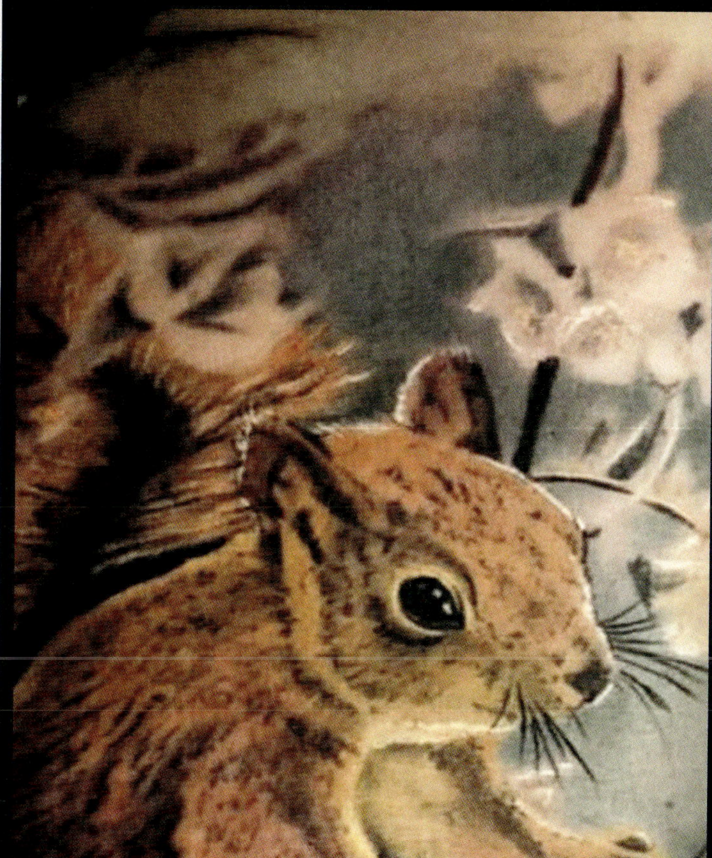

# Tim Schneider

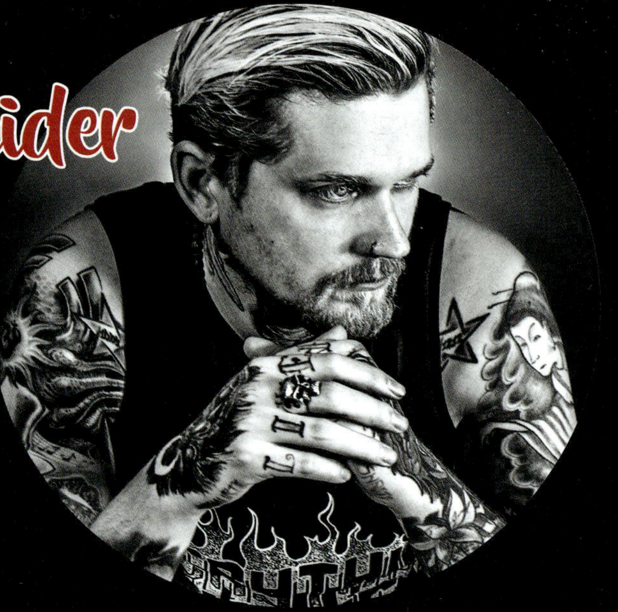

Stilrichtung:
Black&Grey, Realistic

Stadt: Essen

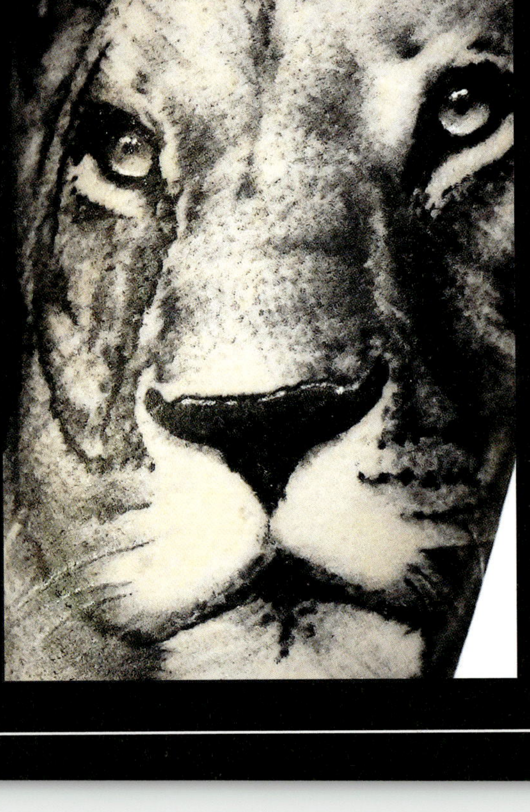

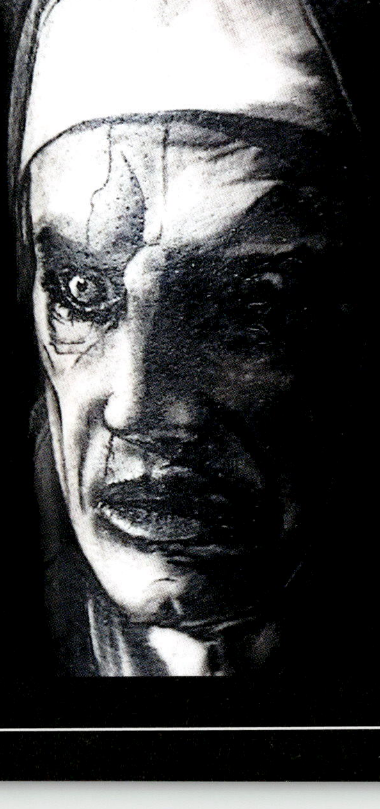

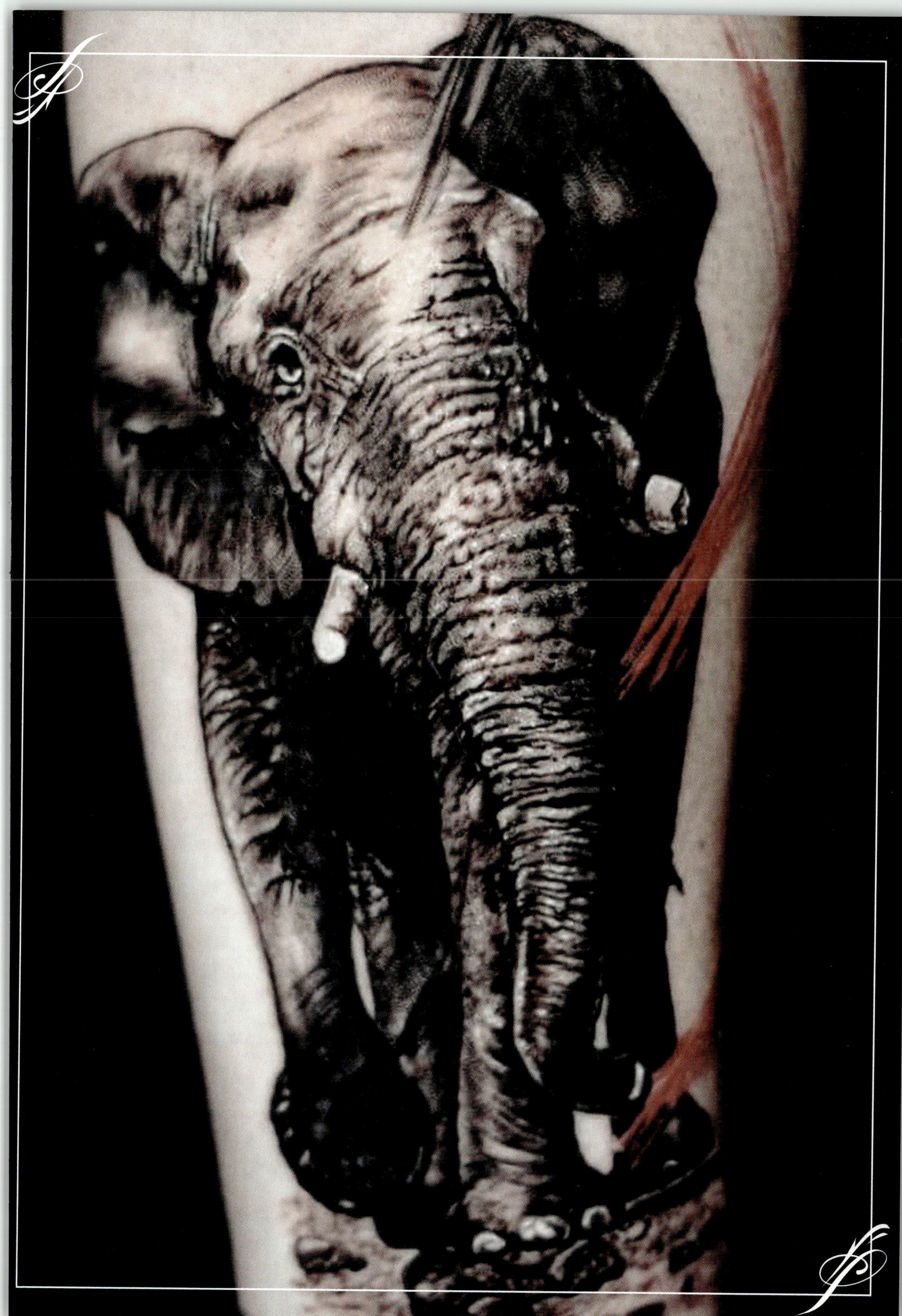

# Dydy Gassner

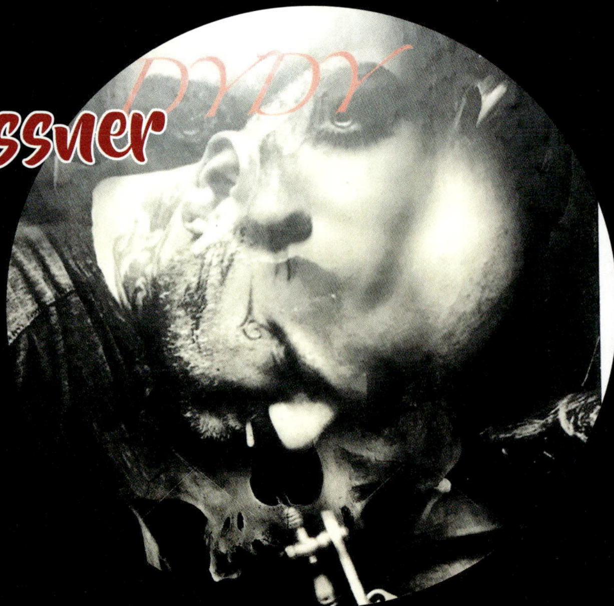


Stilrichtung: Black&Grey,
Deep Contrast

Stadt: München

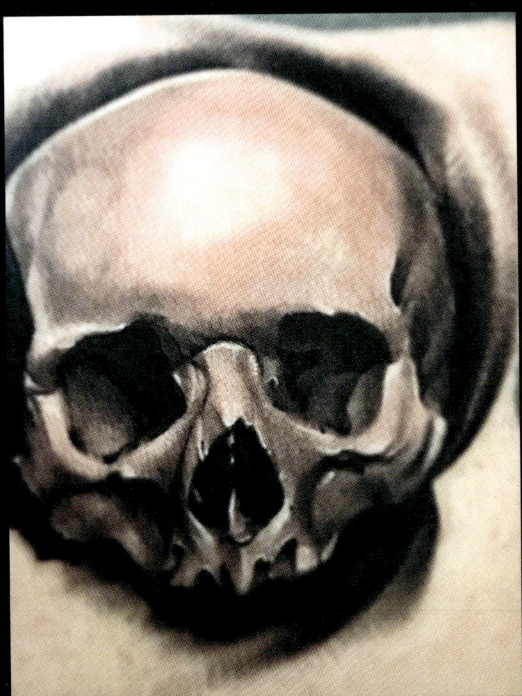

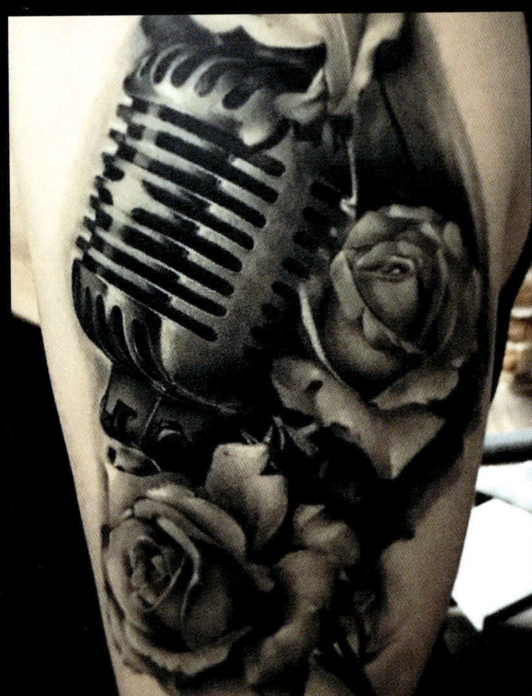

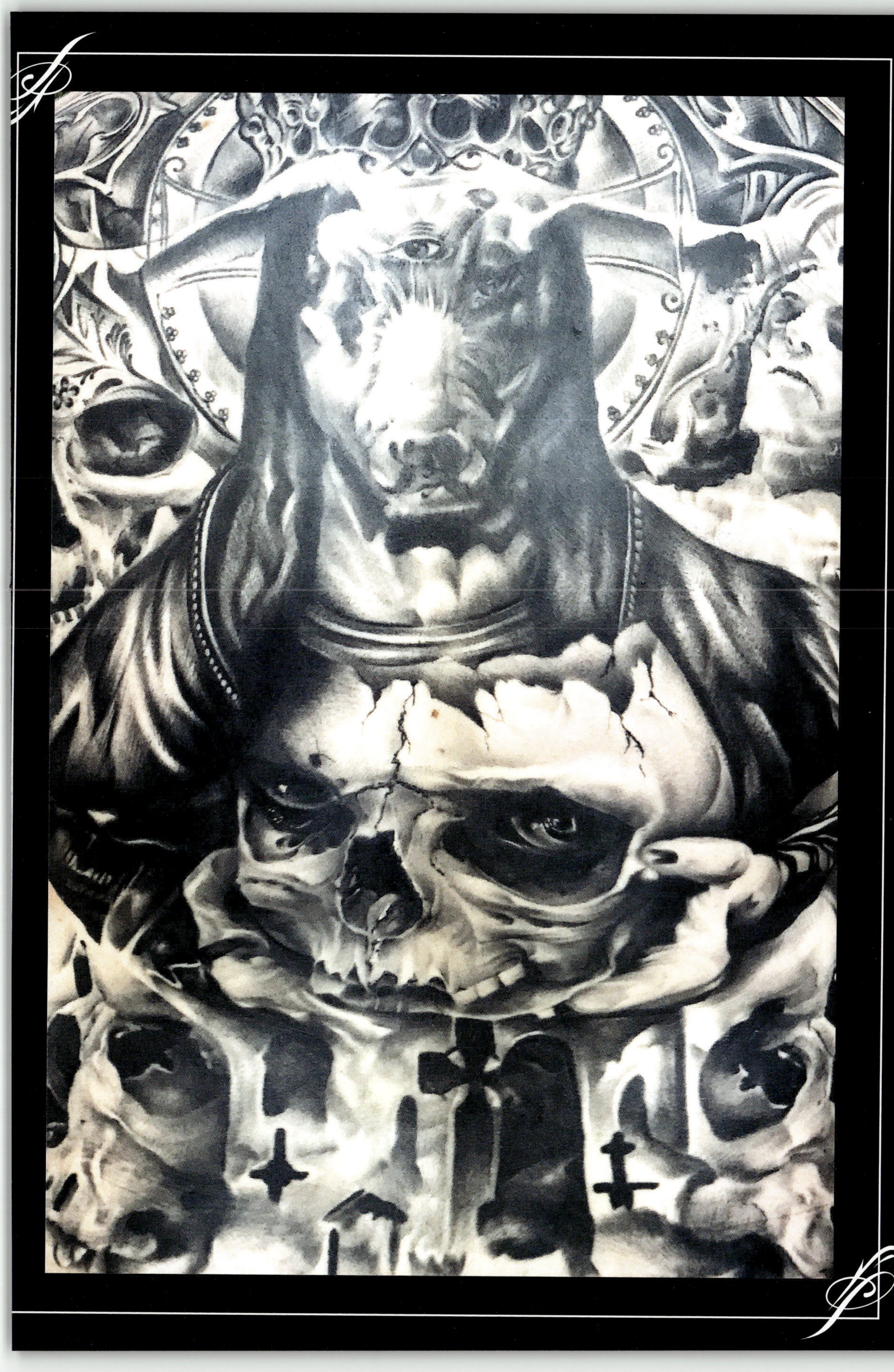

# Christina Kürten

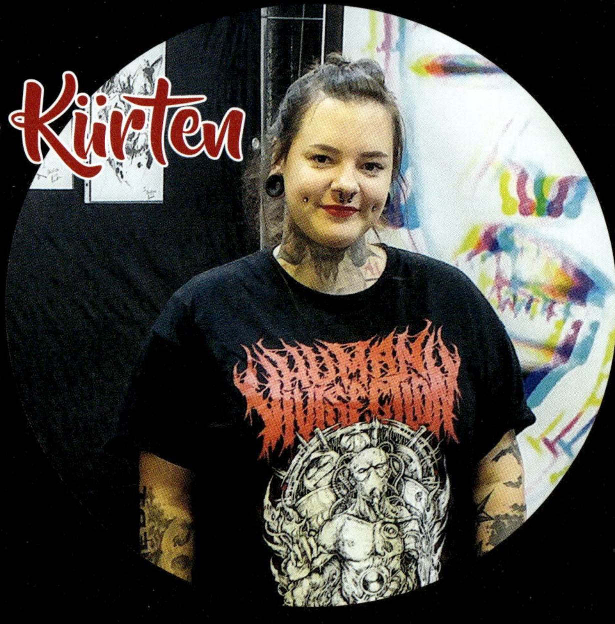

Stilrichtung: Sketch Art, Trash Polka, Watercolor

Stadt: Duisburg

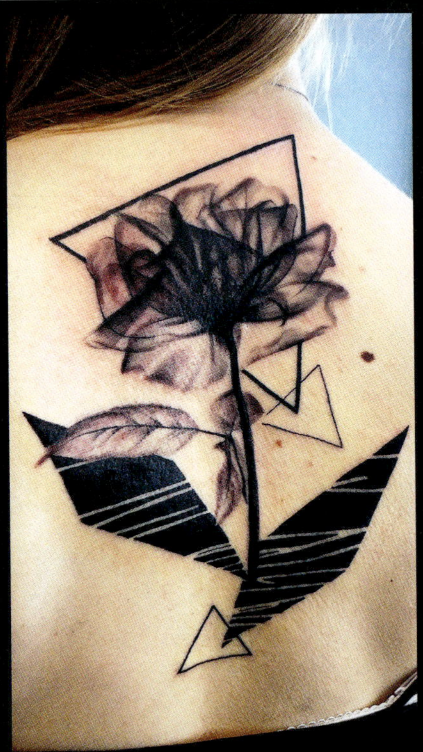

»Wo ich mich in ein paar Jahren sehe? Hoffentlich auf vielen weiteren Conventions, um tolle Künstler aus aller Welt kennenzulernen und mich weiterzuentwickeln.«

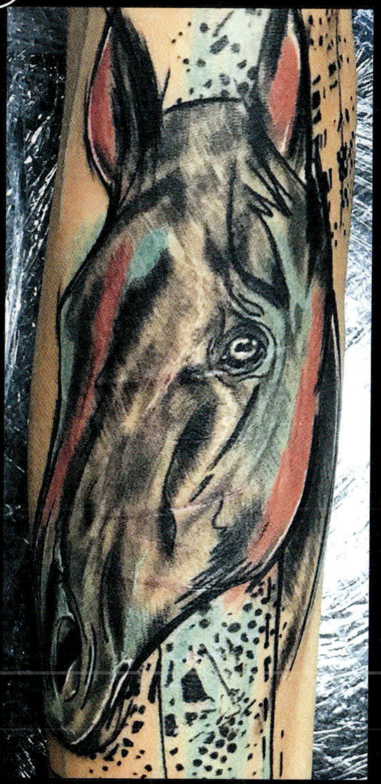
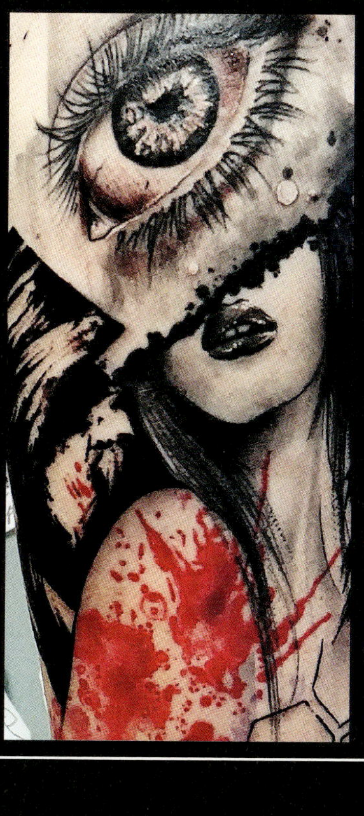
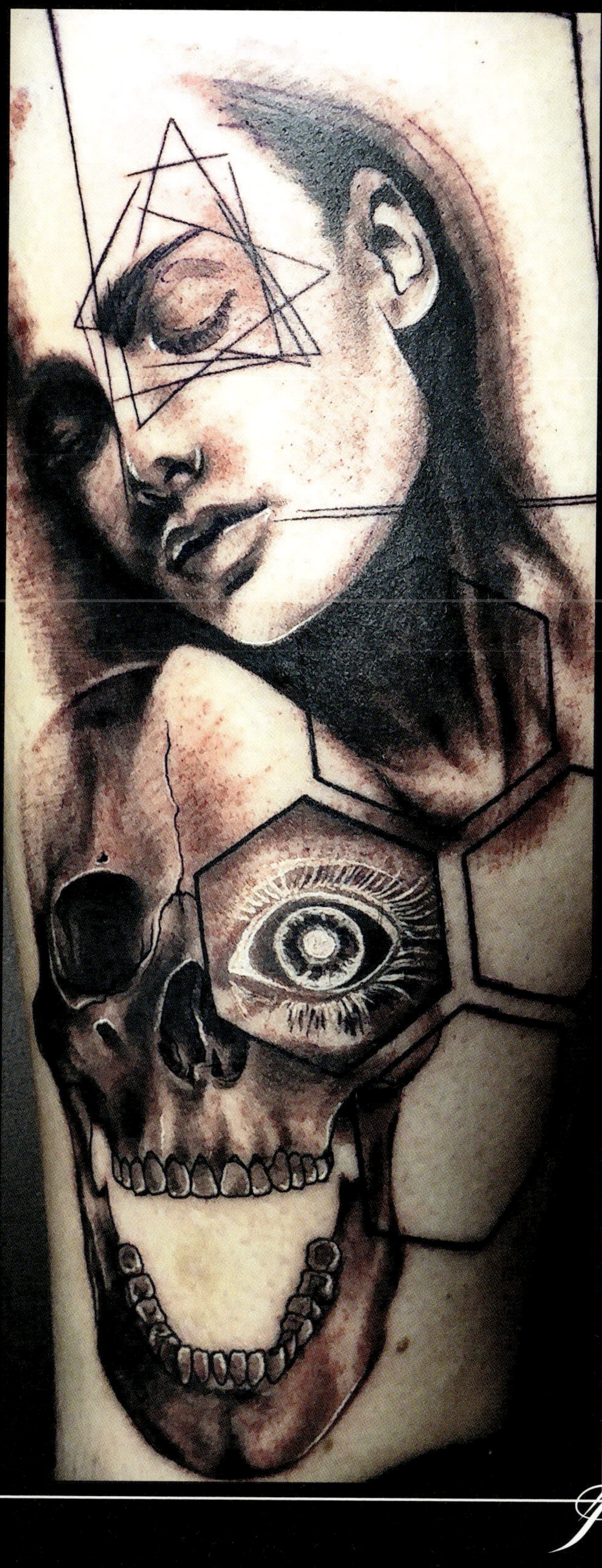

# Karsten Koch

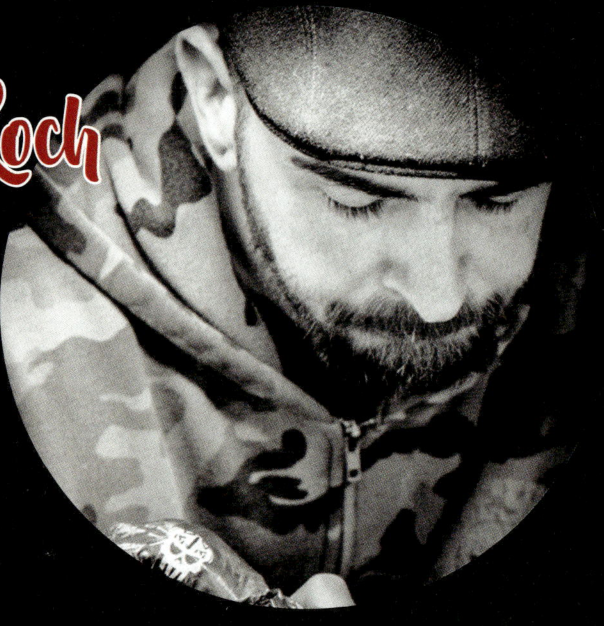

Stilrichtung:
Black&Grey, Realistic

Stadt: Essen

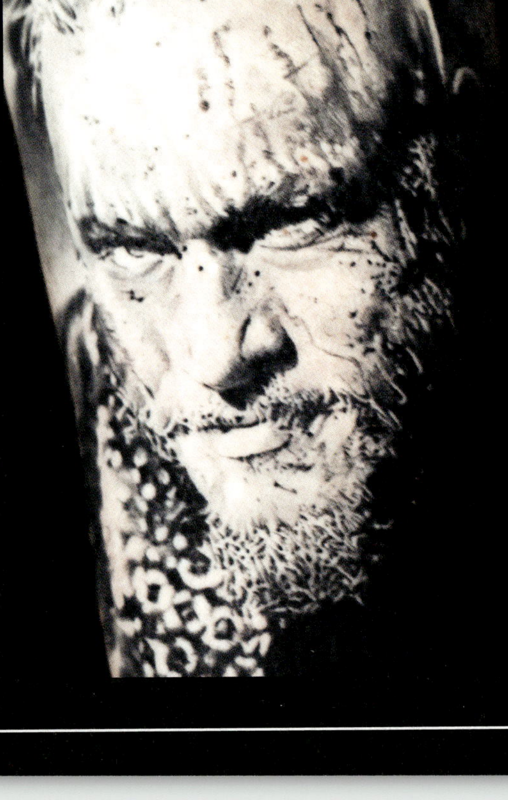

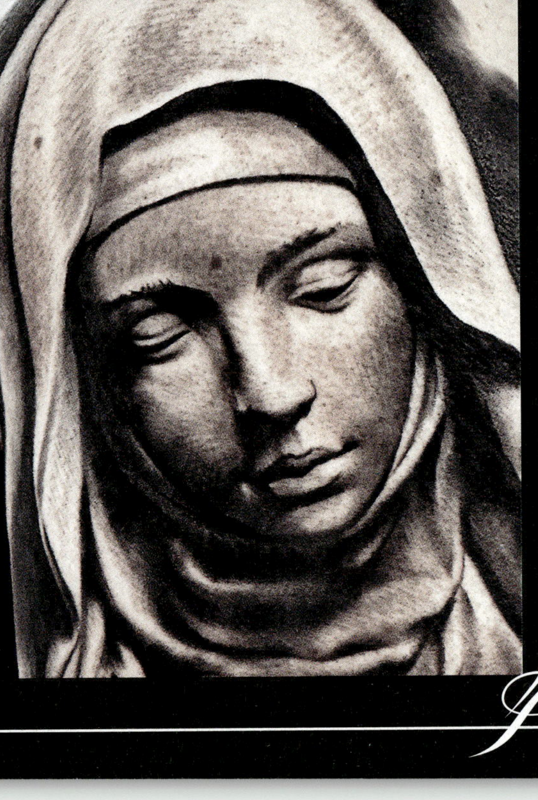

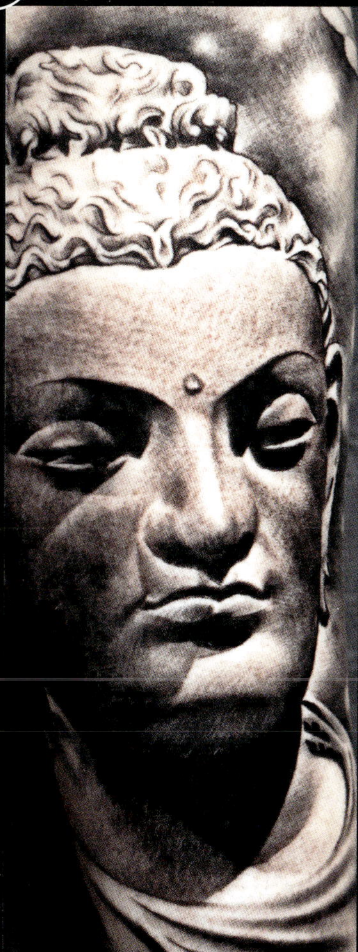
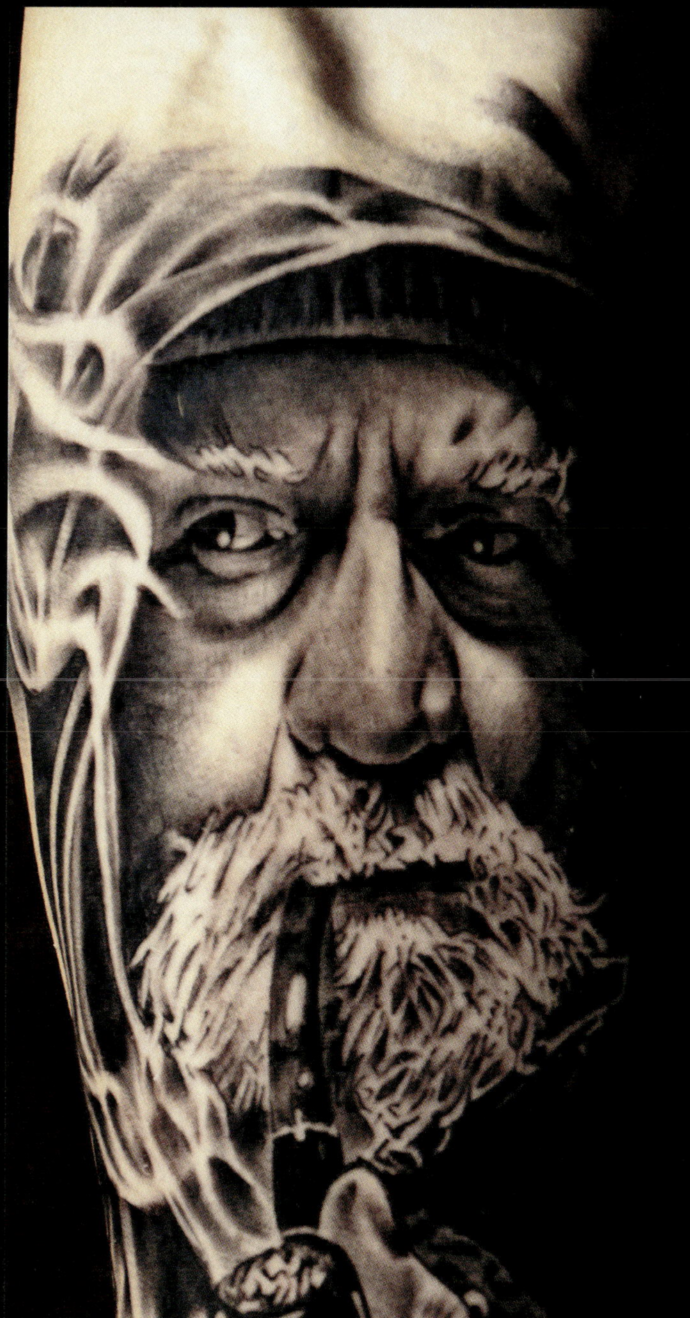

# Jan Hartmann

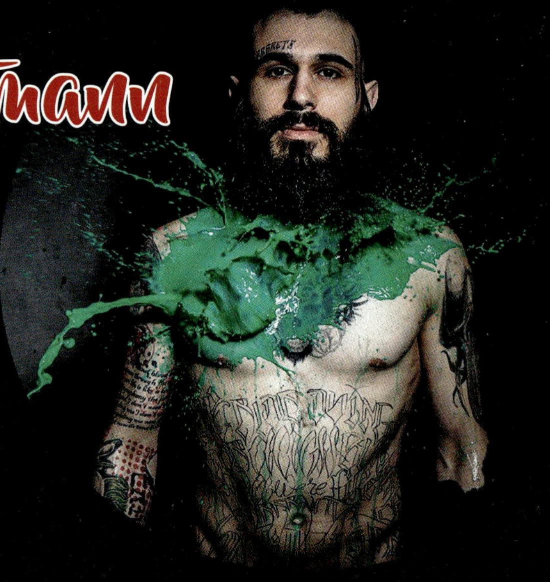

Stilrichtung:
Watercolor, Realistic

Stadt: Minden

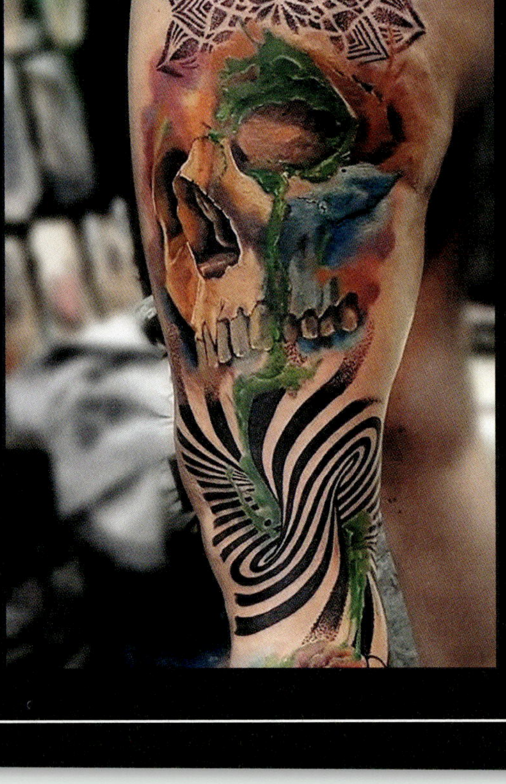

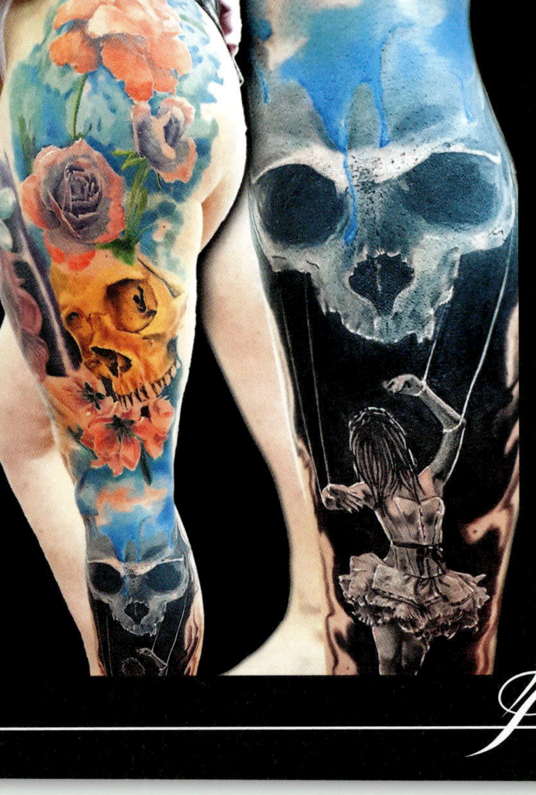

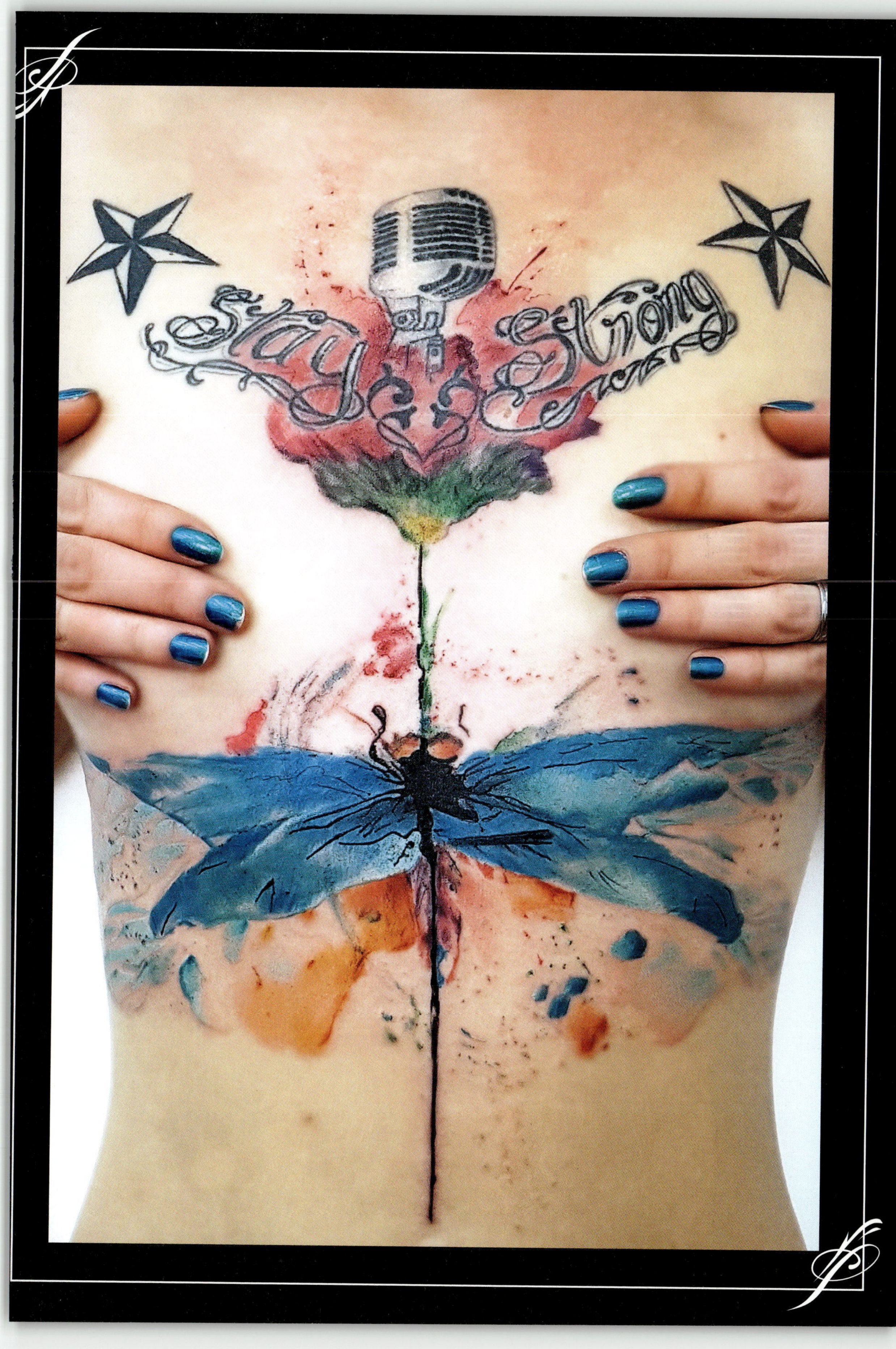
Stay Strong

# Marco Pikass

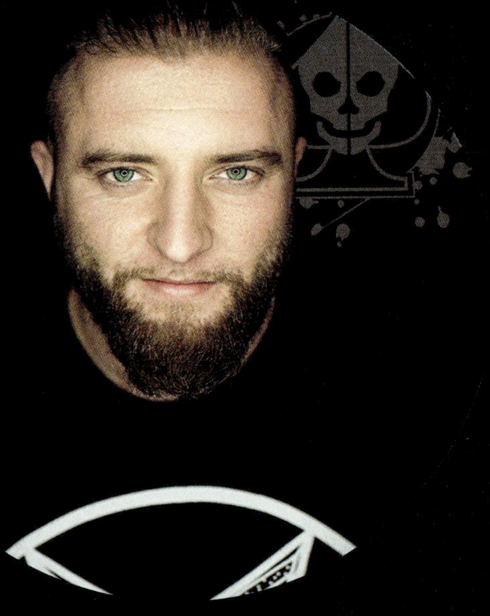

Stilrichtung: Realistic,
Pastel Realistic

Stadt: Ketsch

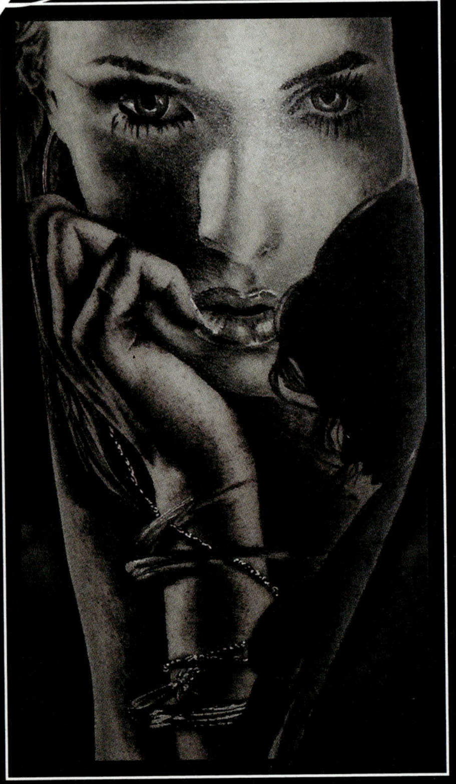

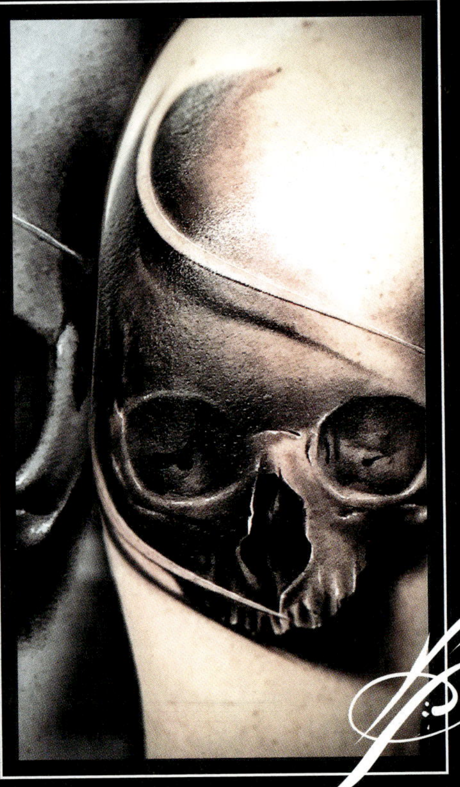

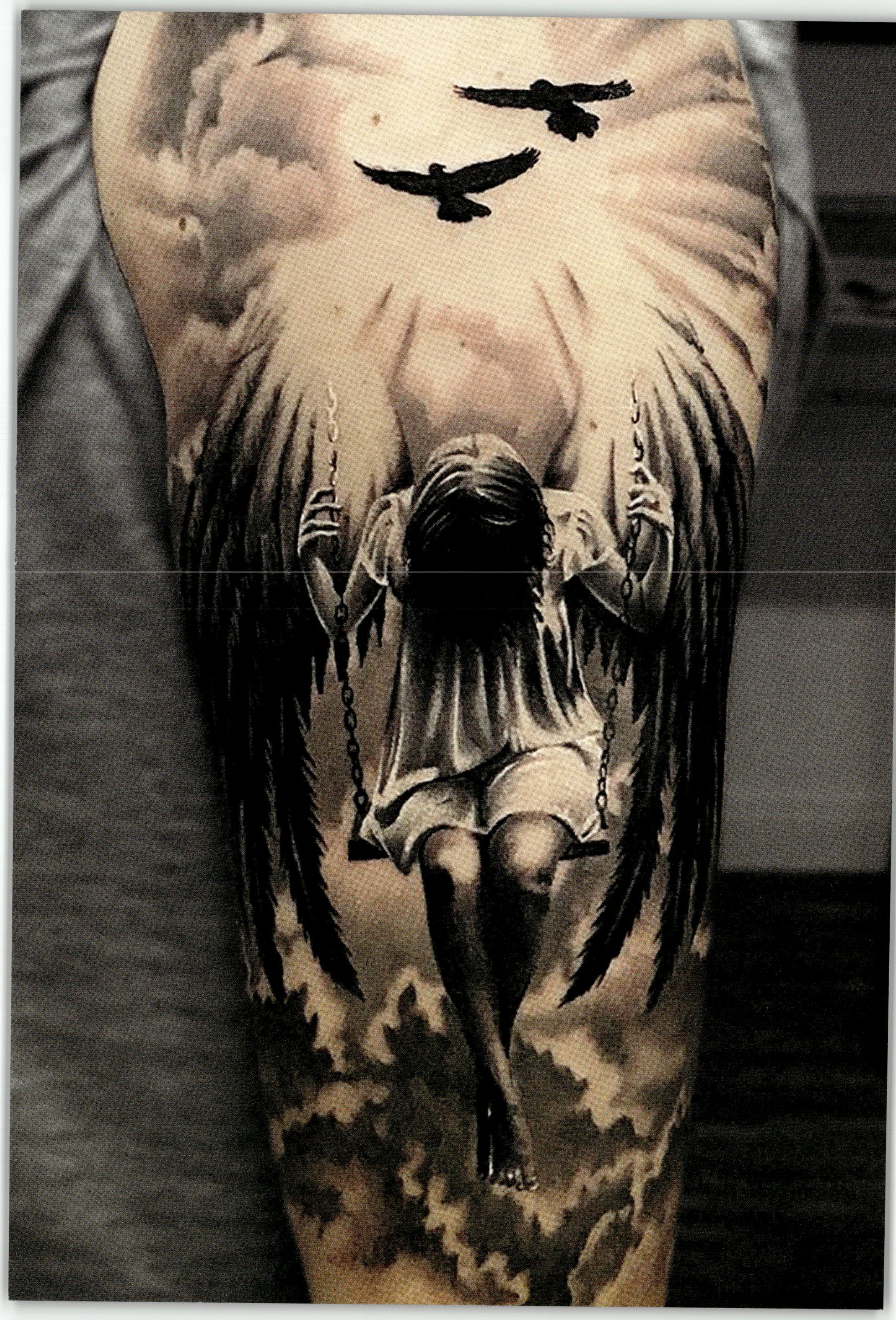

# Cihan Karadas

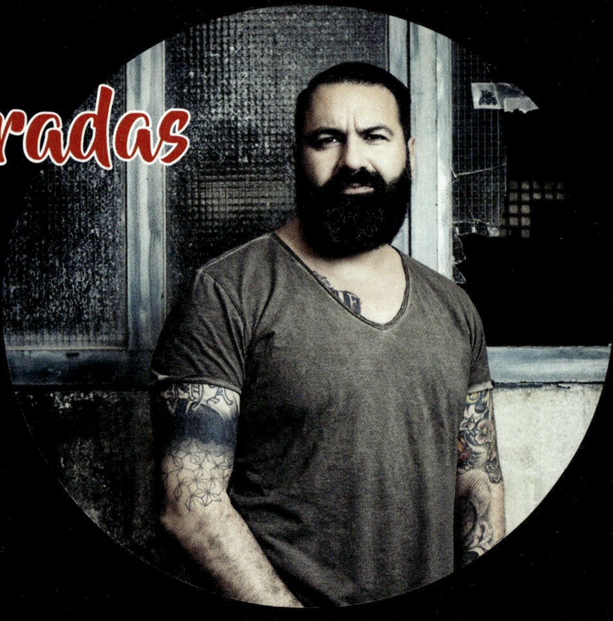

Stilrichtung: Blackwork, Abstract, Dotwork

Stadt: Dortmund

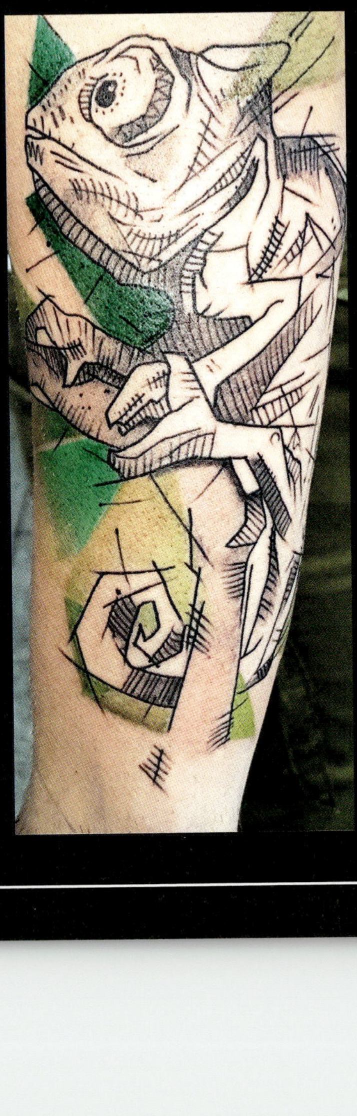

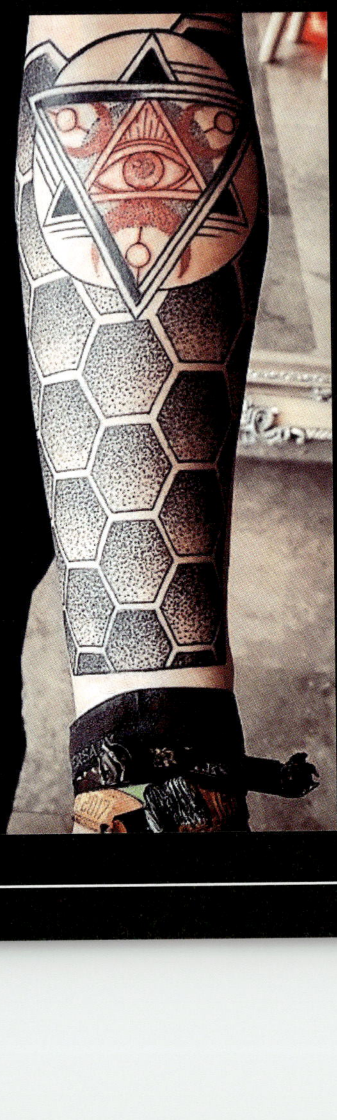

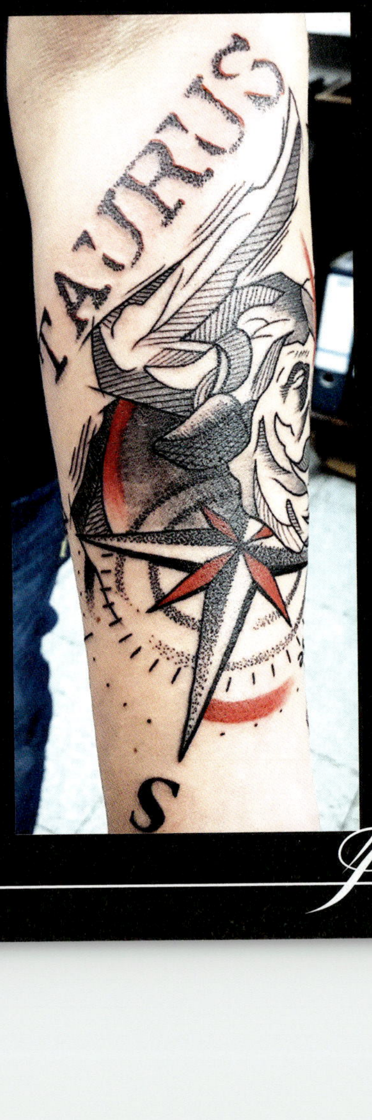

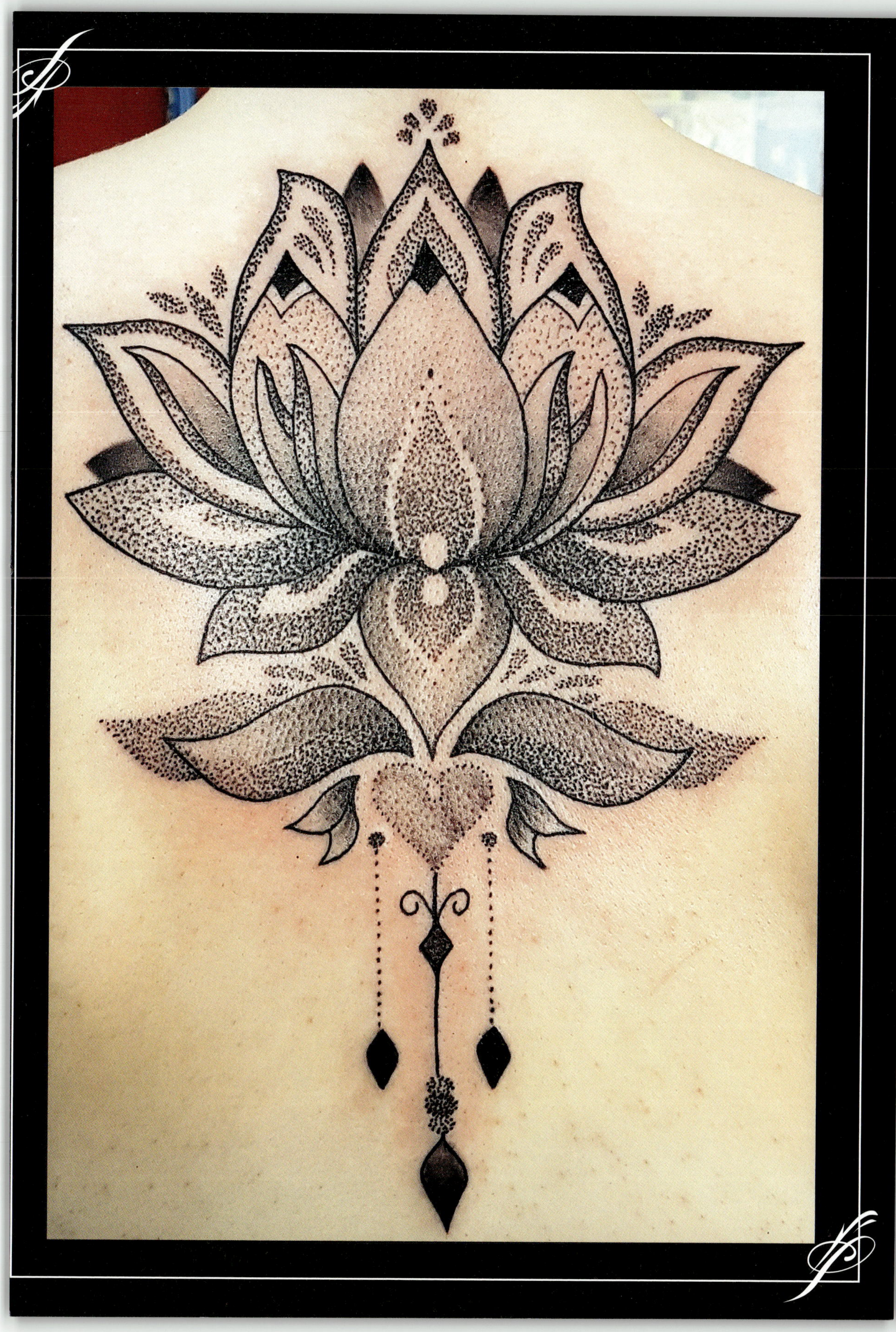

# Domnek

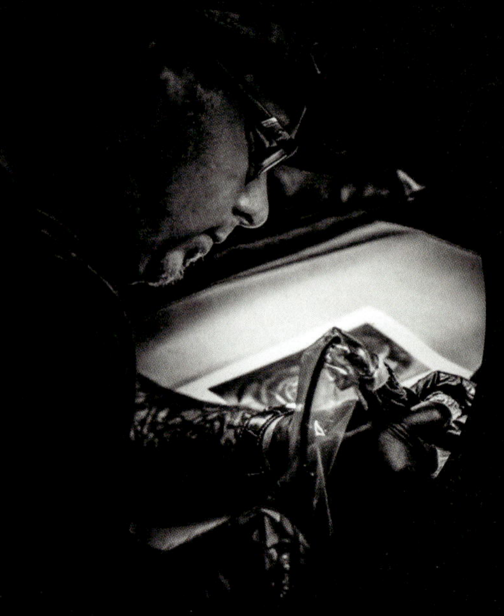

Stilrichtung: Black&Grey, Lettering, Neo Traditional

Stadt: Mülhausen

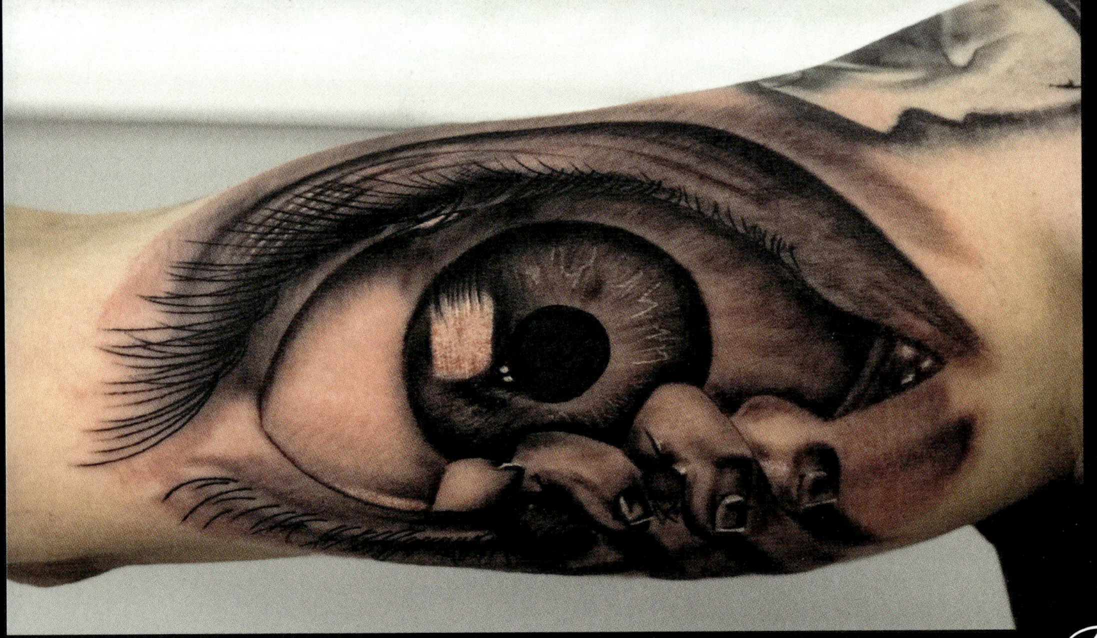

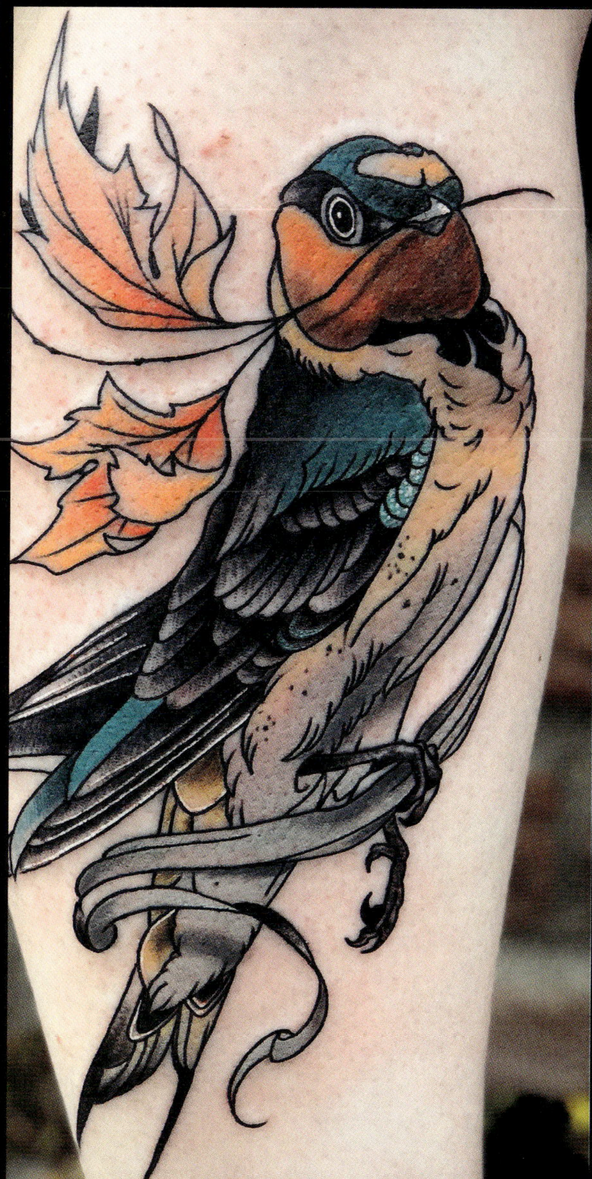
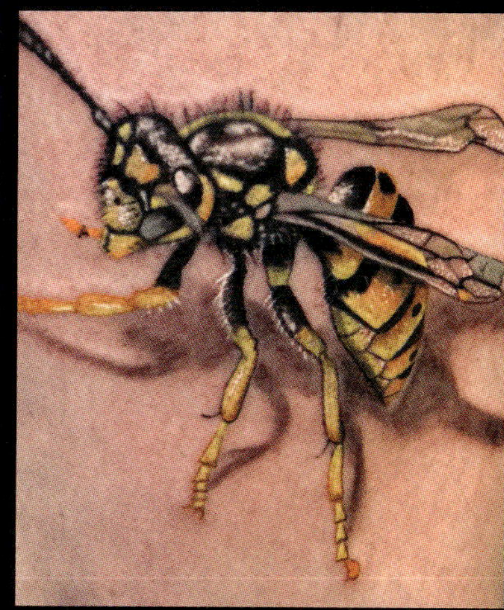
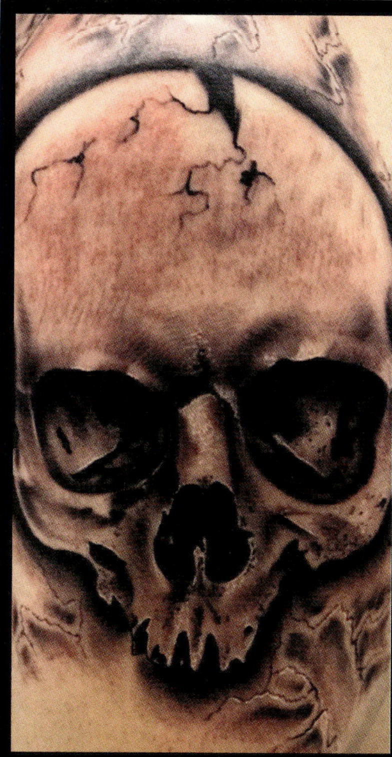

# Fabian Feigel

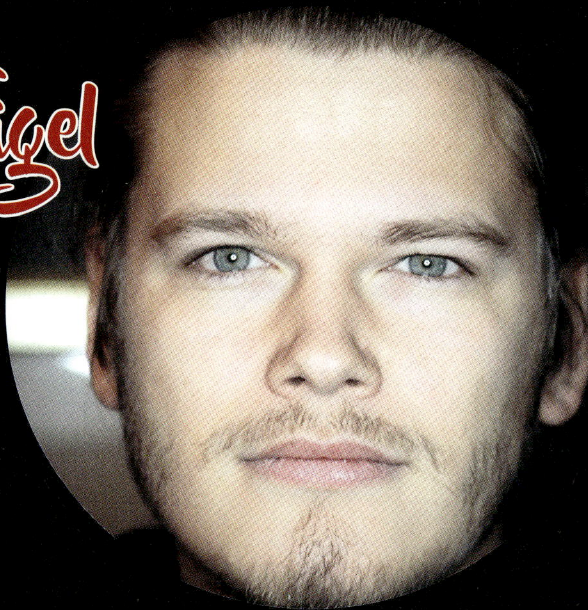

Stilrichtung: Blackwork, Realistic

Stadt: Hanau

»Es geht nicht darum, Trends zu erkennen oder Leuten Stempeltattoos zu verpassen. Der Individualismus steht bei uns im Vordergrund.«

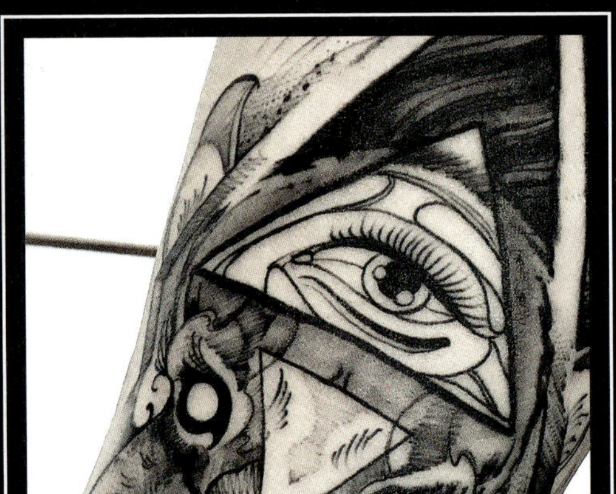

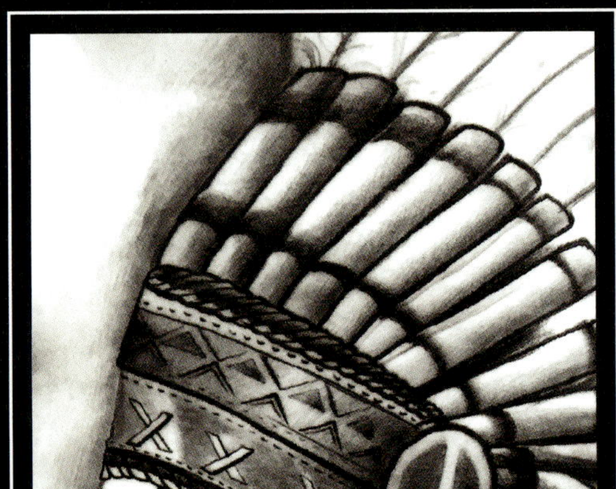

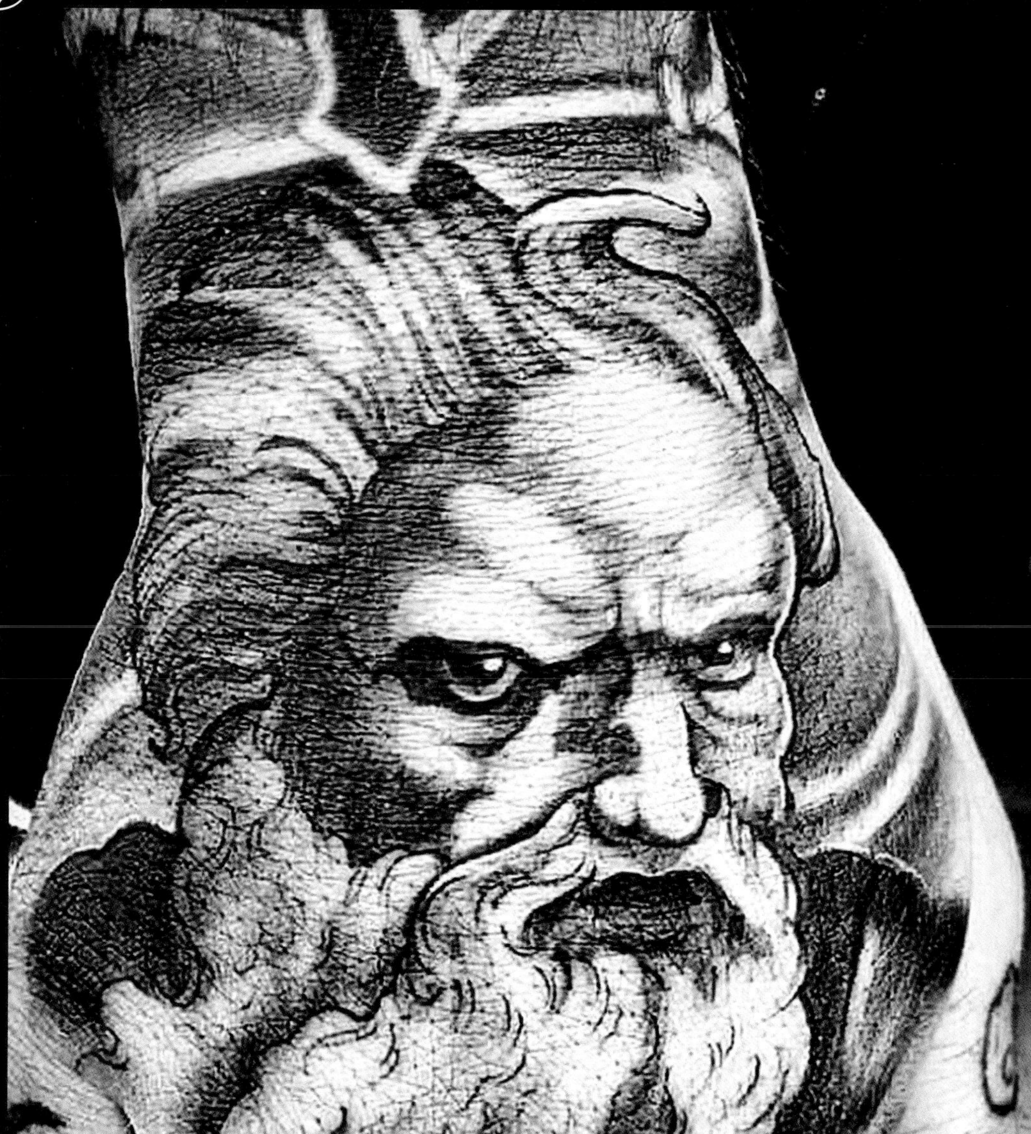

# Yunus Gündogu

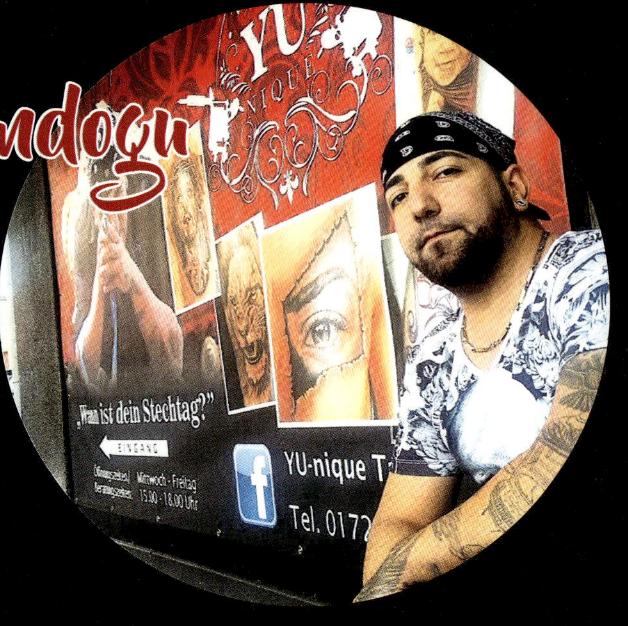


Stilrichtung: Realistic, Black&Grey, Chicano

Stadt: Duisburg

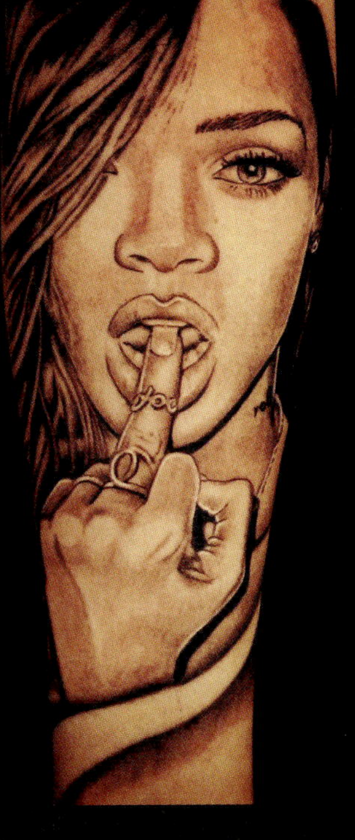

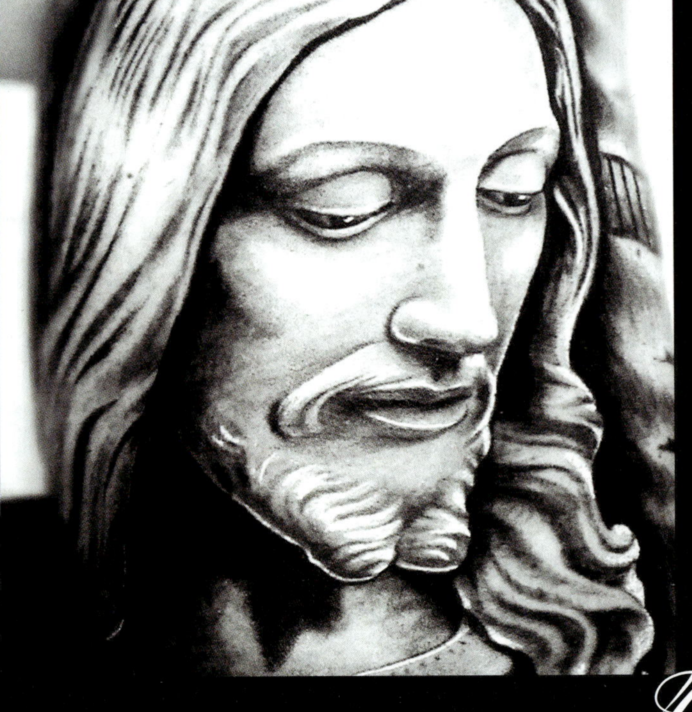

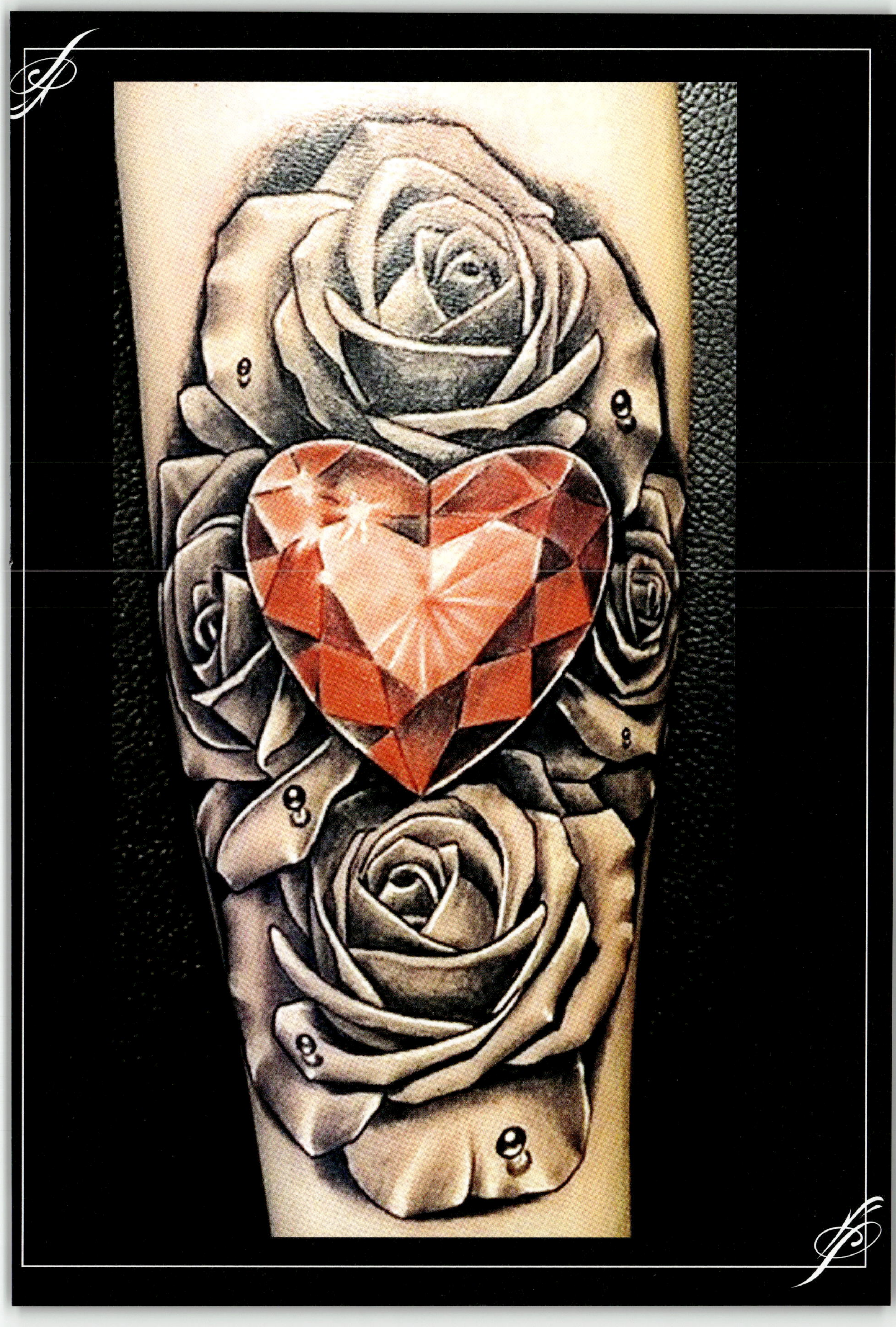

# Tony Kreutz

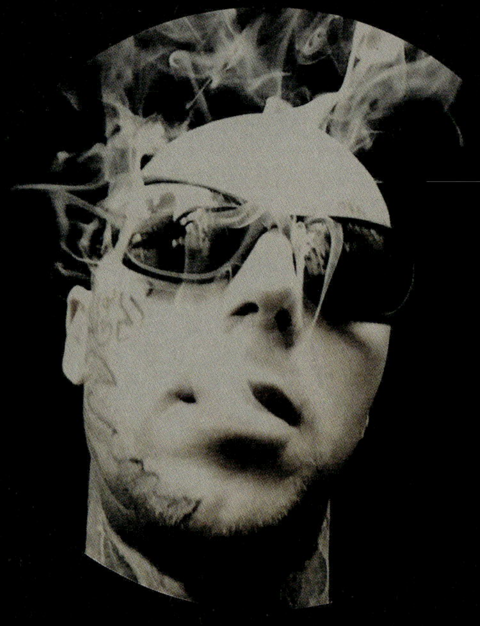

Stilrichtung: Black&Grey,
Dark Art, Realistic

Stadt: Essen

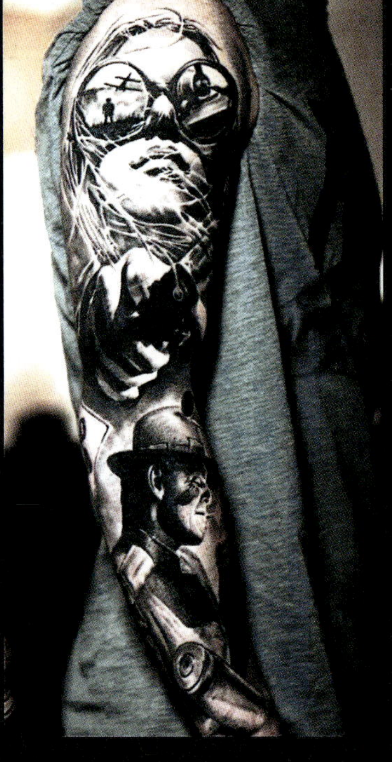

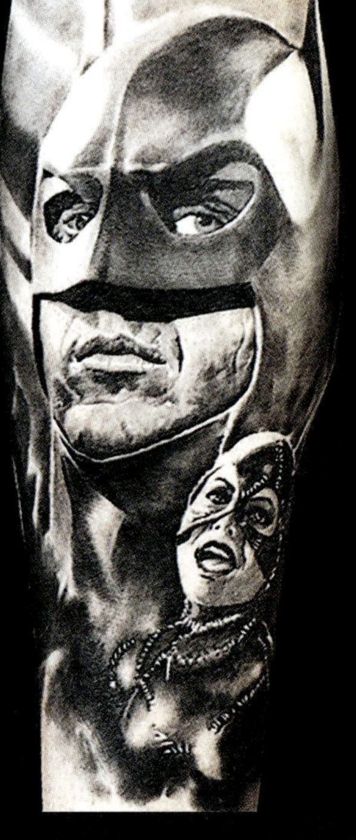

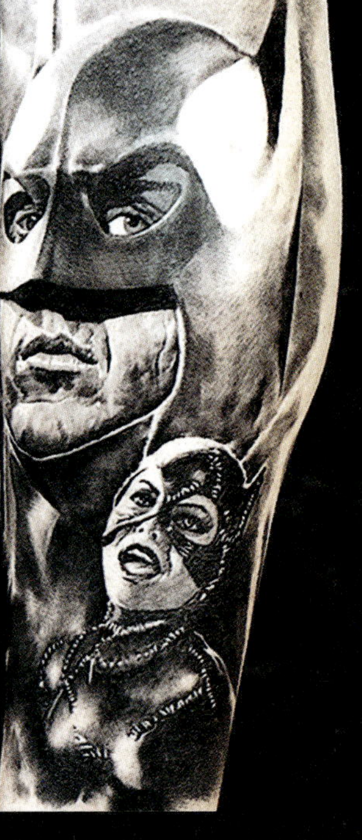

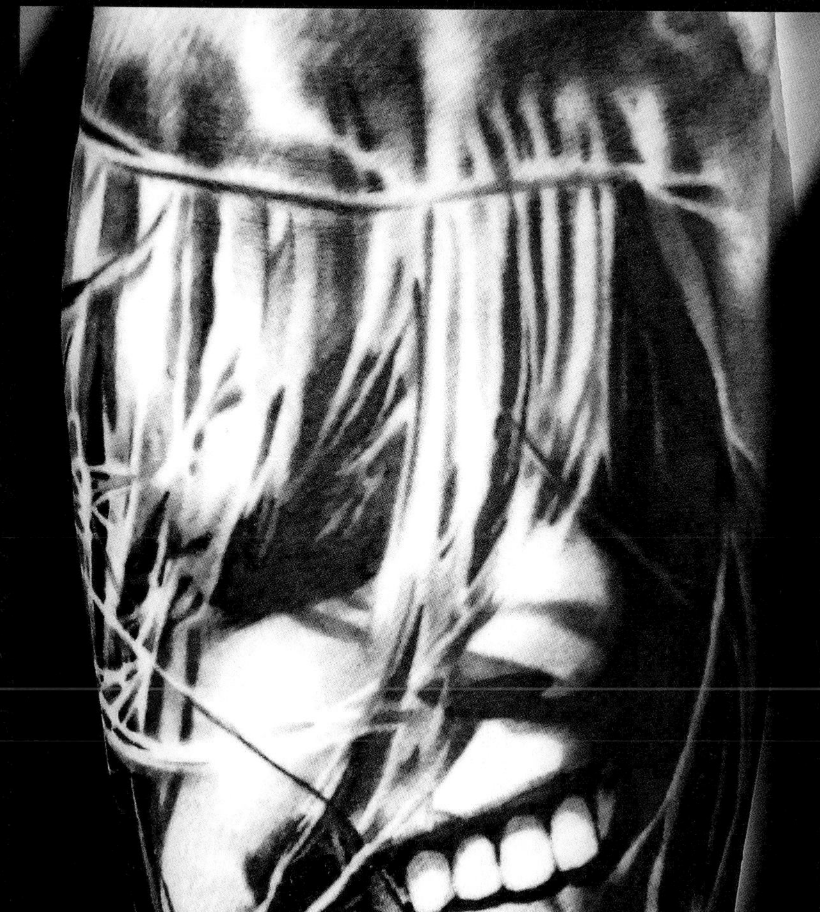

# San von M

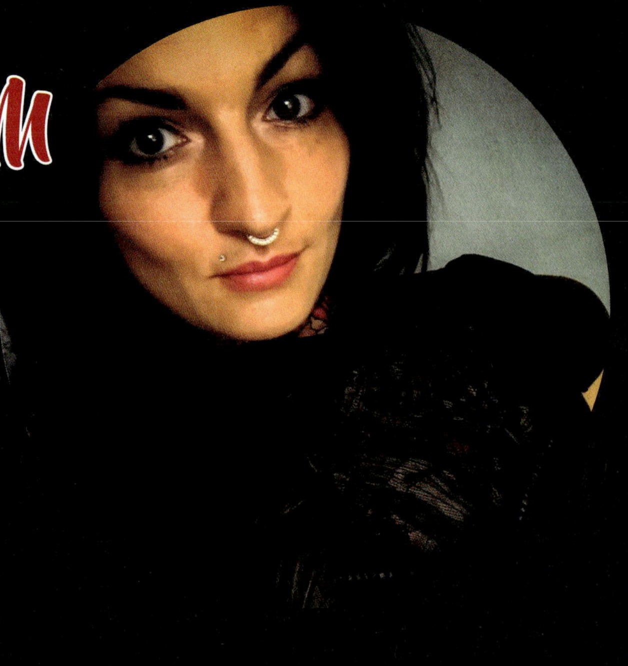

Stilrichtung: Realistic, Linework

Stadt: Dresden

»Ich sehe mich in der Zukunft als Künstlerin, die ihren Beruf lebt und liebt. Mehr nicht. Ich lebe dafür.«

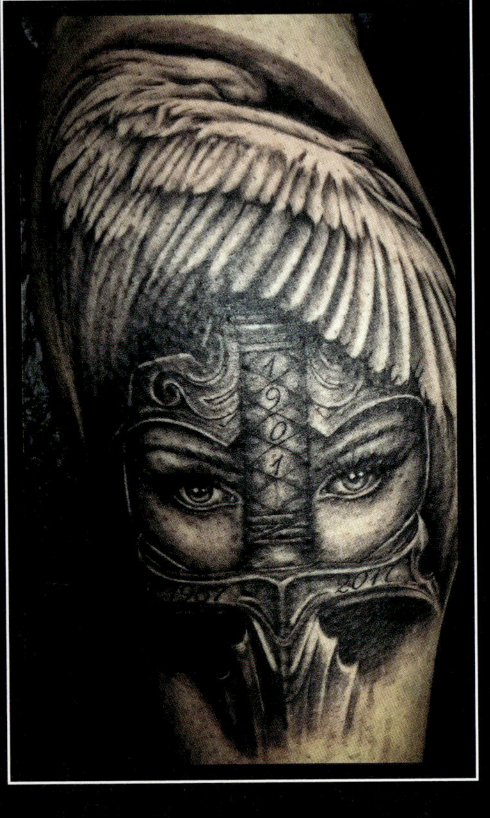

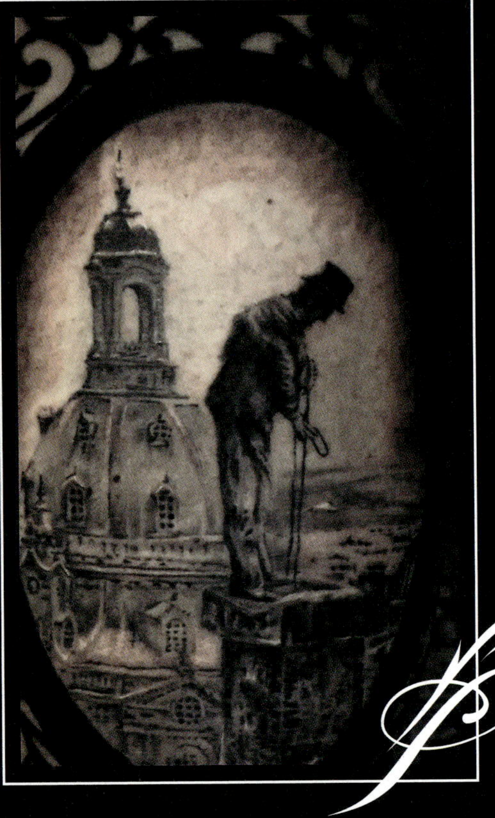

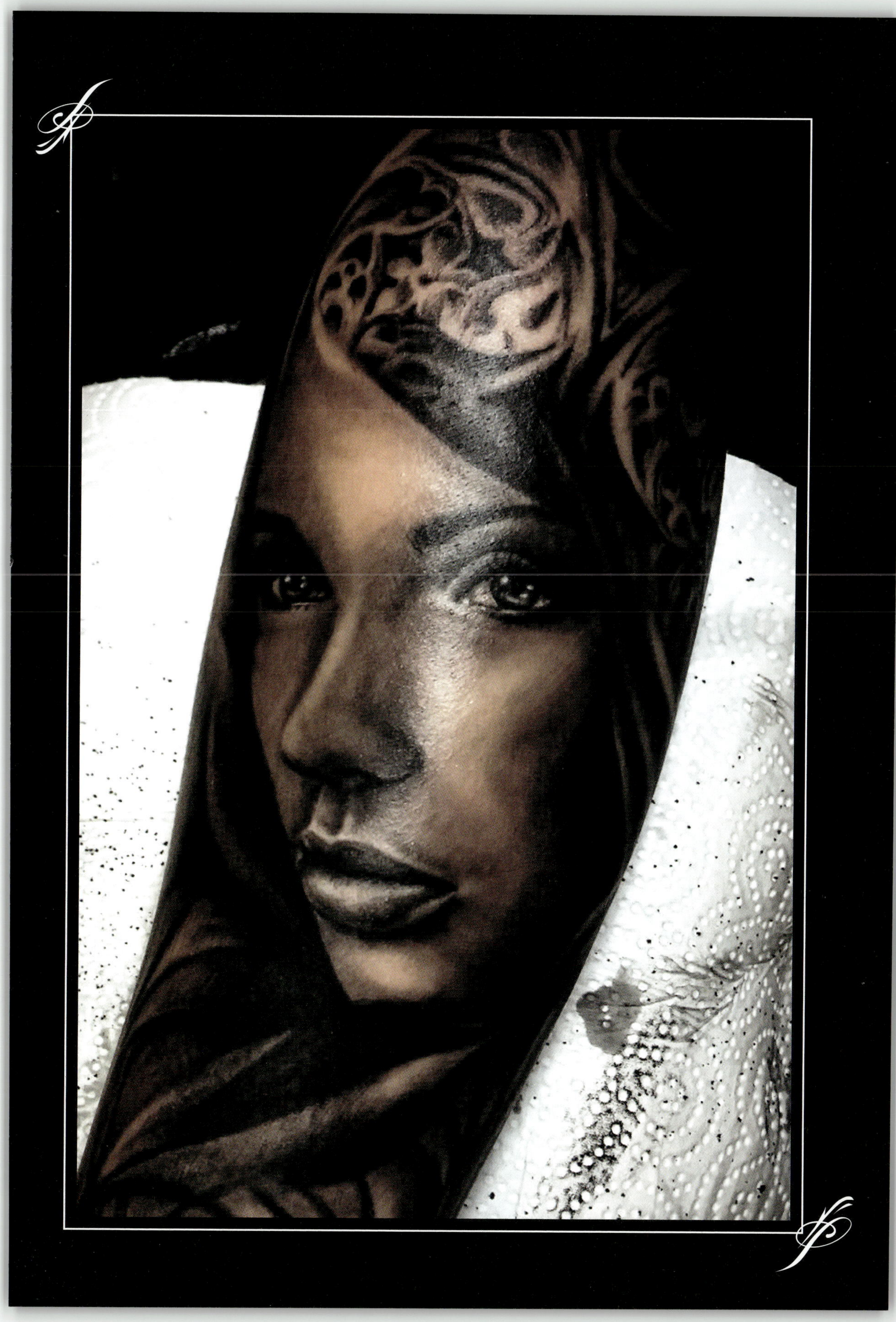

# Nikos Meladinins

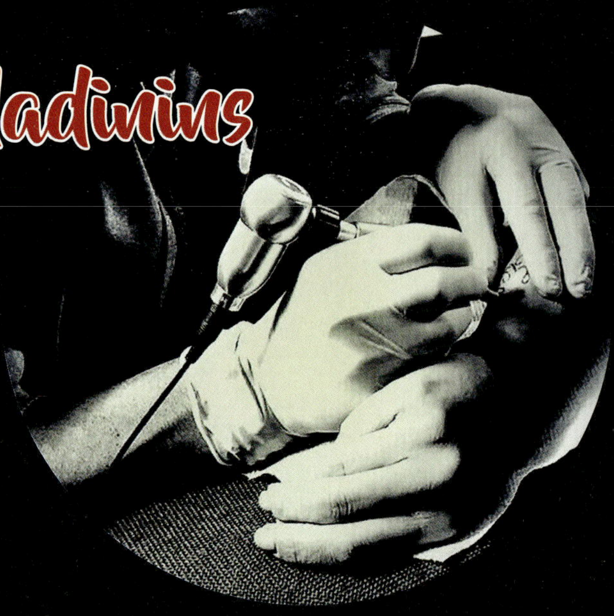

Stilrichtung: Realistic

Stadt: Oberhausen

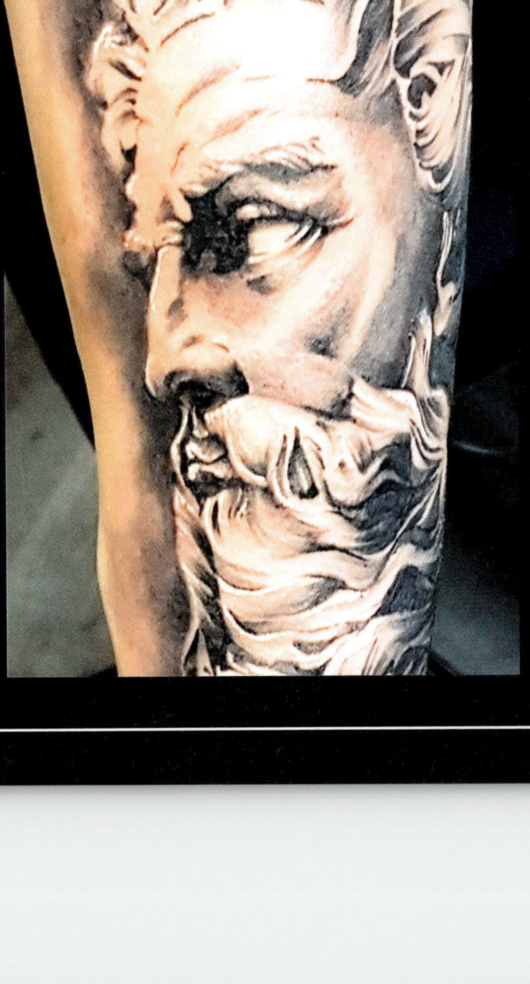

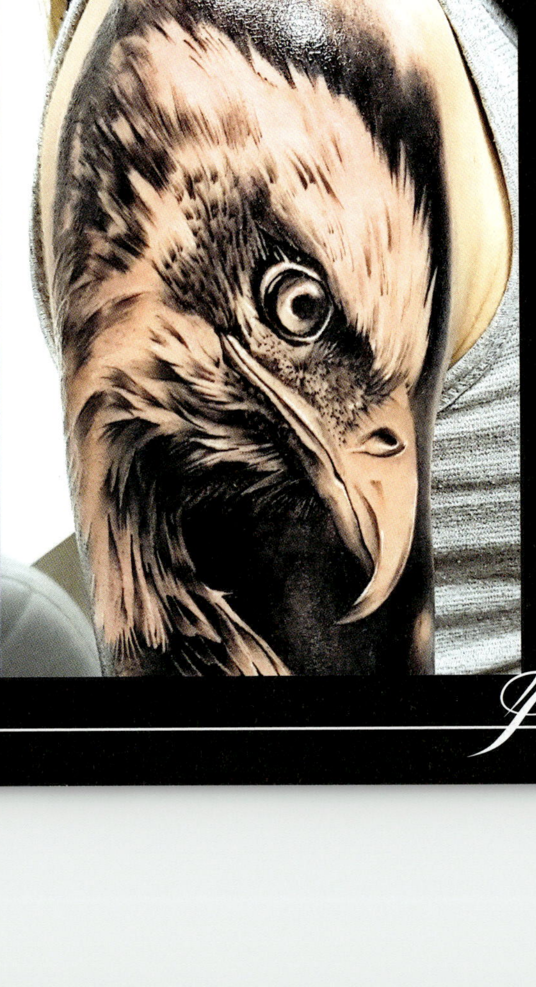

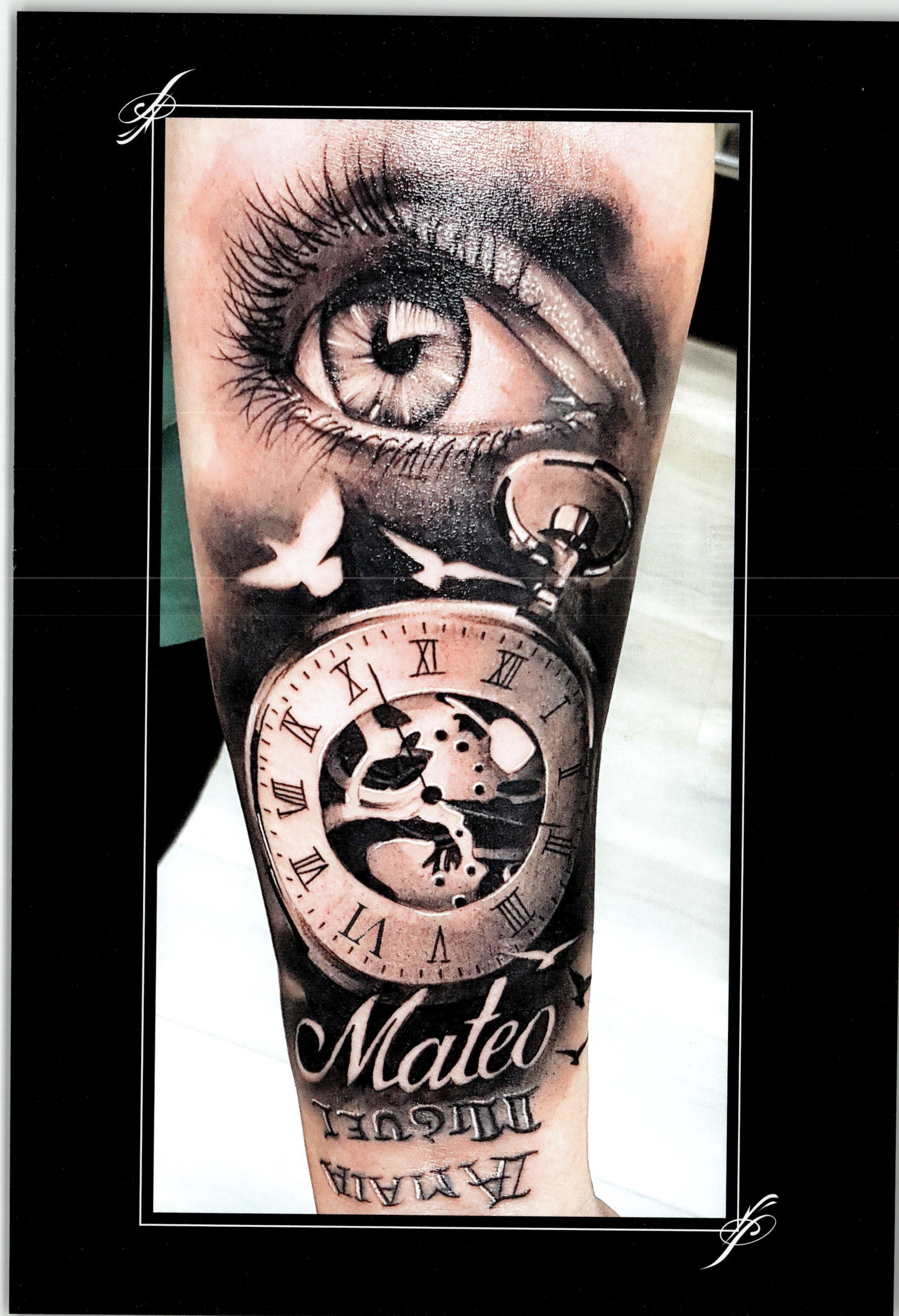
Mateo

# Roberto da Silva

Stilrichtung: Black&Grey,
Realistic

Stadt: Bielefeld

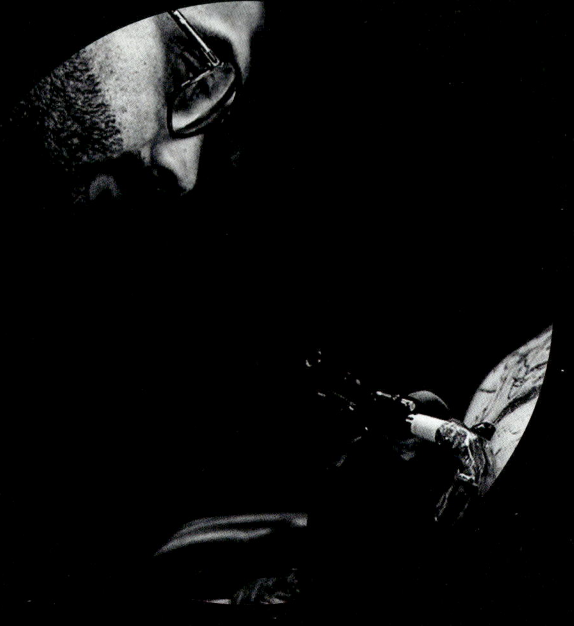

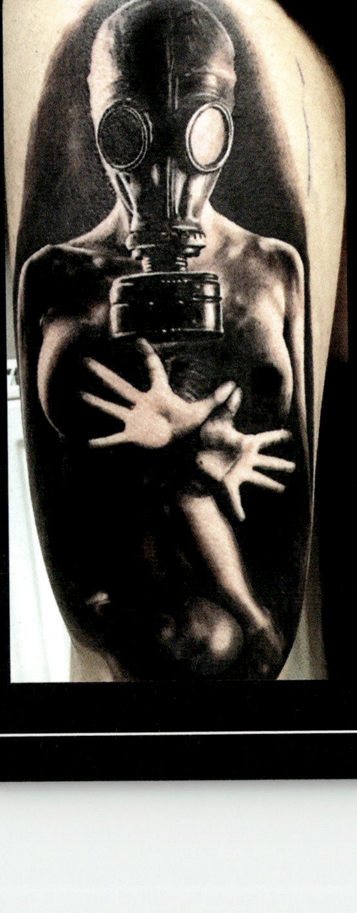

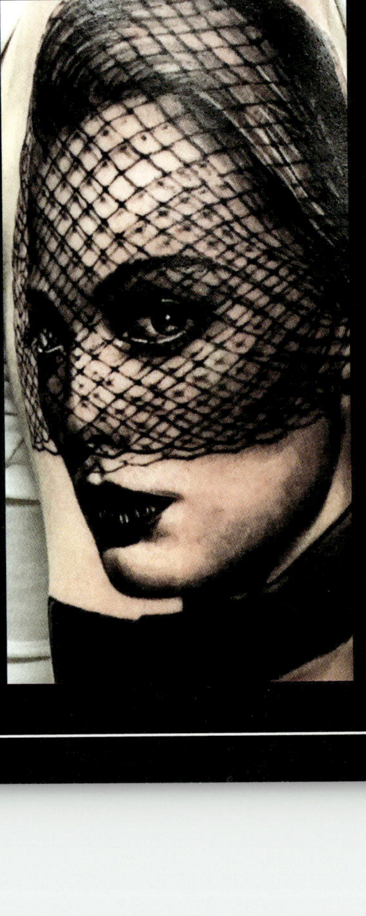

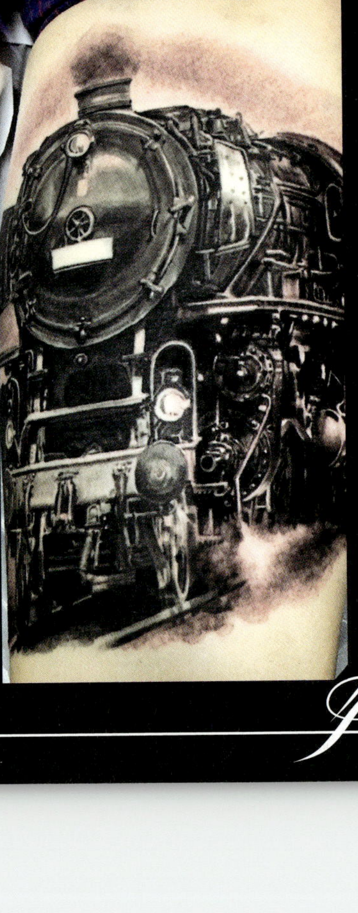

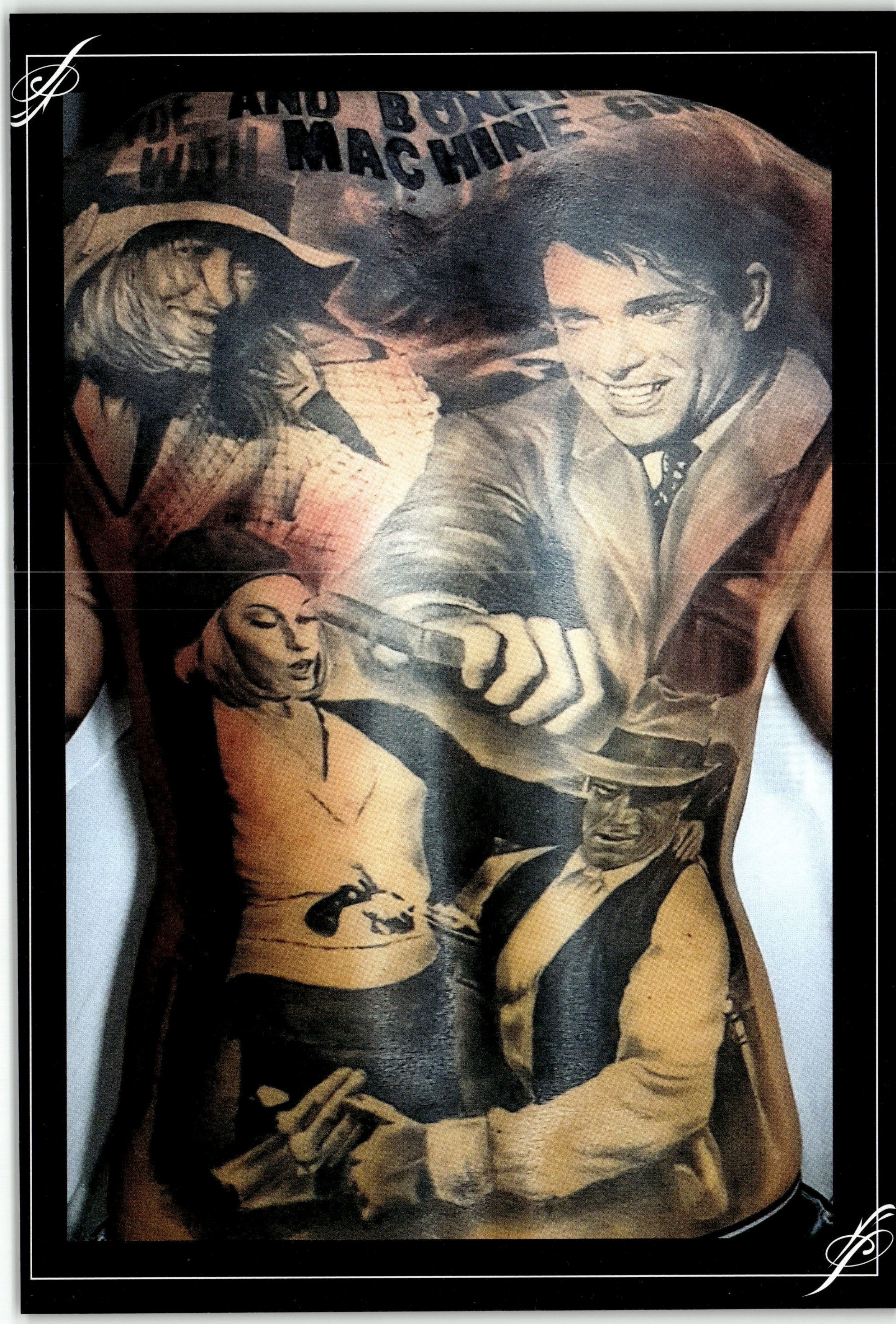
AND
MACHINE

# Nik Muenster

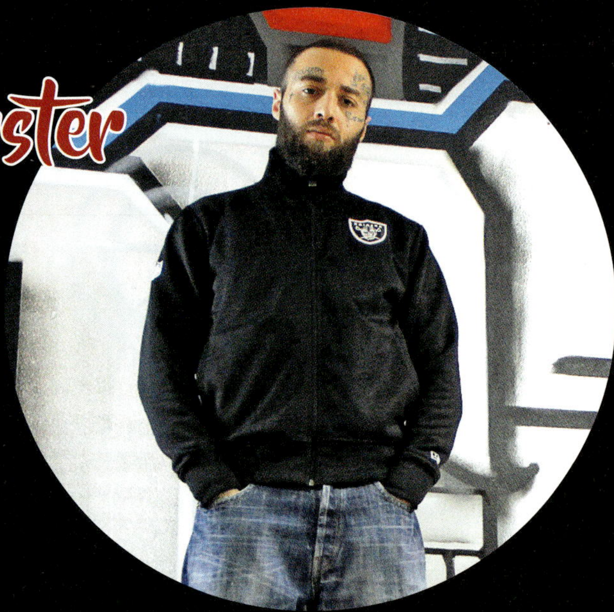

Stilrichtung: Custom Lettering

Stadt: Hamm

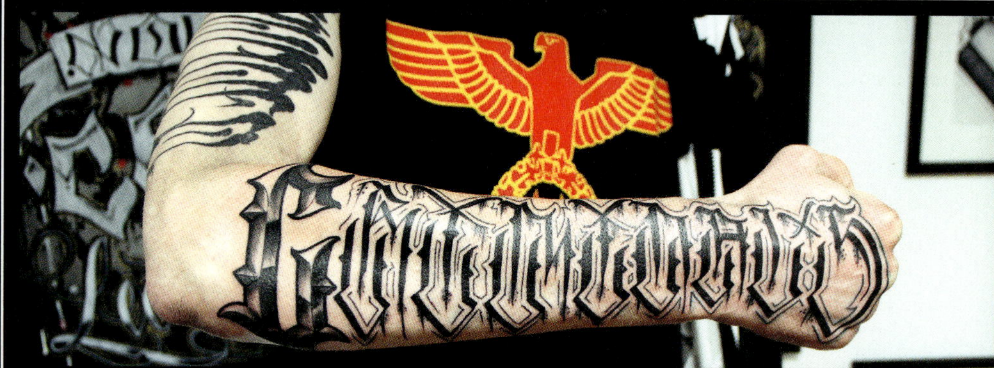

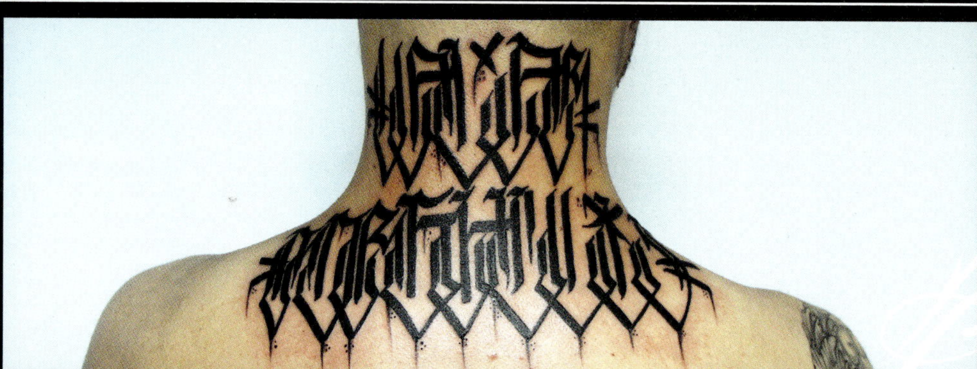

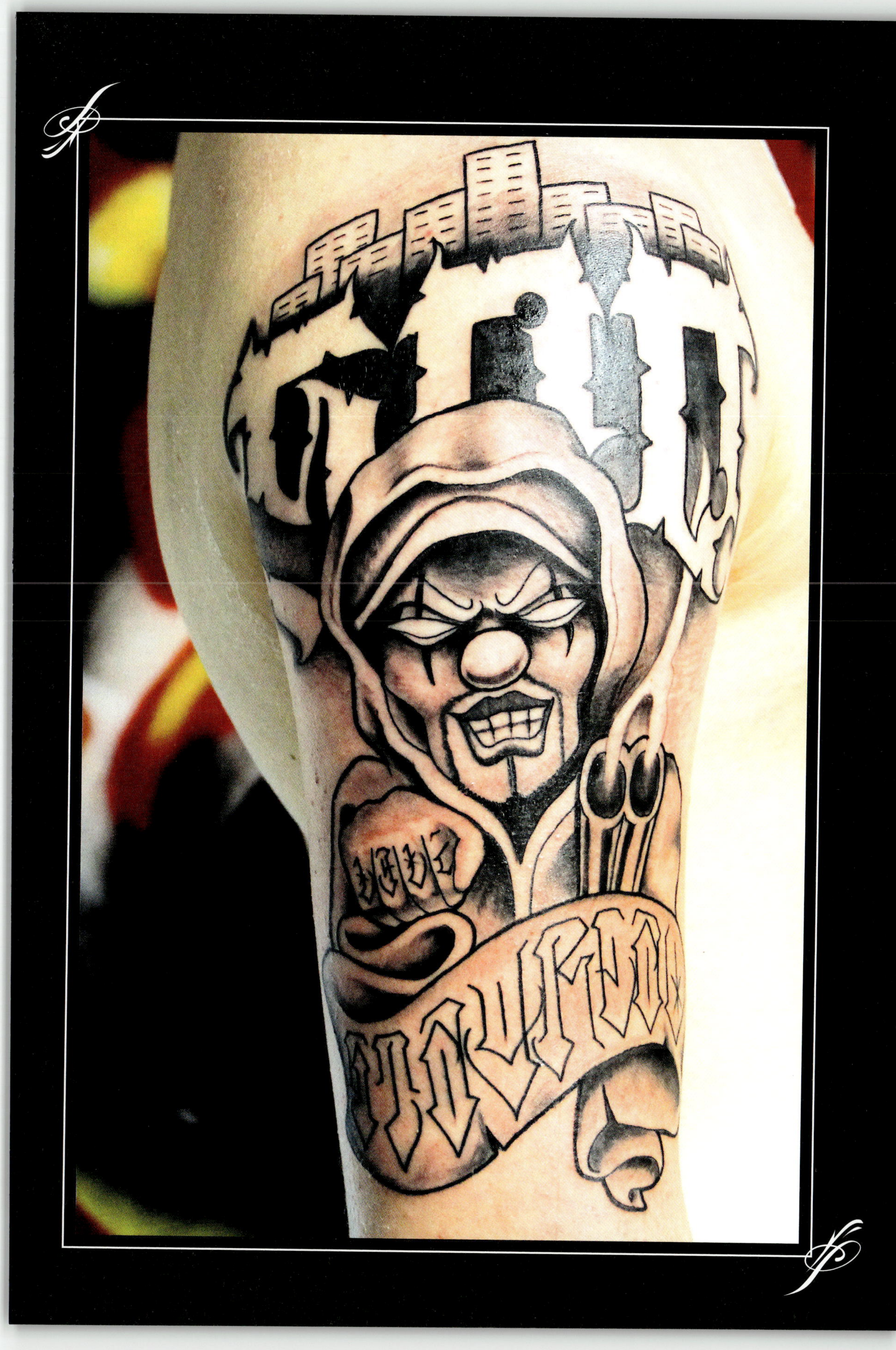

# Chris Block

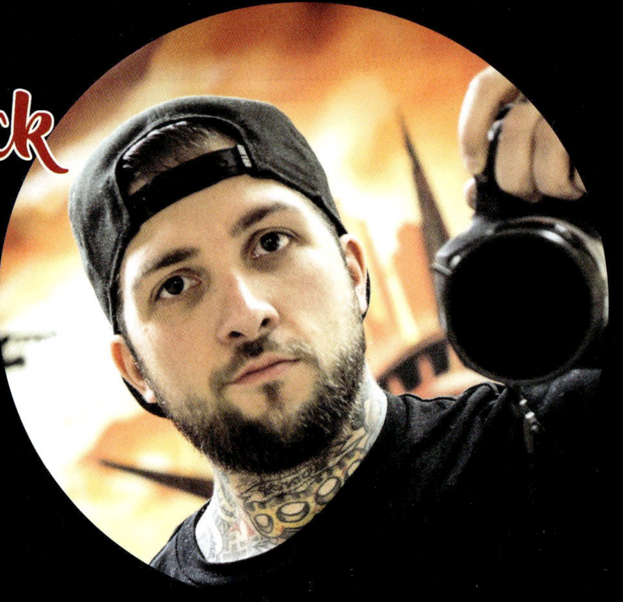

Stilrichtung: Black&Grey, Realistic

Stadt: Münzenberg

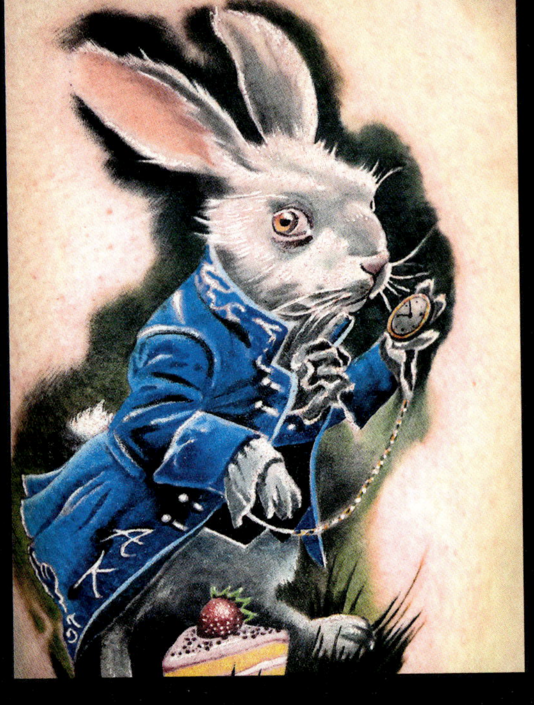

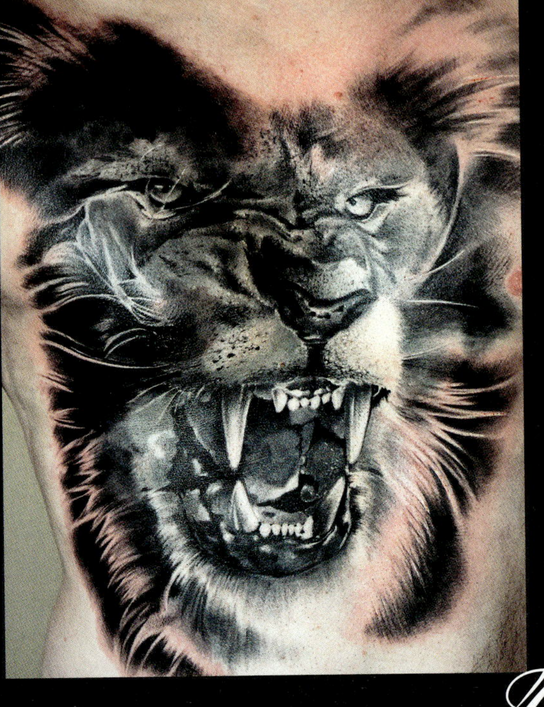

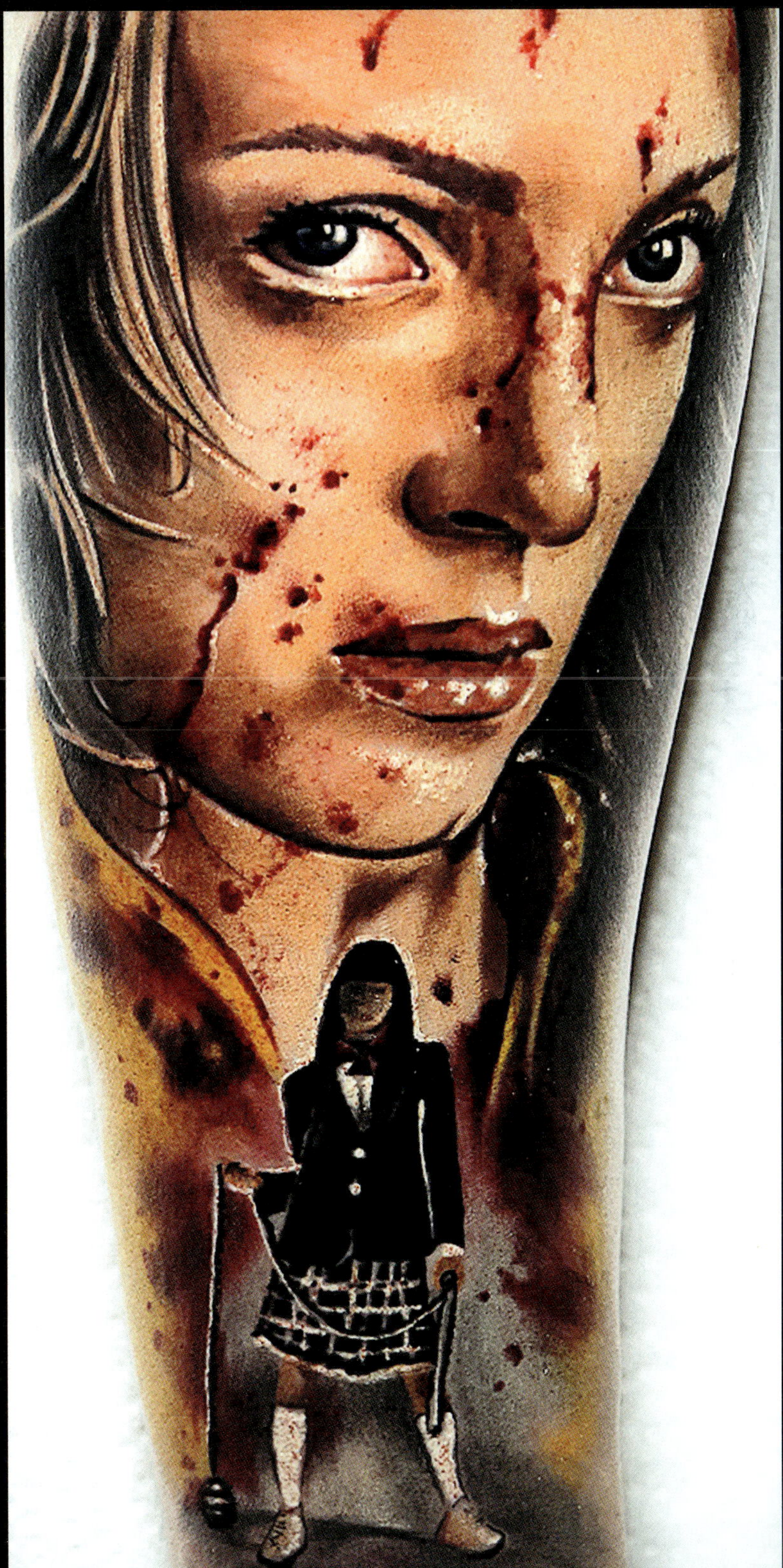

# Miri

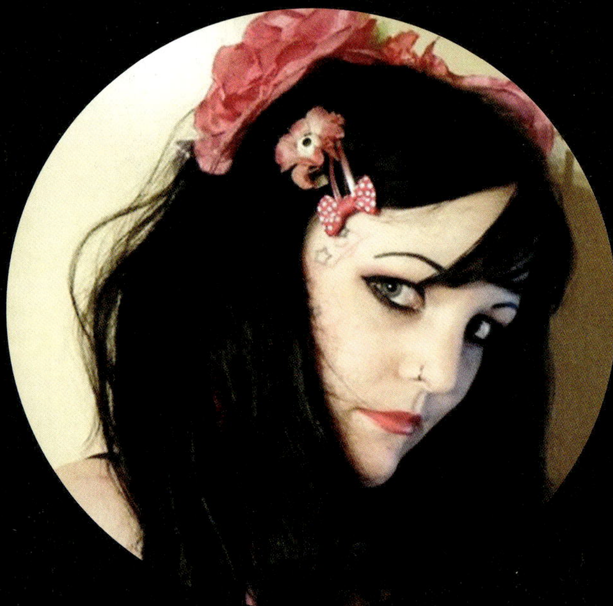

Stilrichtung: Blackwork, Watercolor, Realistic

Stadt: Krefeld

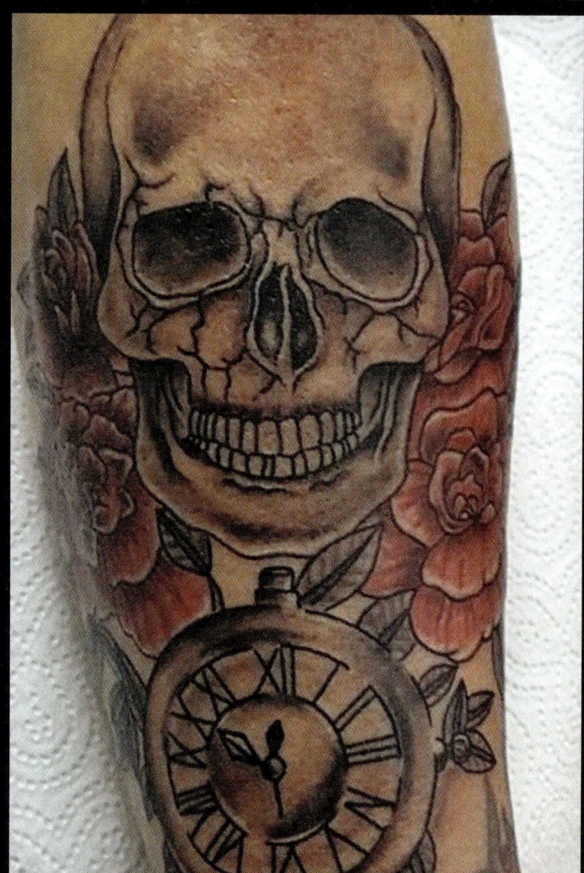

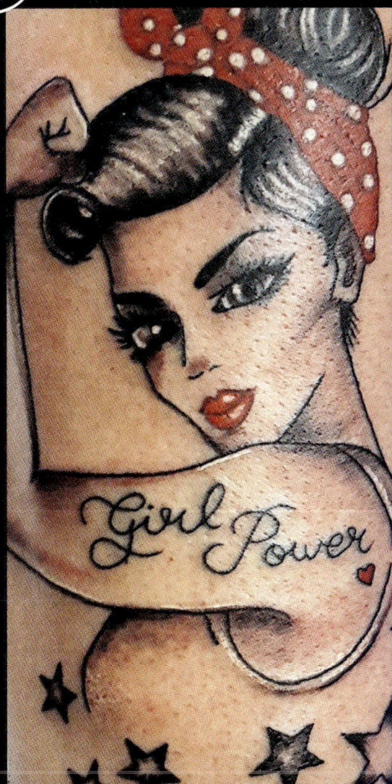
Girl Power

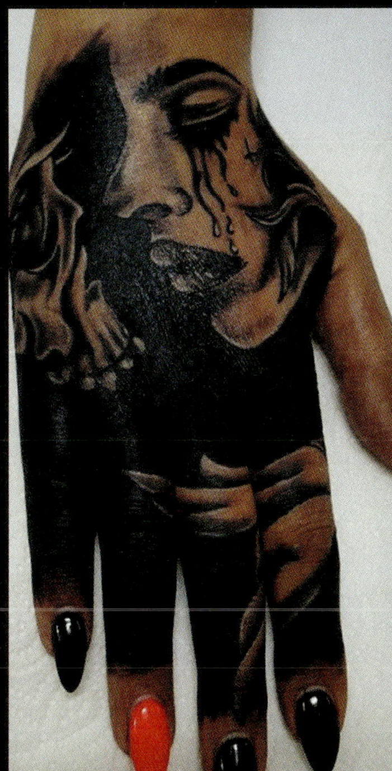

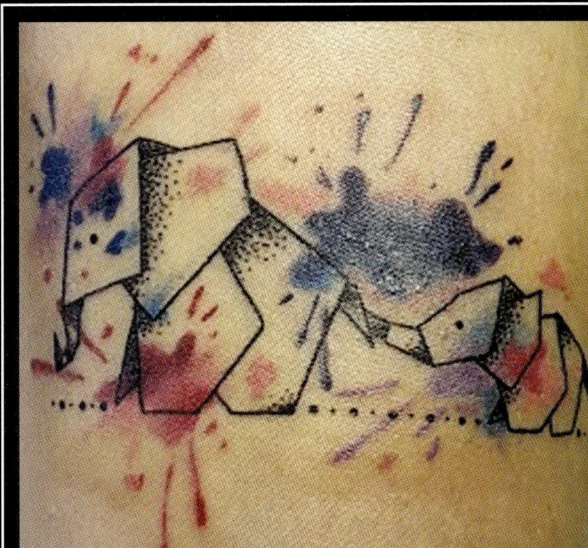

# Klaus

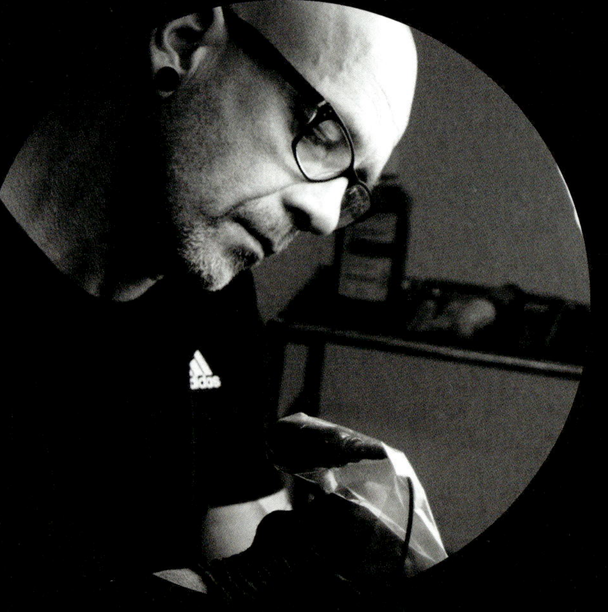

Stilrichtung: Realistic,
Black&Grey

Stadt: Münster

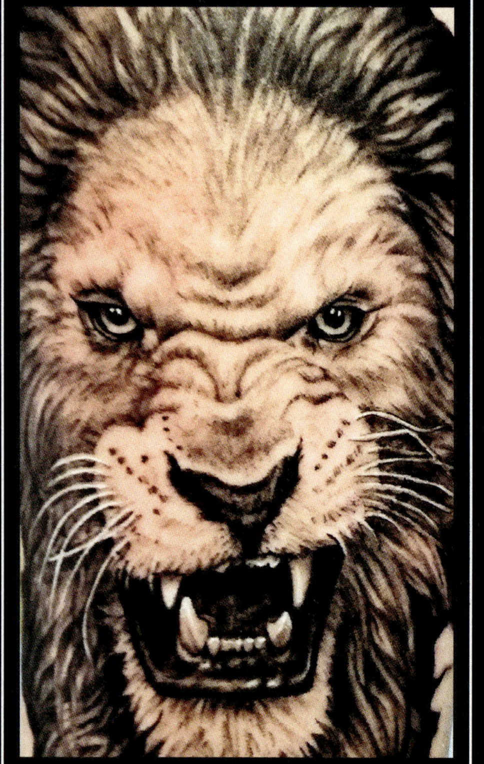

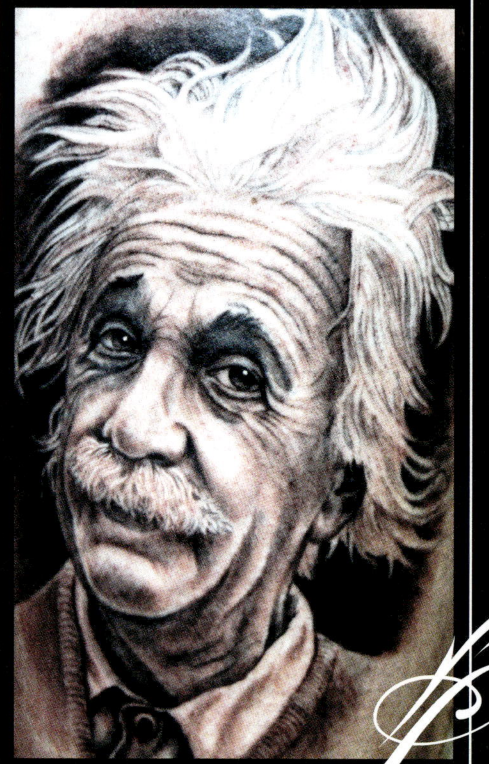

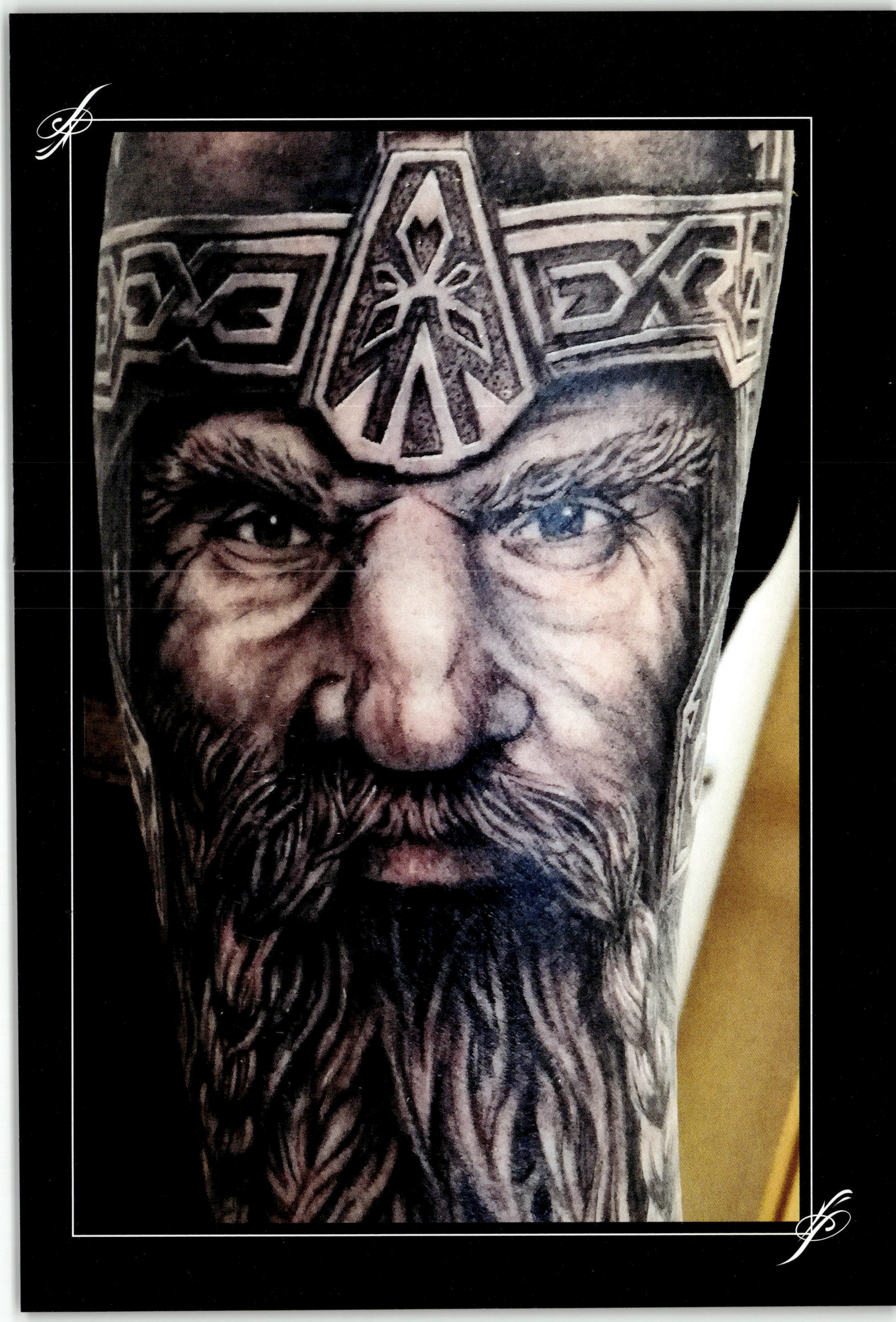

# Matte Rose

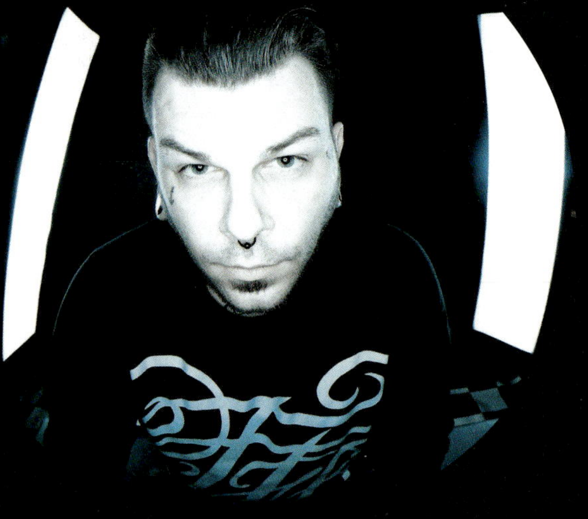

Stilrichtung: New School, Cartoon, Neo Traditional

Stadt: Brinkum

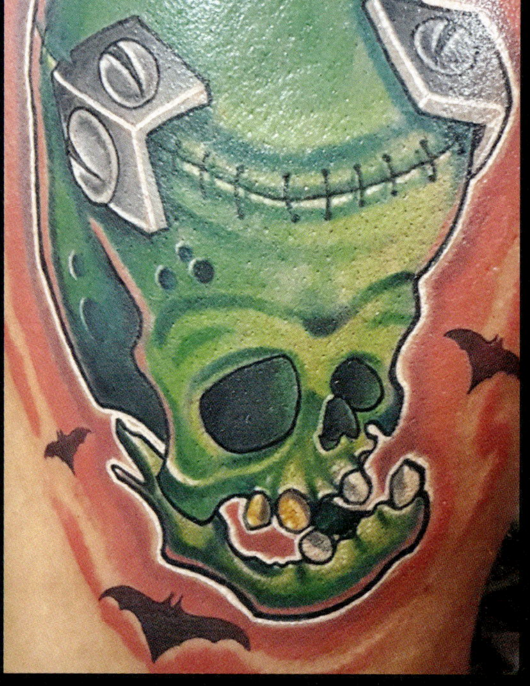

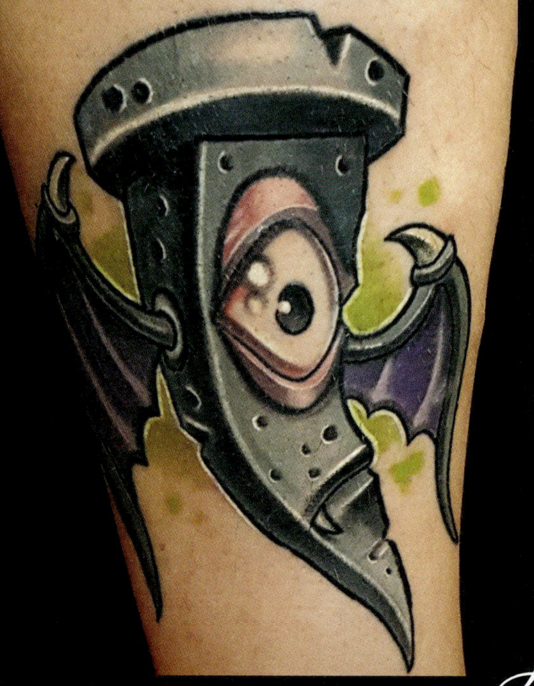

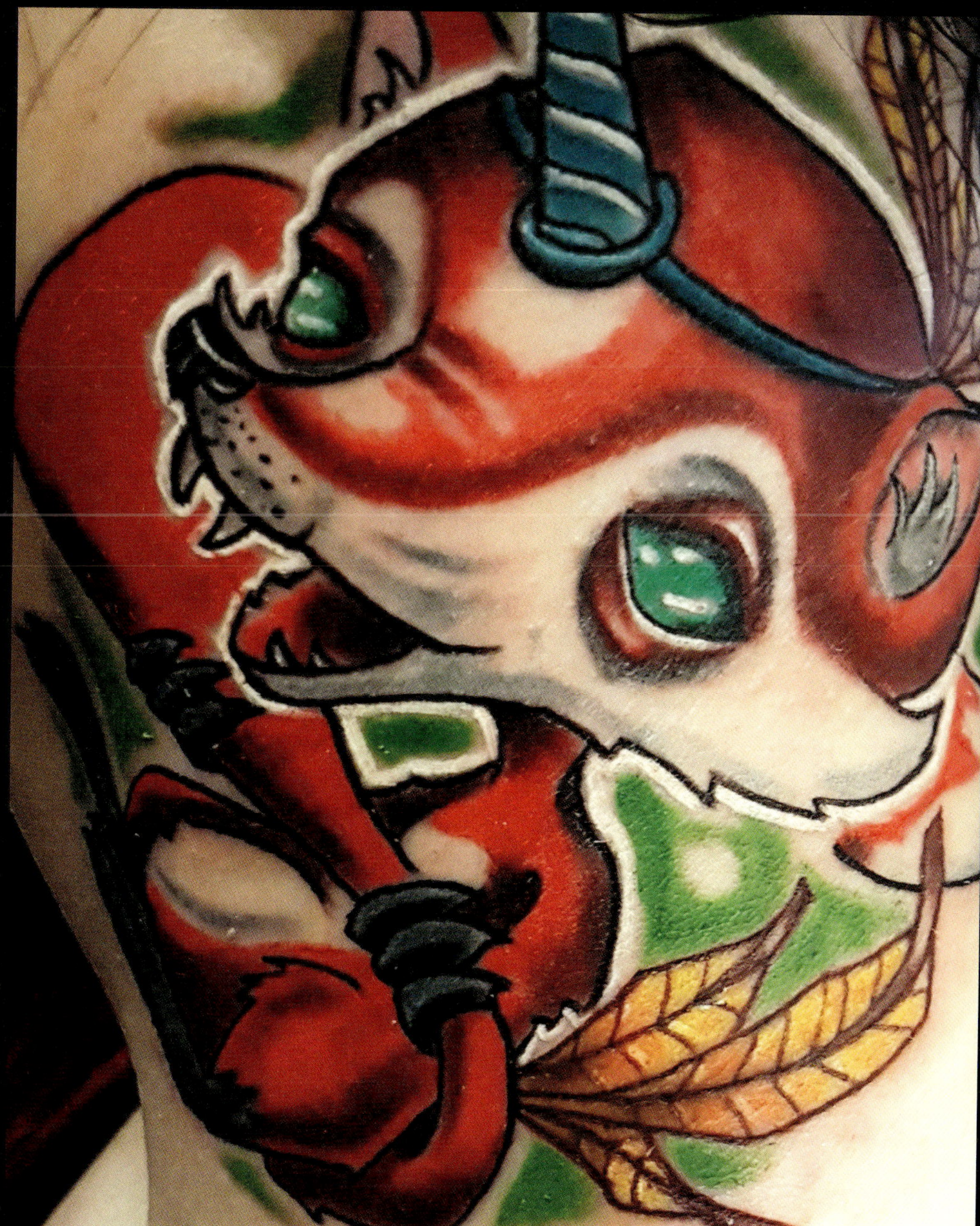

# Rosa Vogt

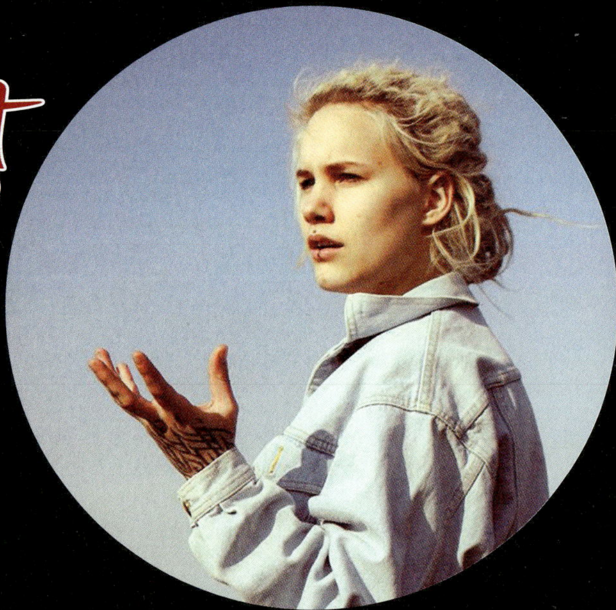

Stilrichtung: Dotwork, Graphic, Blackwork

Stadt: Kleve

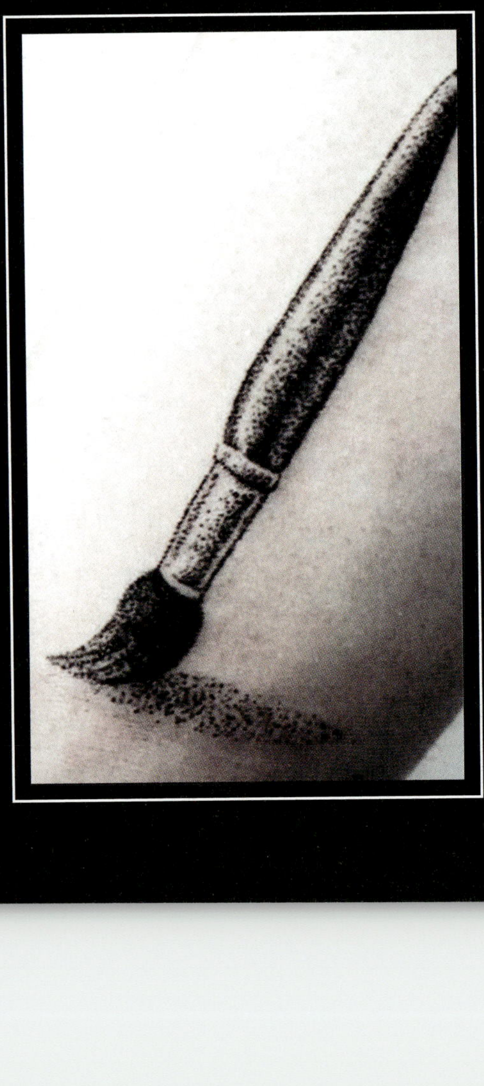

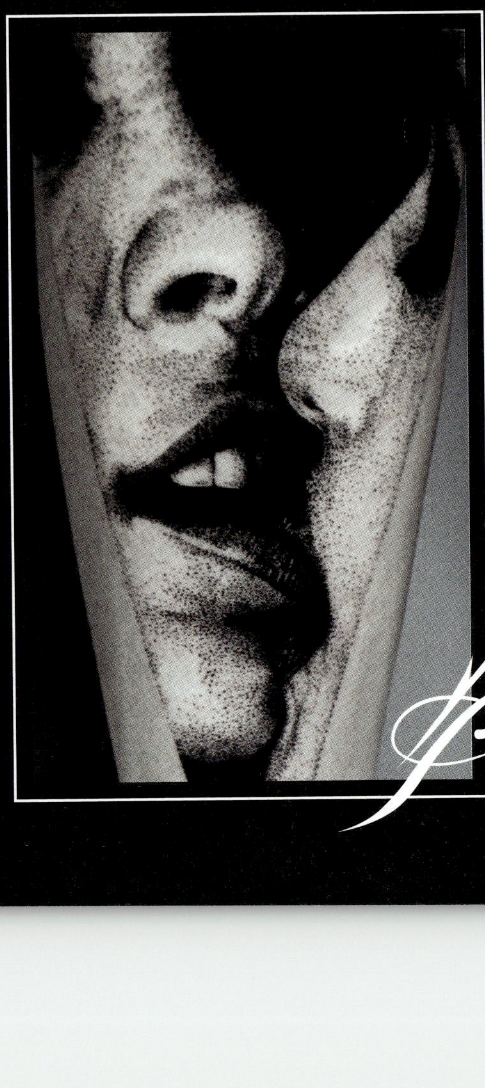

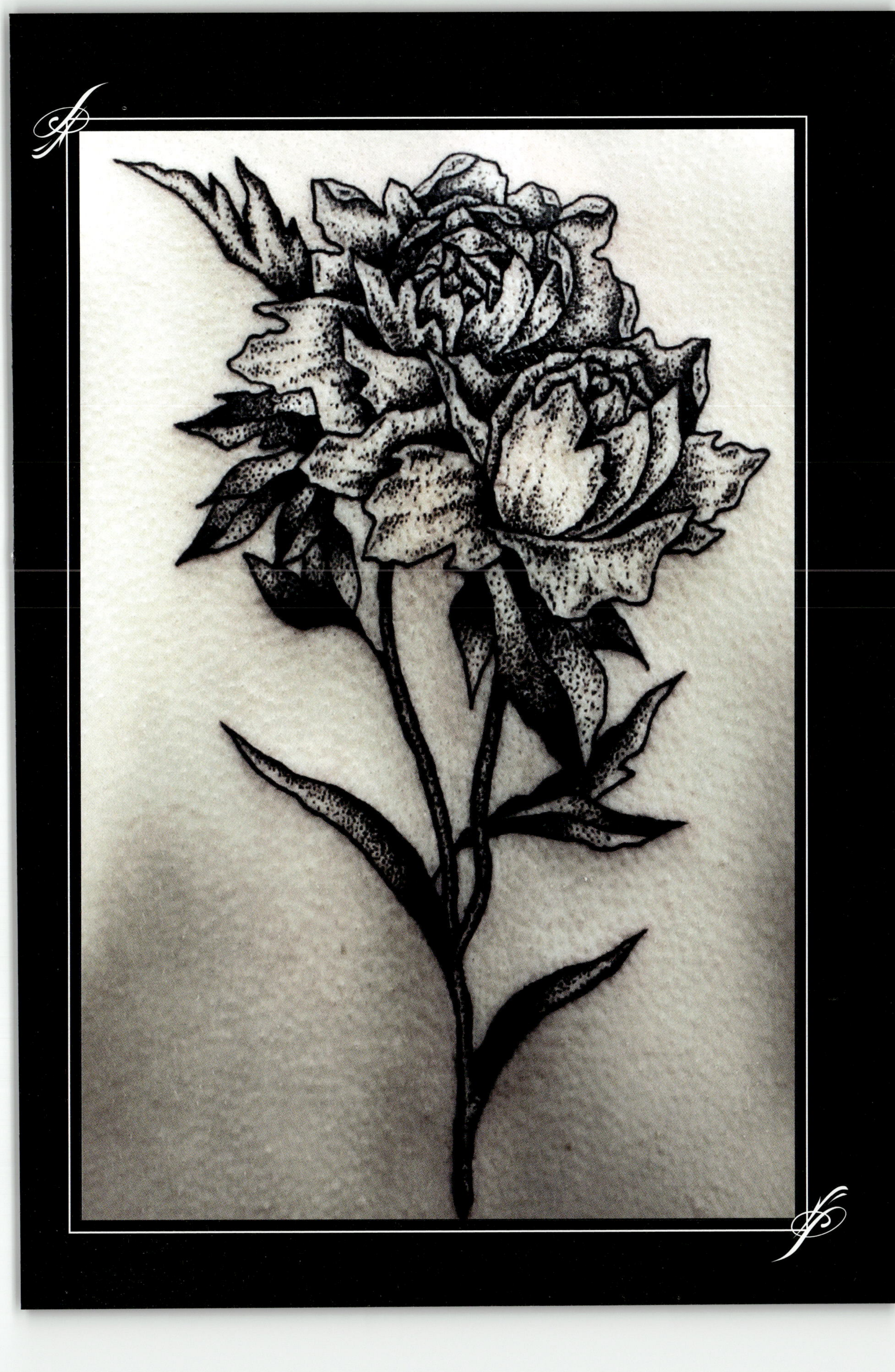

# Randy Engelhard

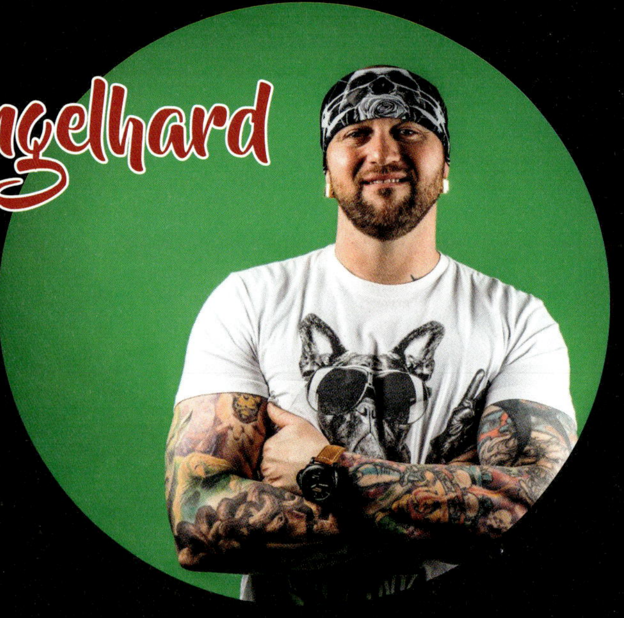

TV-Juror bei *Pain and Fame*

TV-Show *Horror Tattoos*

Veranstalter der Tattoo Expo Zwickau

Stilrichtung: Realistic

Stadt: Zwickau

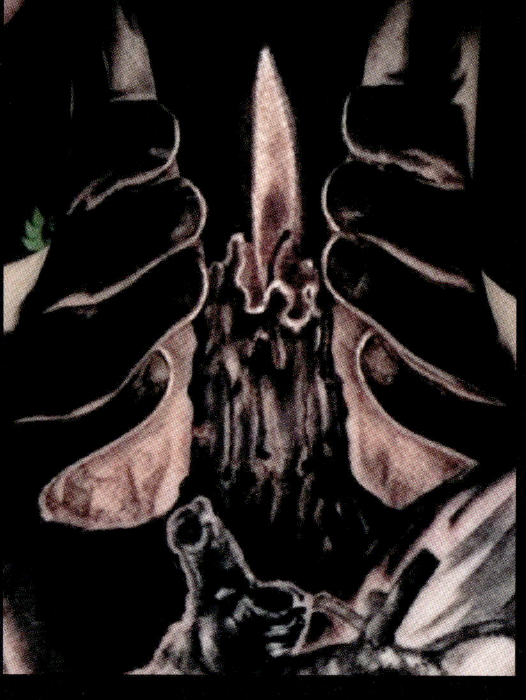

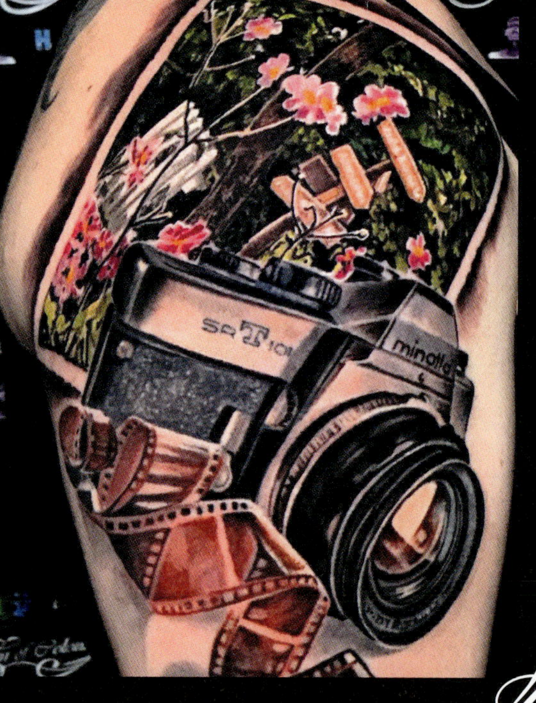

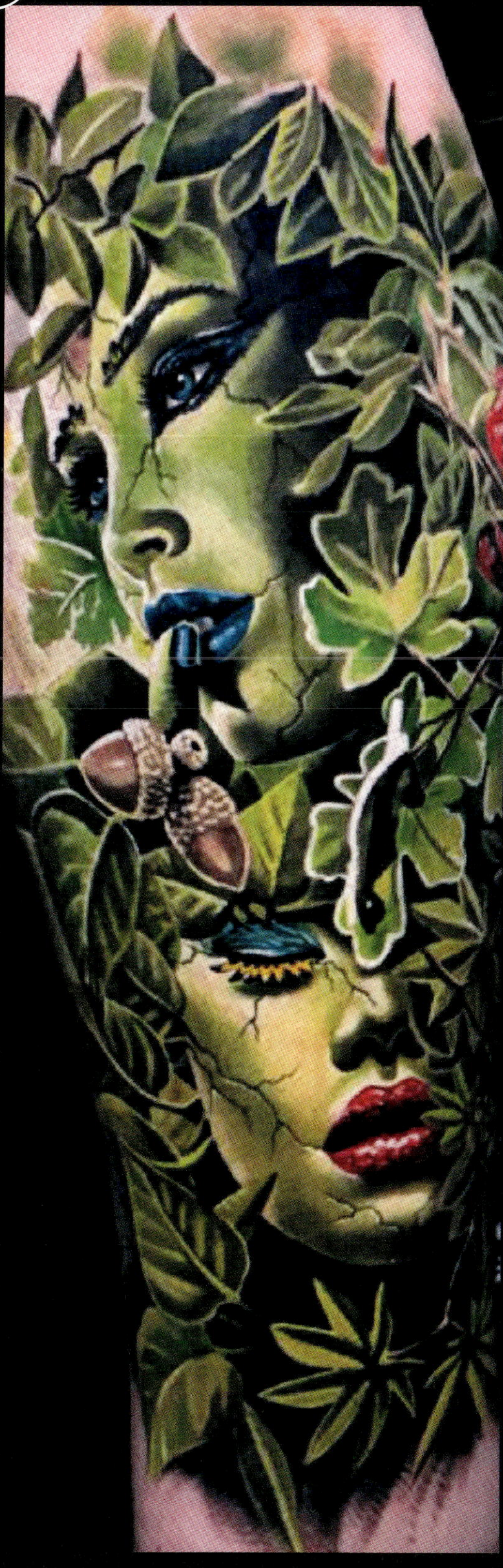
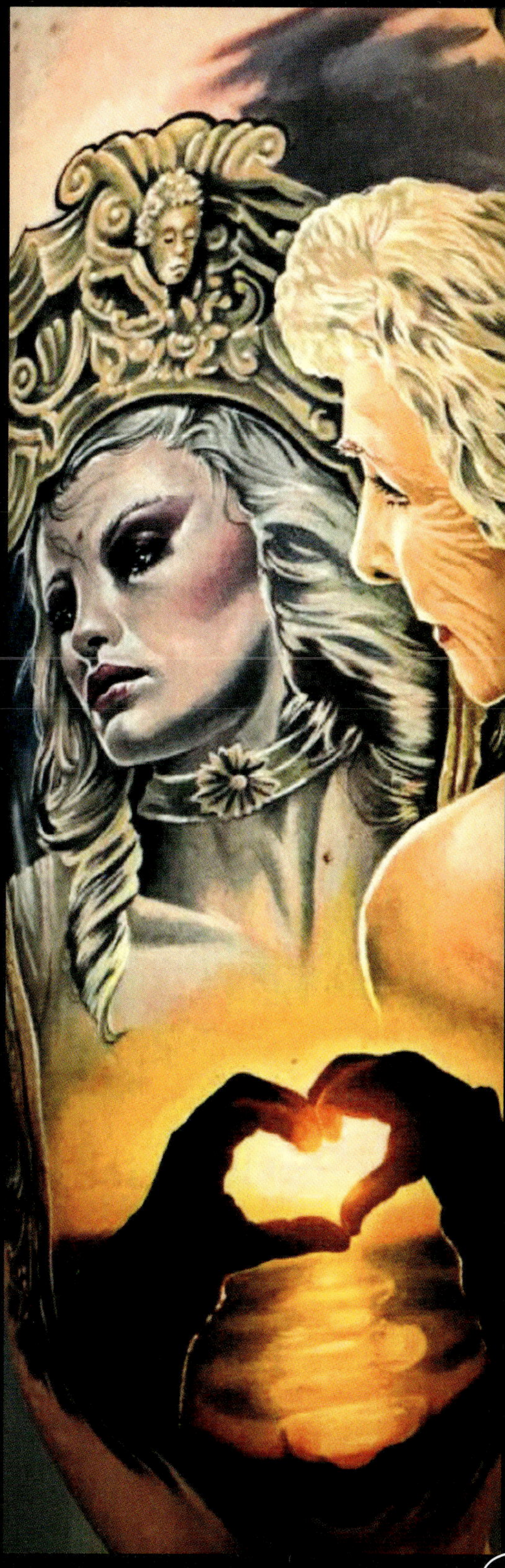

# Bob Cooper

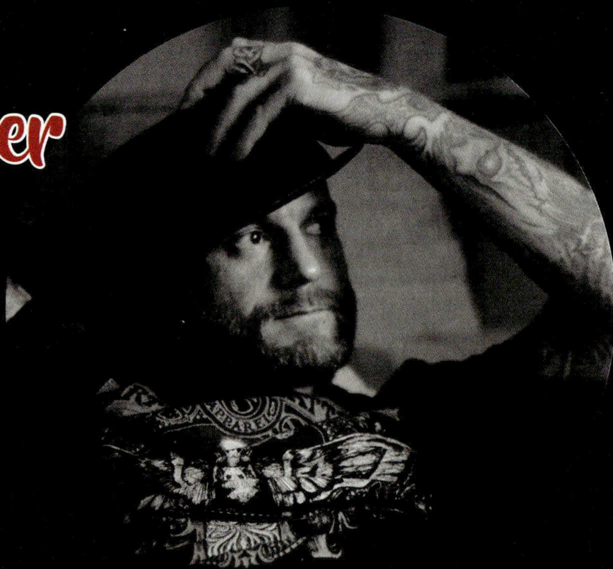

Stilrichtung:
Black&Grey, Realistic

Freelancer

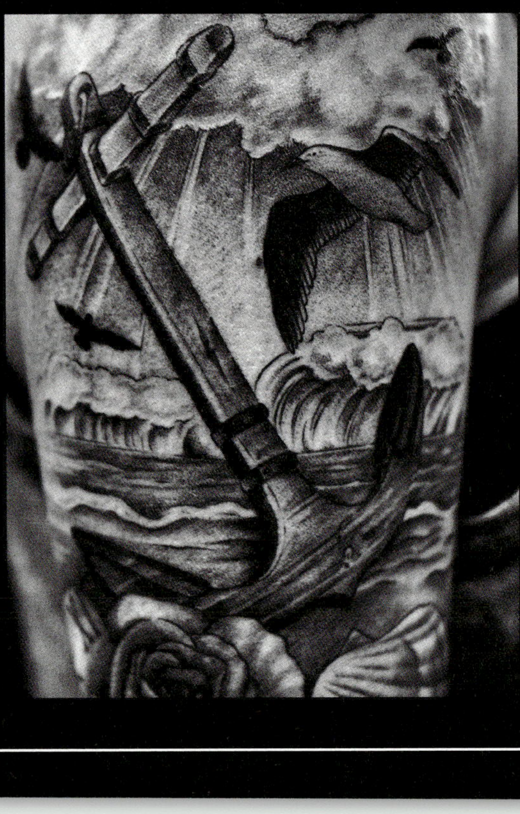

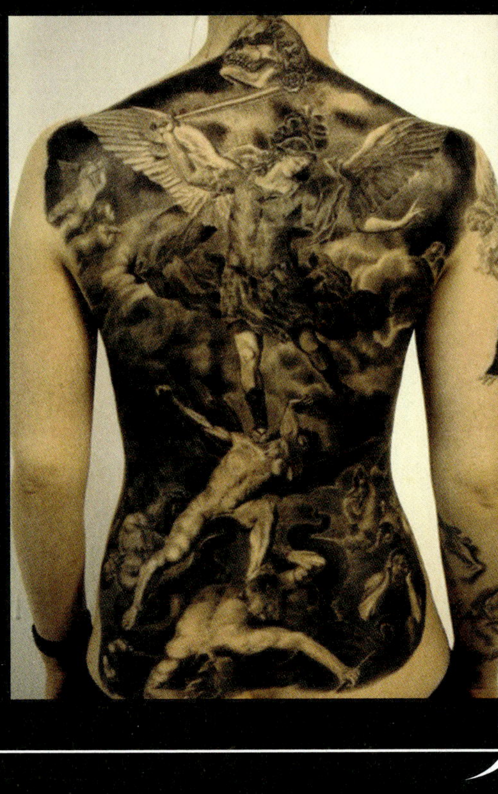

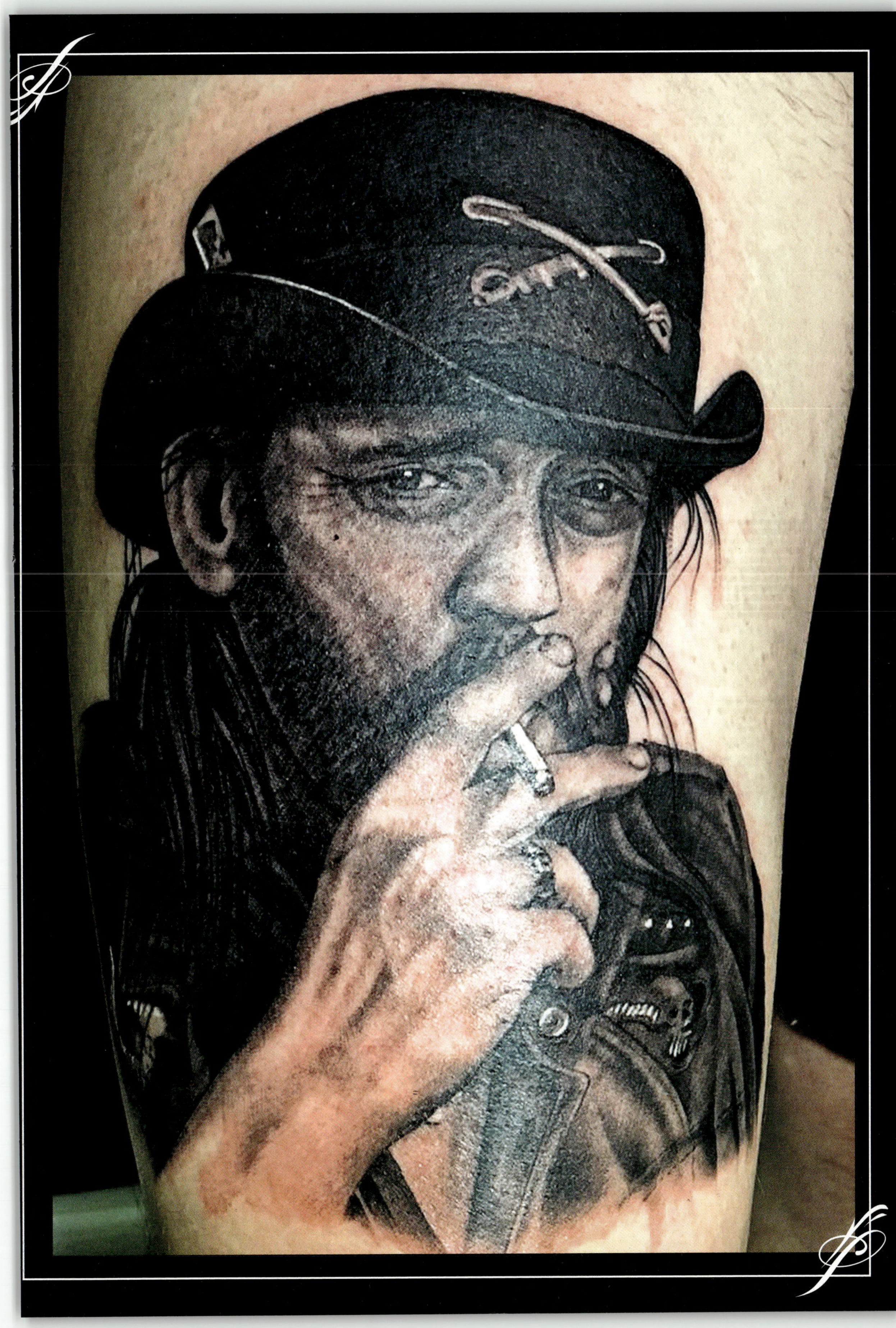

# Maya Klebe

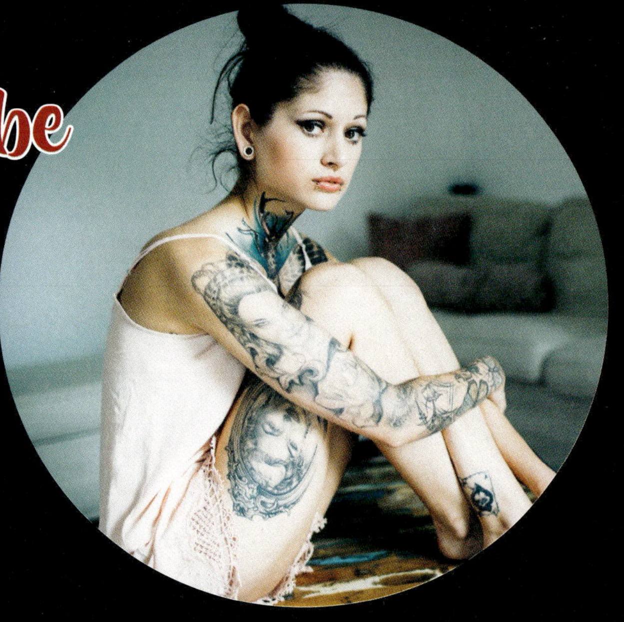

Stilrichtung: Black&Grey, Portrait

Stadt: Essen

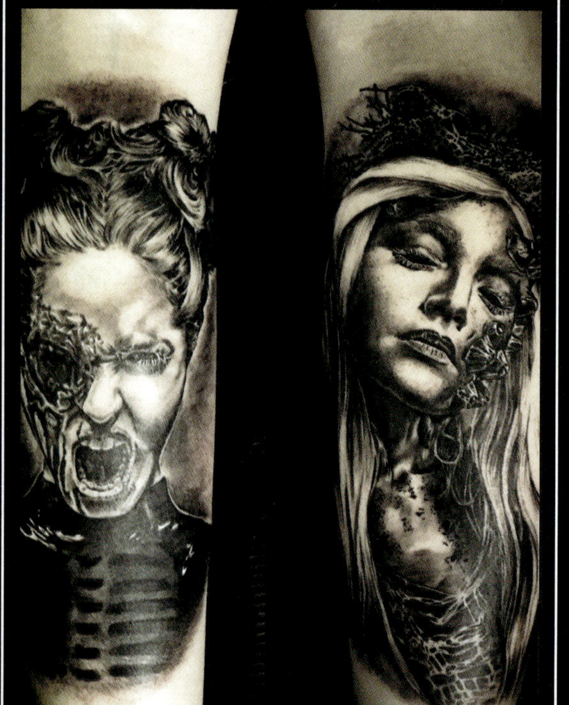

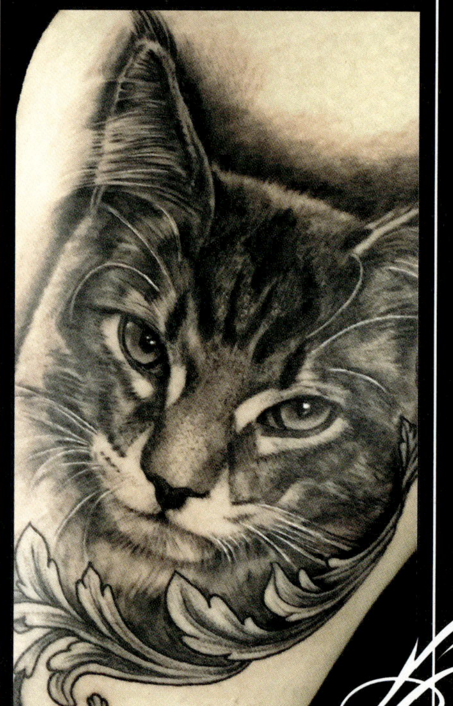

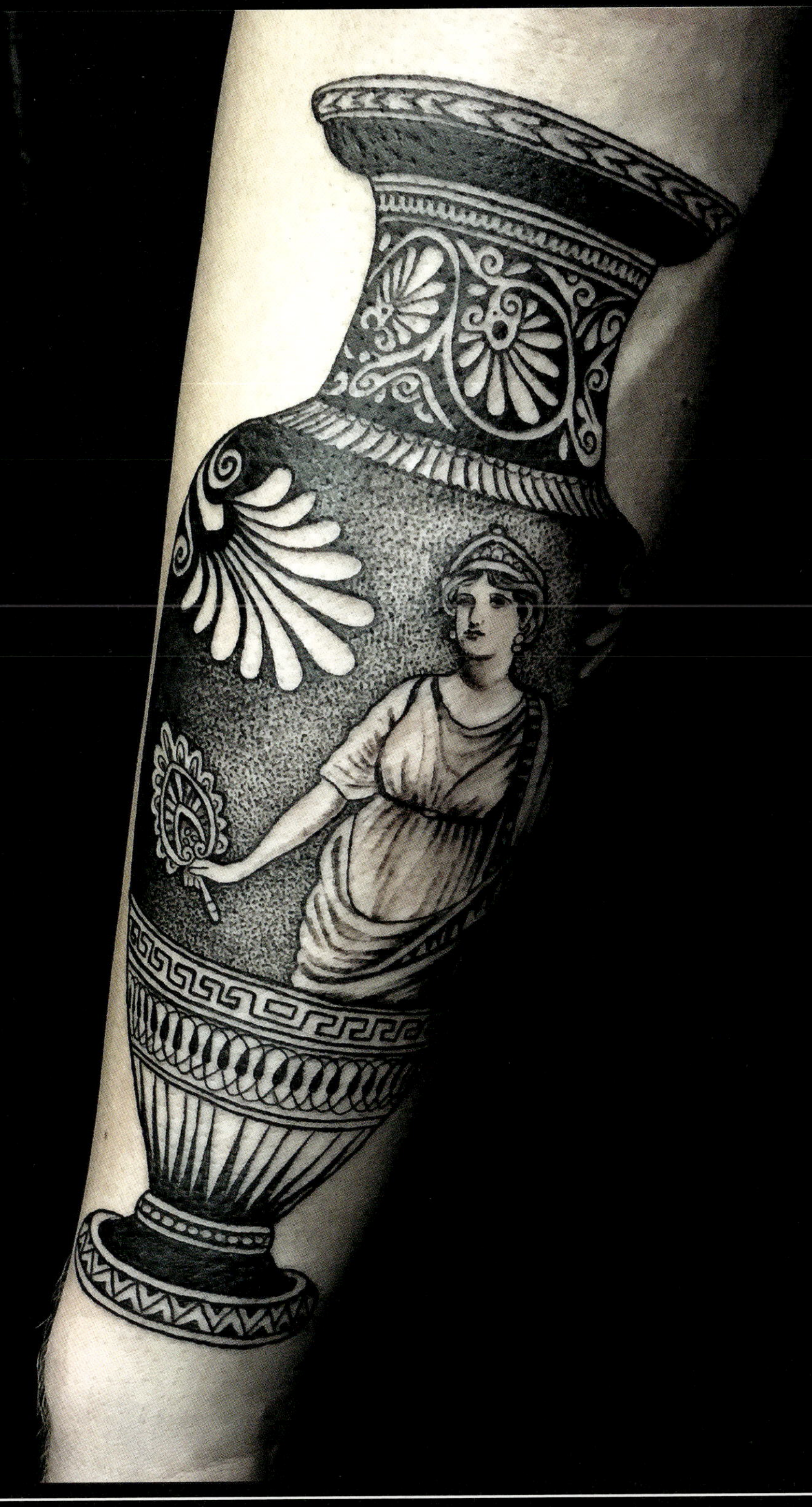

# Felice Di Maio

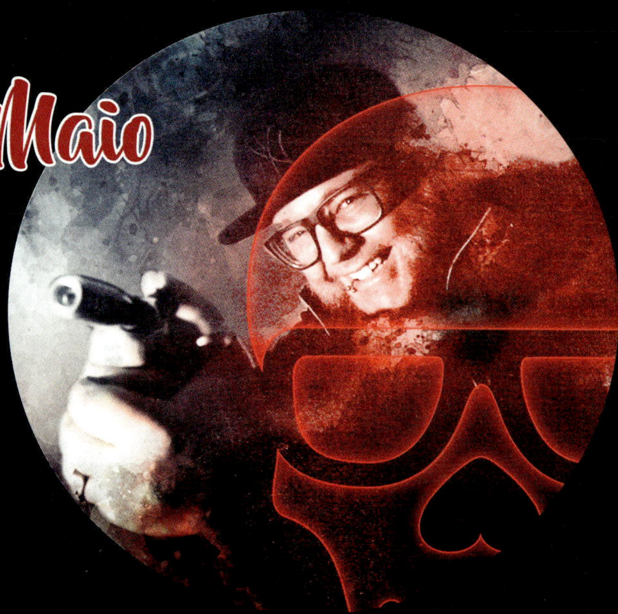

Stilrichtung: Black&Grey (illustratorisch)

Stadt: Fröndenberg

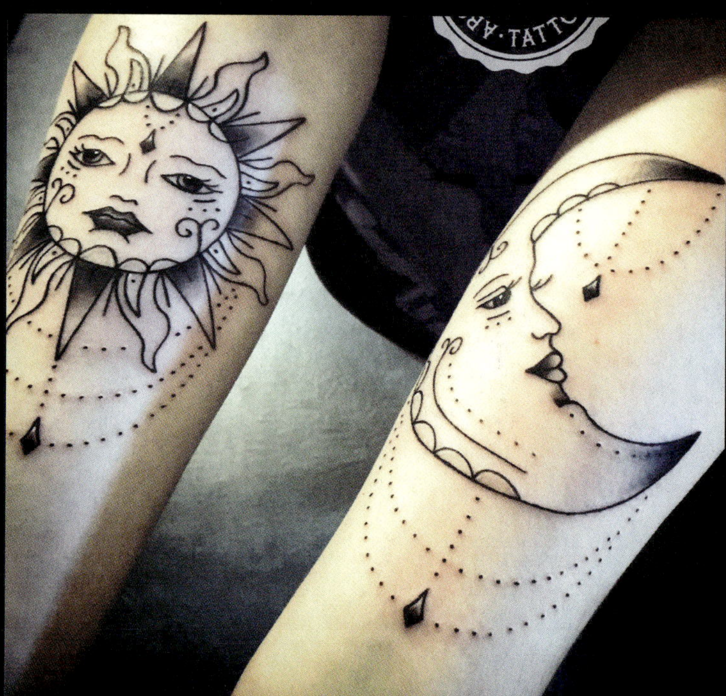

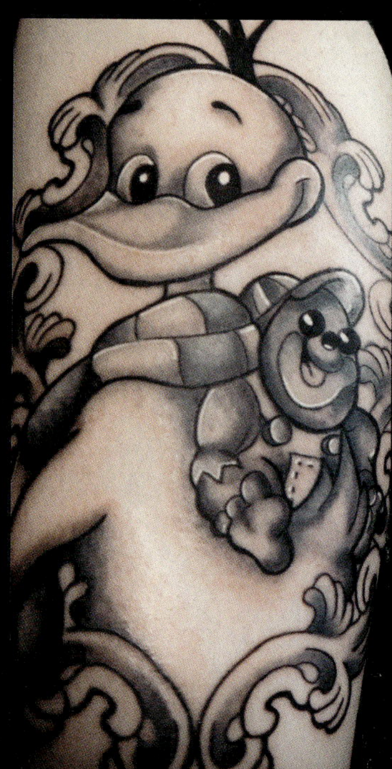

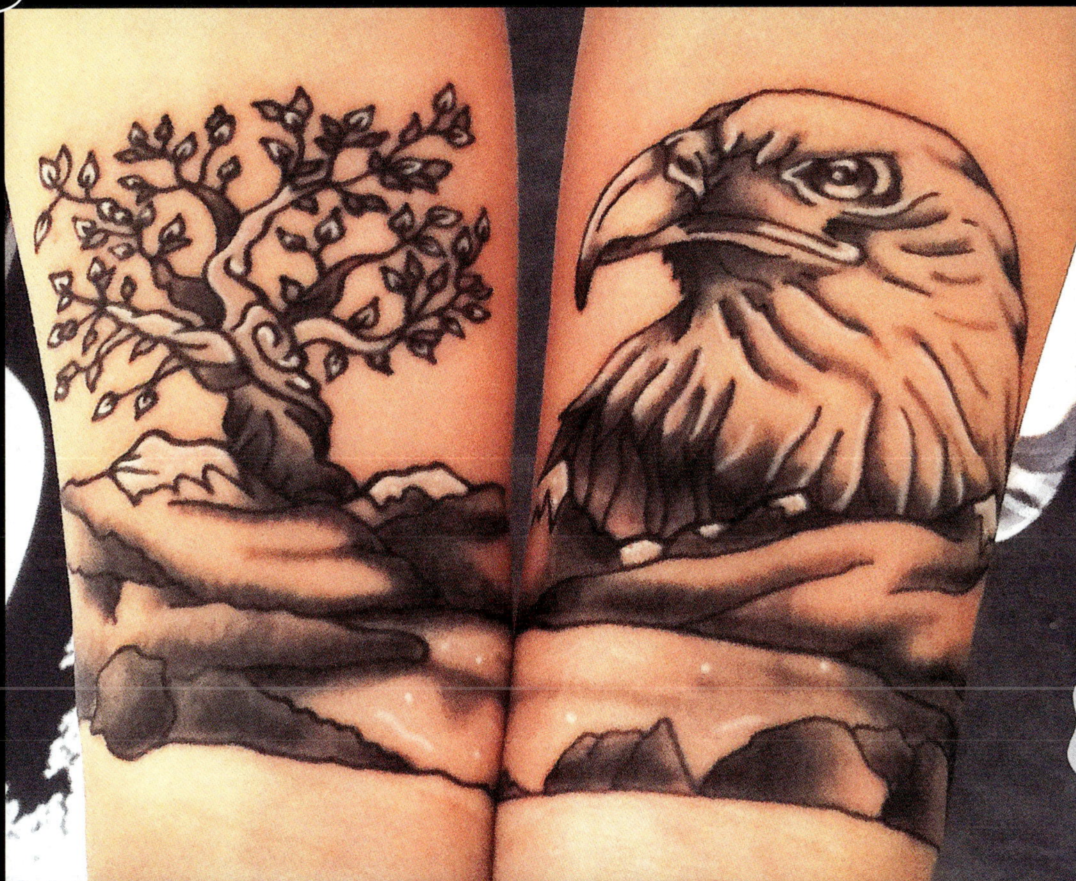

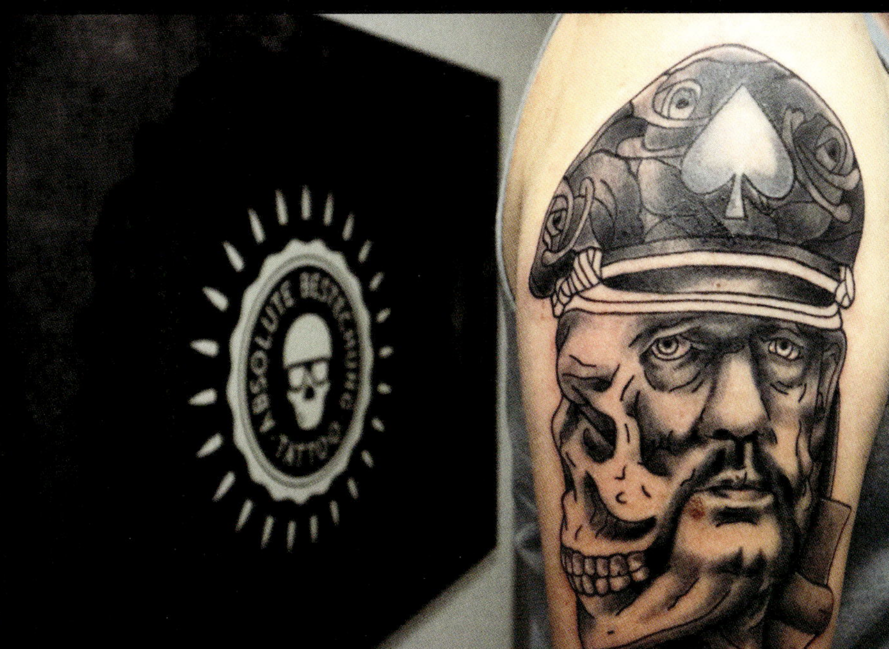

# Karol Kowalewski

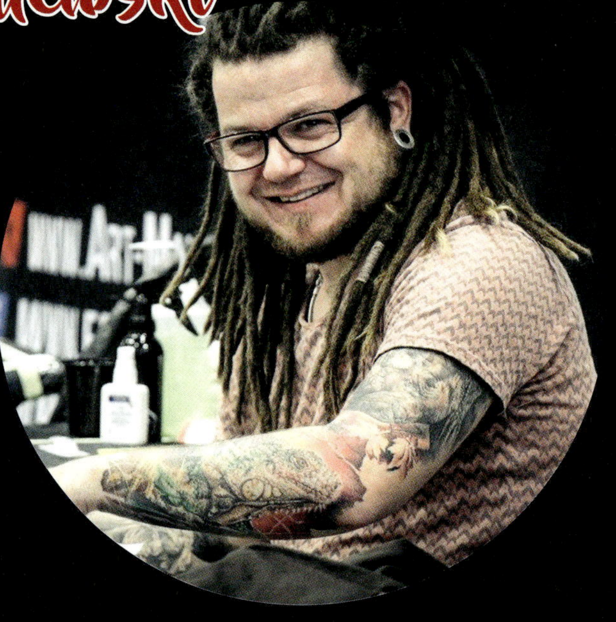


Stilrichtung: Dotwork, Graphic, Oriental

Stadt: Kleve

»Wer sich ein Tattoo von Karol stechen lässt, kommt auch meistens für ein Zweites!«

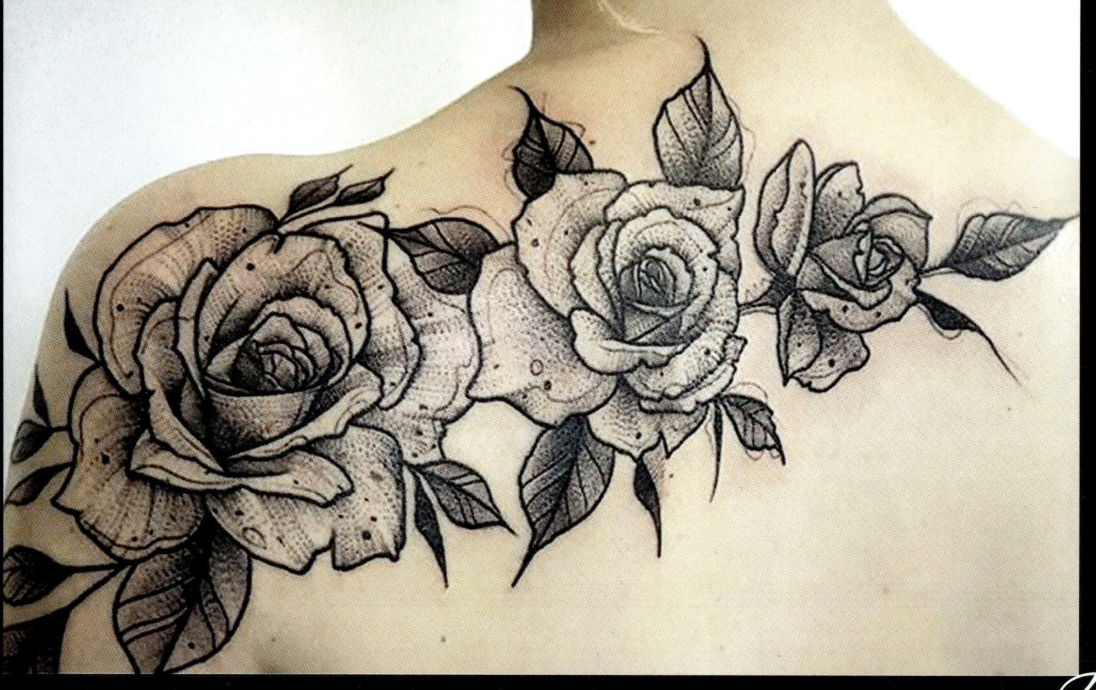

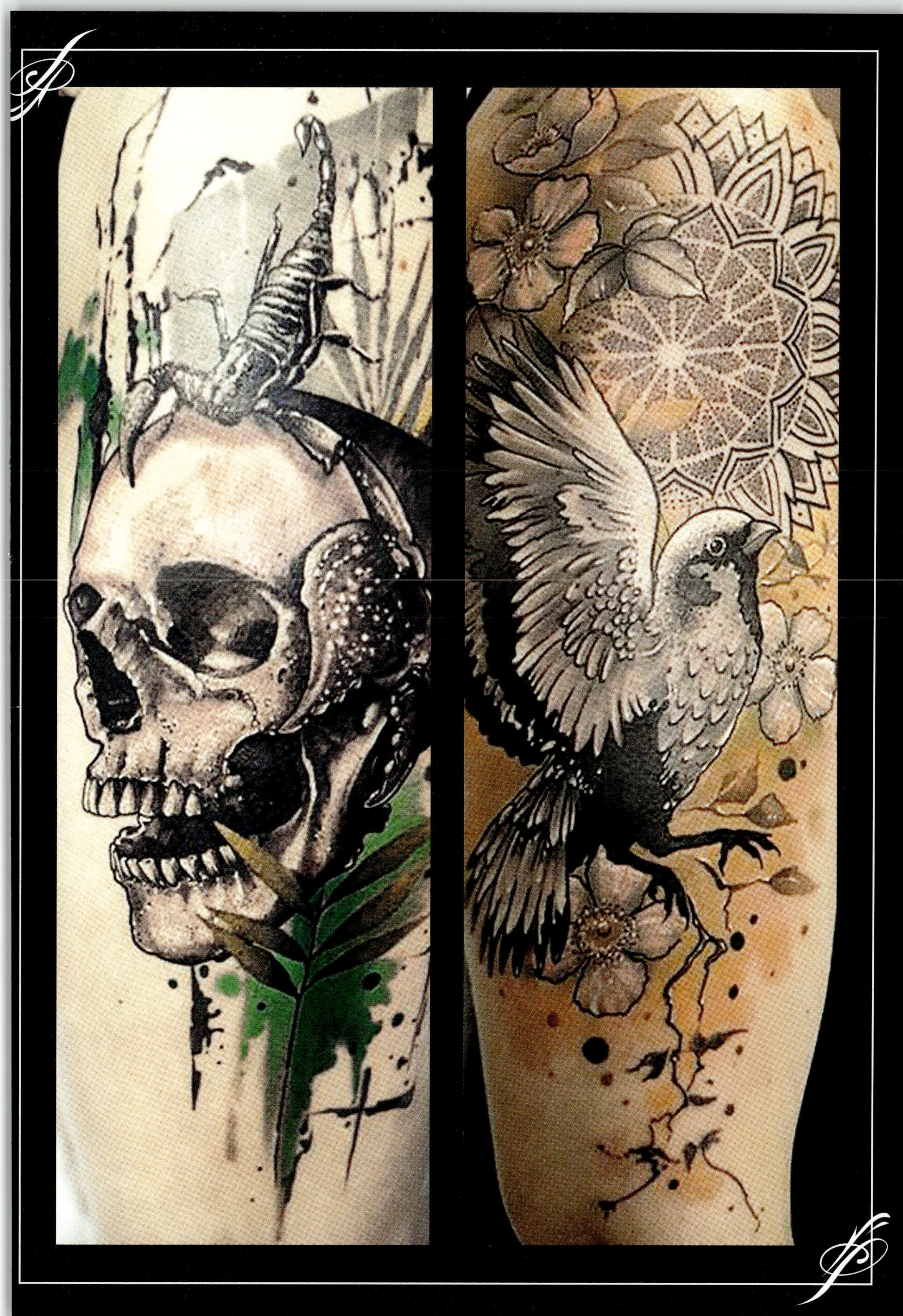

# Justin Eaton

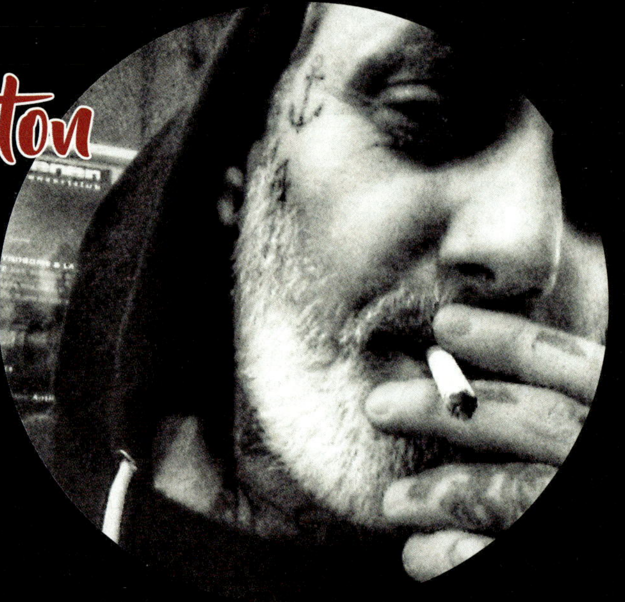

Stilrichtung: Blackwork, Linework, Traditional

Stadt: Frankfurt a. M.

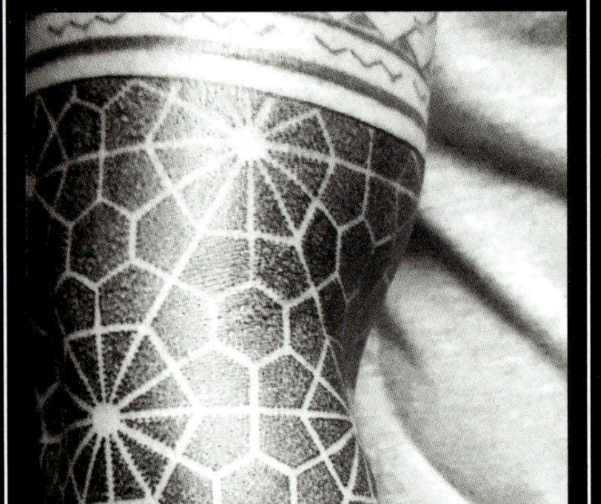

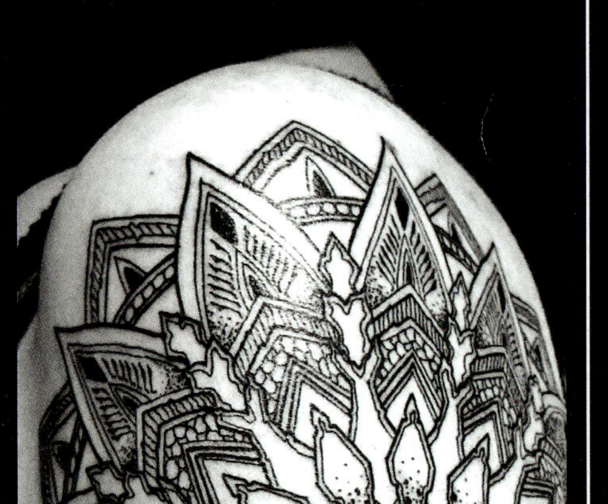

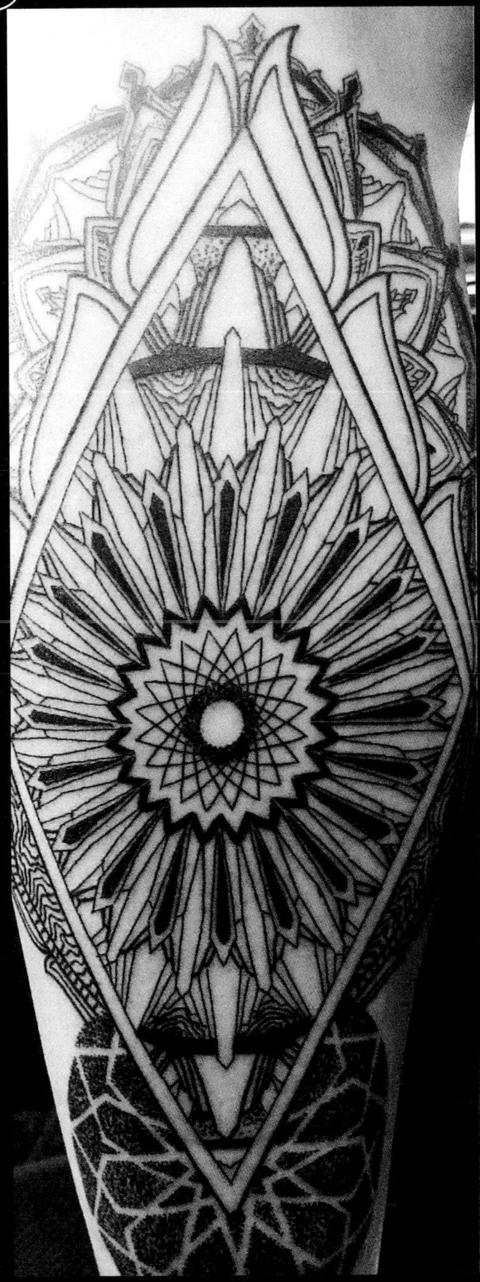
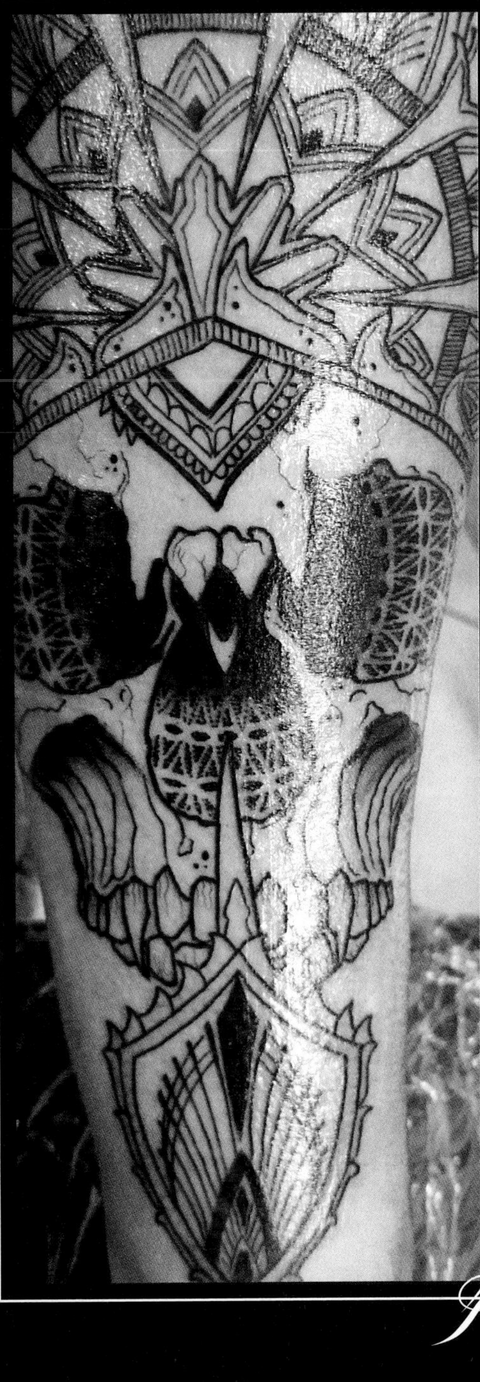

# Maggi Paletta

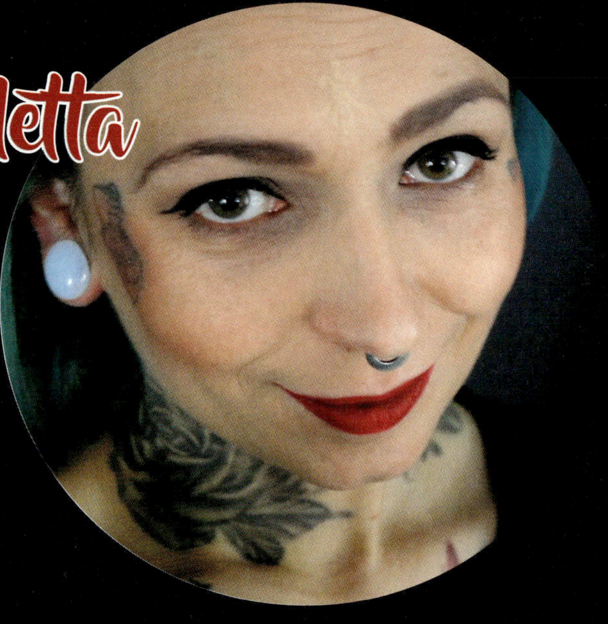

Stilrichtung: Color, Watercolor

Stadt: Köln

»Die Menschen kommen zu mir mit einer kleinen Idee, aus der ich etwas erschaffen darf. Ich mache Menschen mit meiner Kunst ein Stück weit glücklich! Ob sie damit etwas verarbeiten, ihr Kind verewigen, unschöne Narben verdecken oder aber es einfach nur ein schönes Kunstwerk auf ihrer Haut sein soll. In jedem Fall haben sie mich dafür ausgewählt und das ist eine wahnsinnige Ehre, die mich jeden Tag antreibt, diesen tollen Job zu machen.«

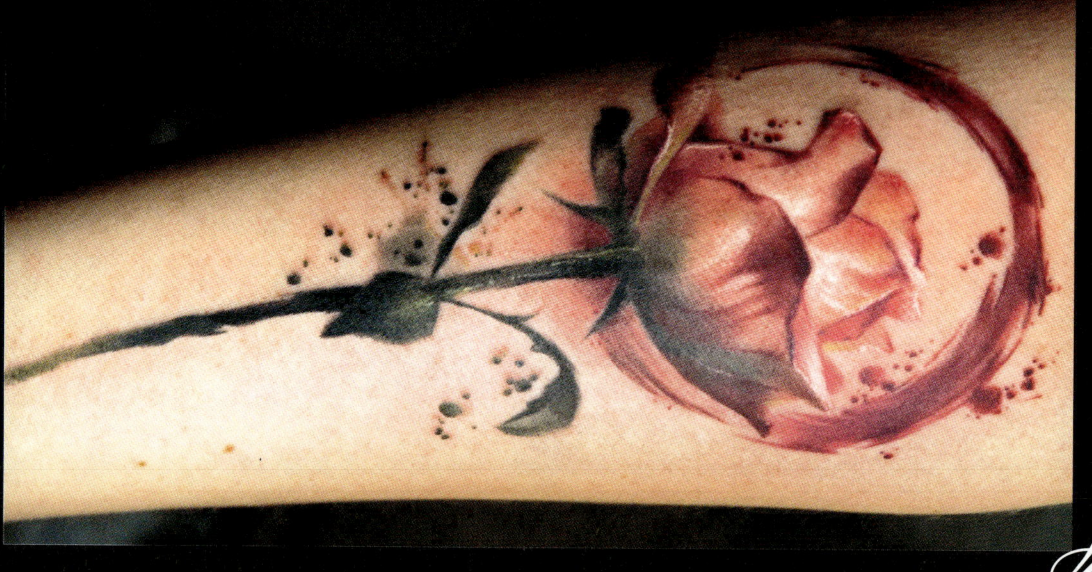

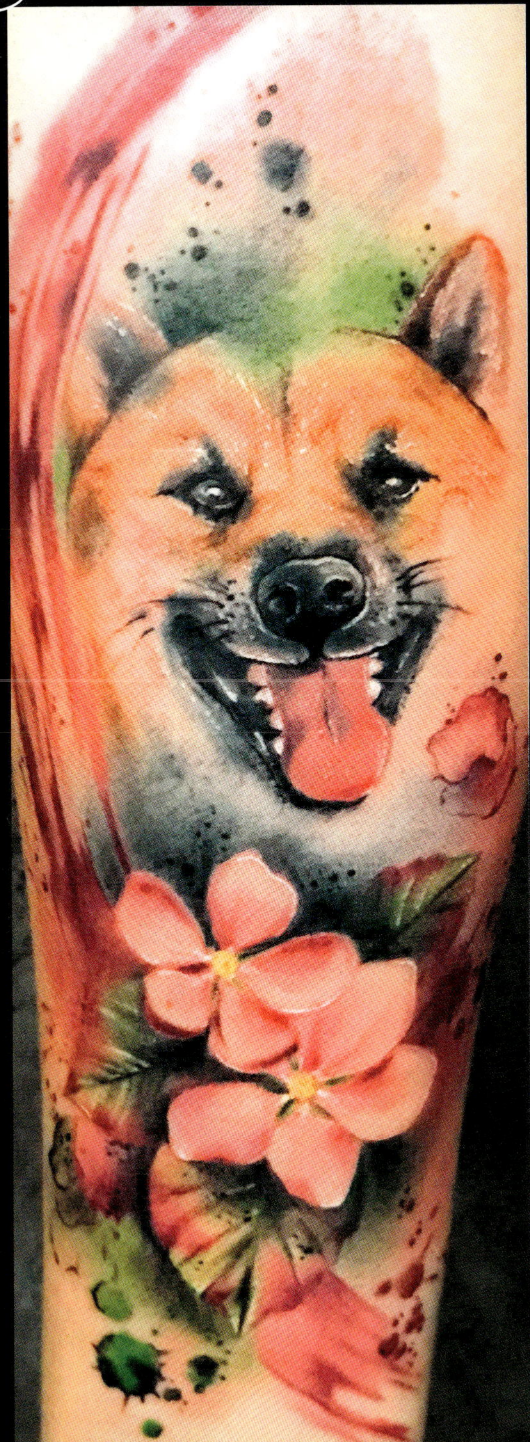

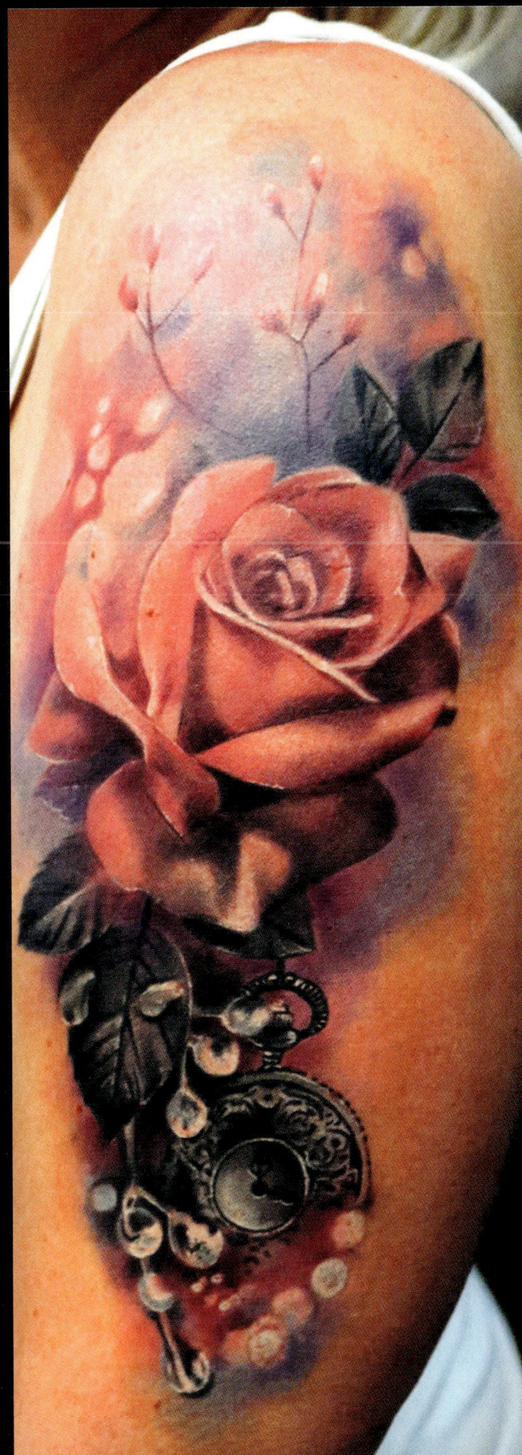

# Micha

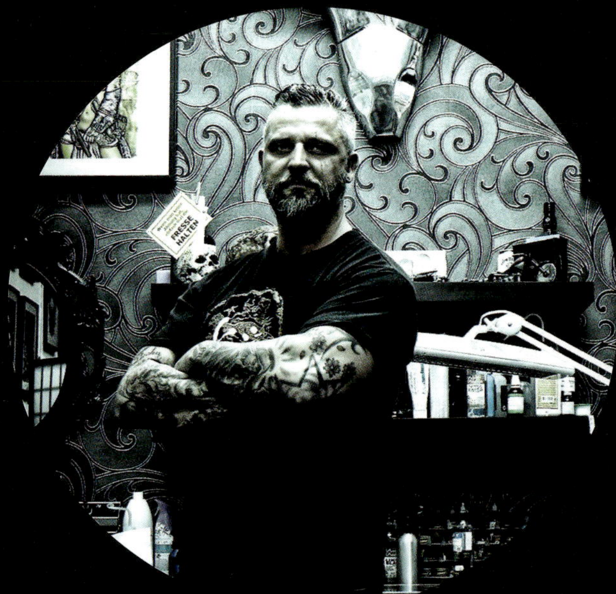

Stilrichtung: Realistic

Stadt: Dortmund

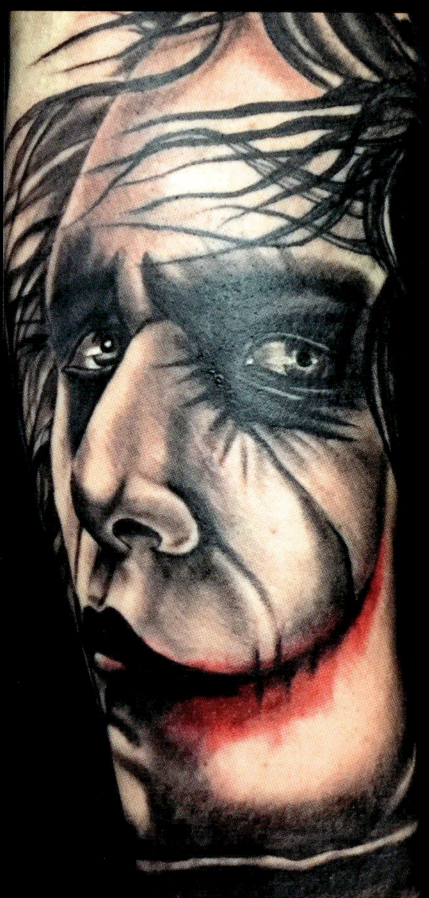

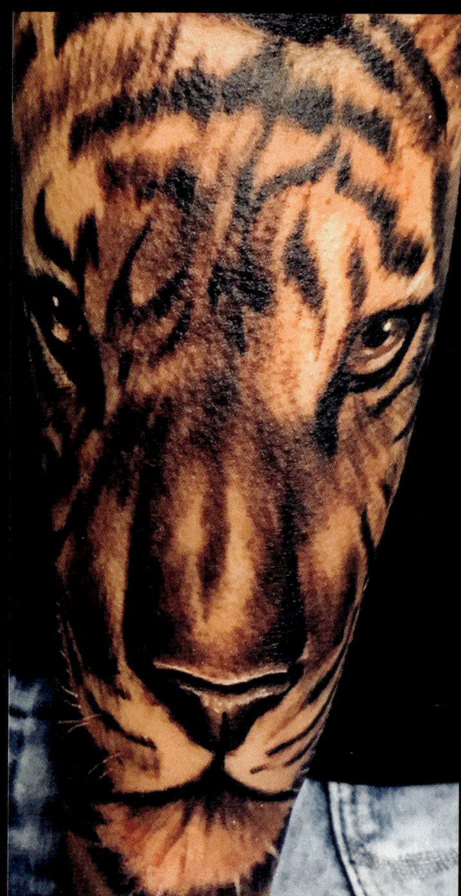

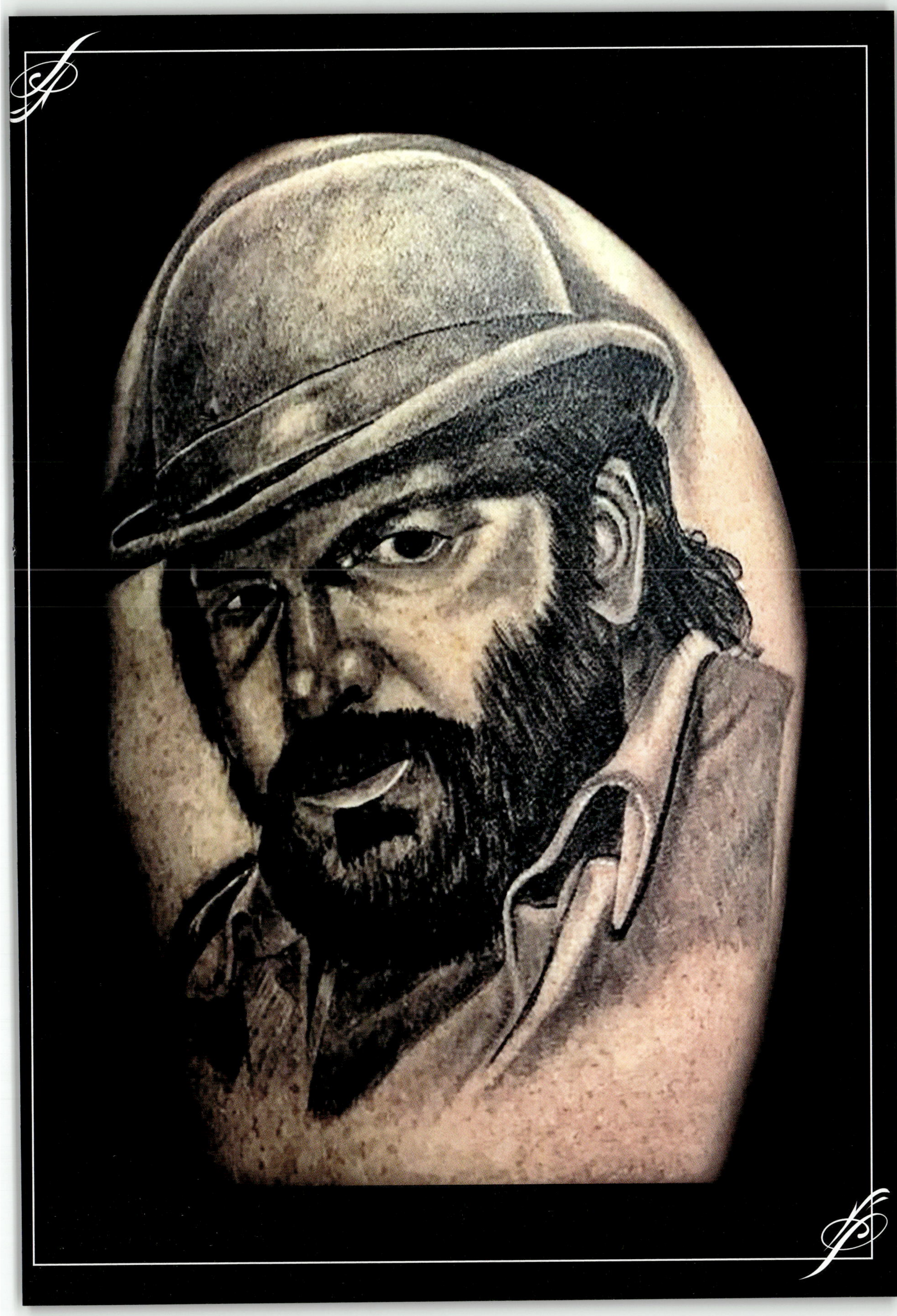

# Artur Pawlukewicz

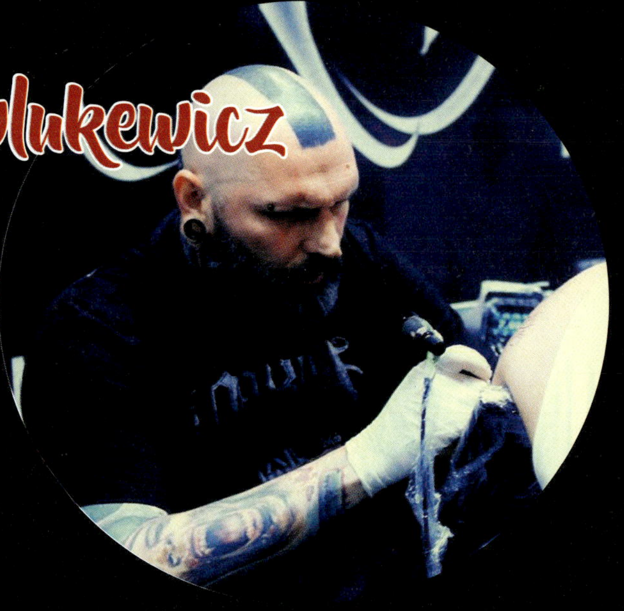

Stilrichtung: Cover-ups, Trash Polka, Avantgarde

Stadt: Venray

»Nahezu alles kann er covern und macht aus alten, hässlichen oder unerwünschten Tätowierungen etwas Schöneres. Er beherrscht eine spezielle Technik, wodurch er sogar fast komplett schwarze Tätowierungen in einigen Bereichen wieder heller bekommt.«

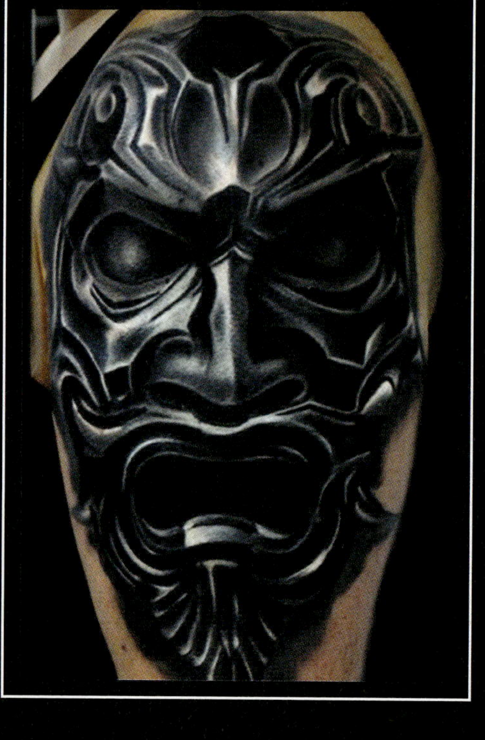

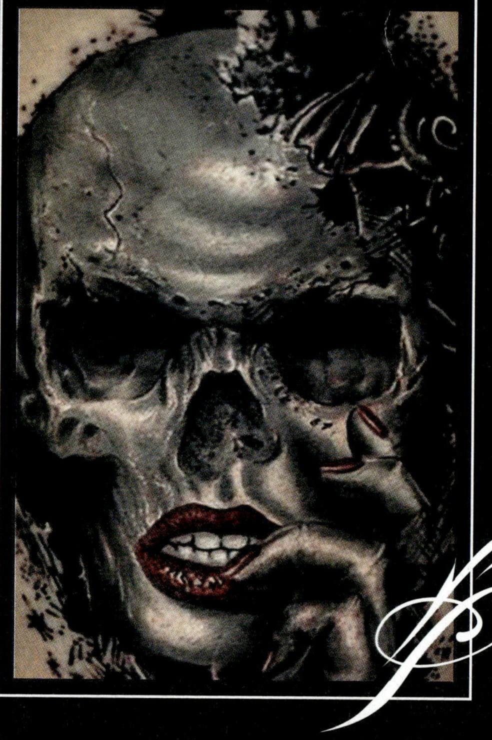

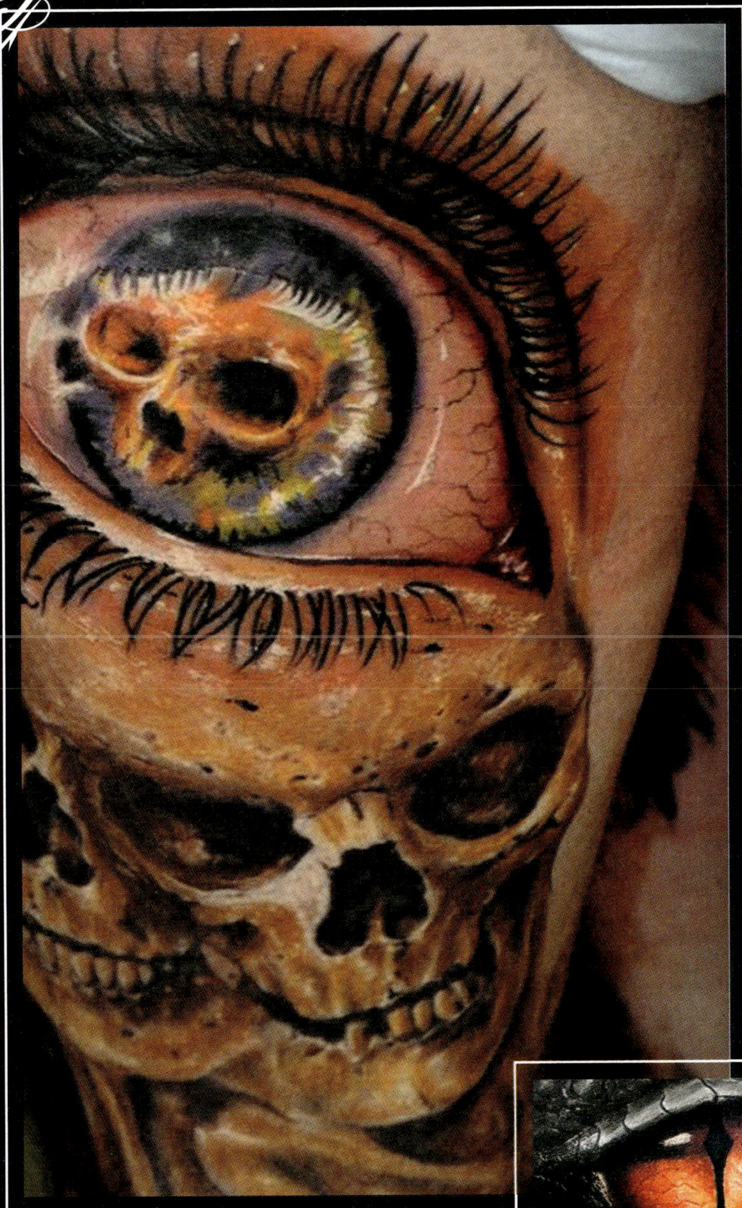
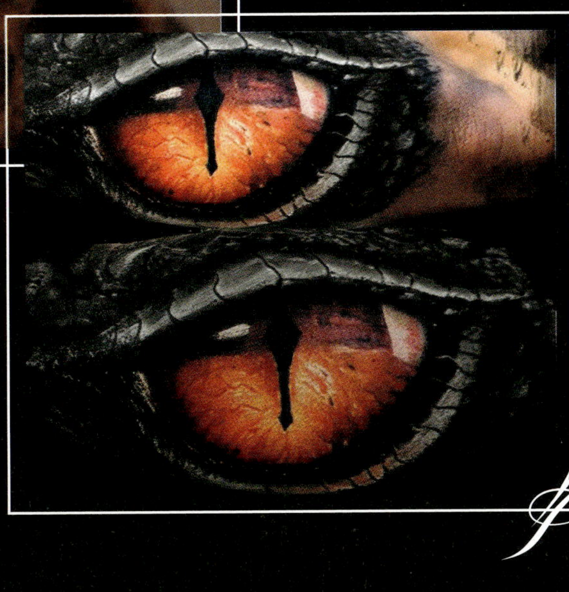

# Stefan & Albert Popa

Stilrichtung: Realistic, Cover-ups

Stadt: Hamm

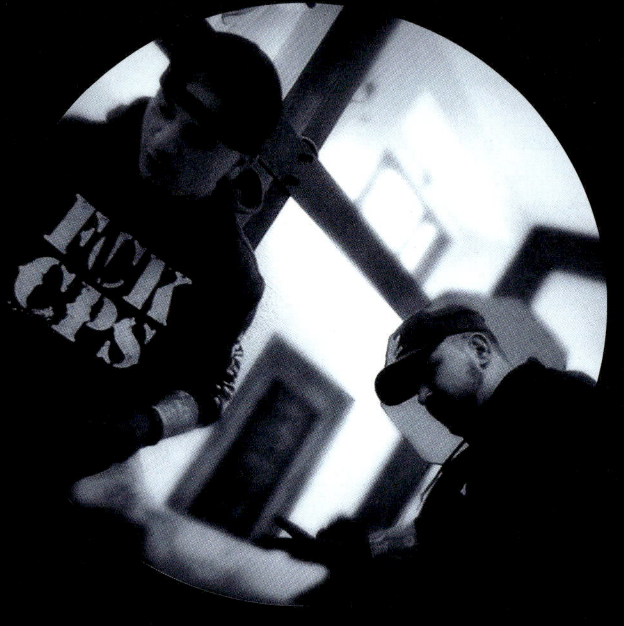

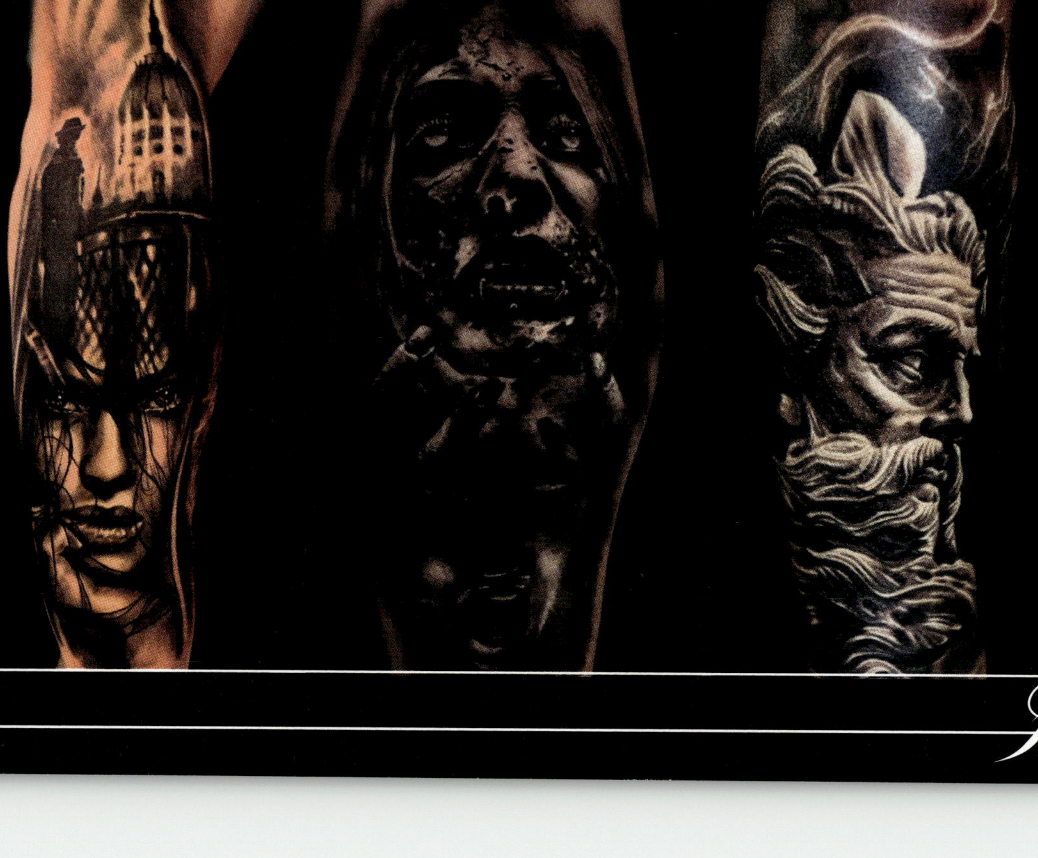

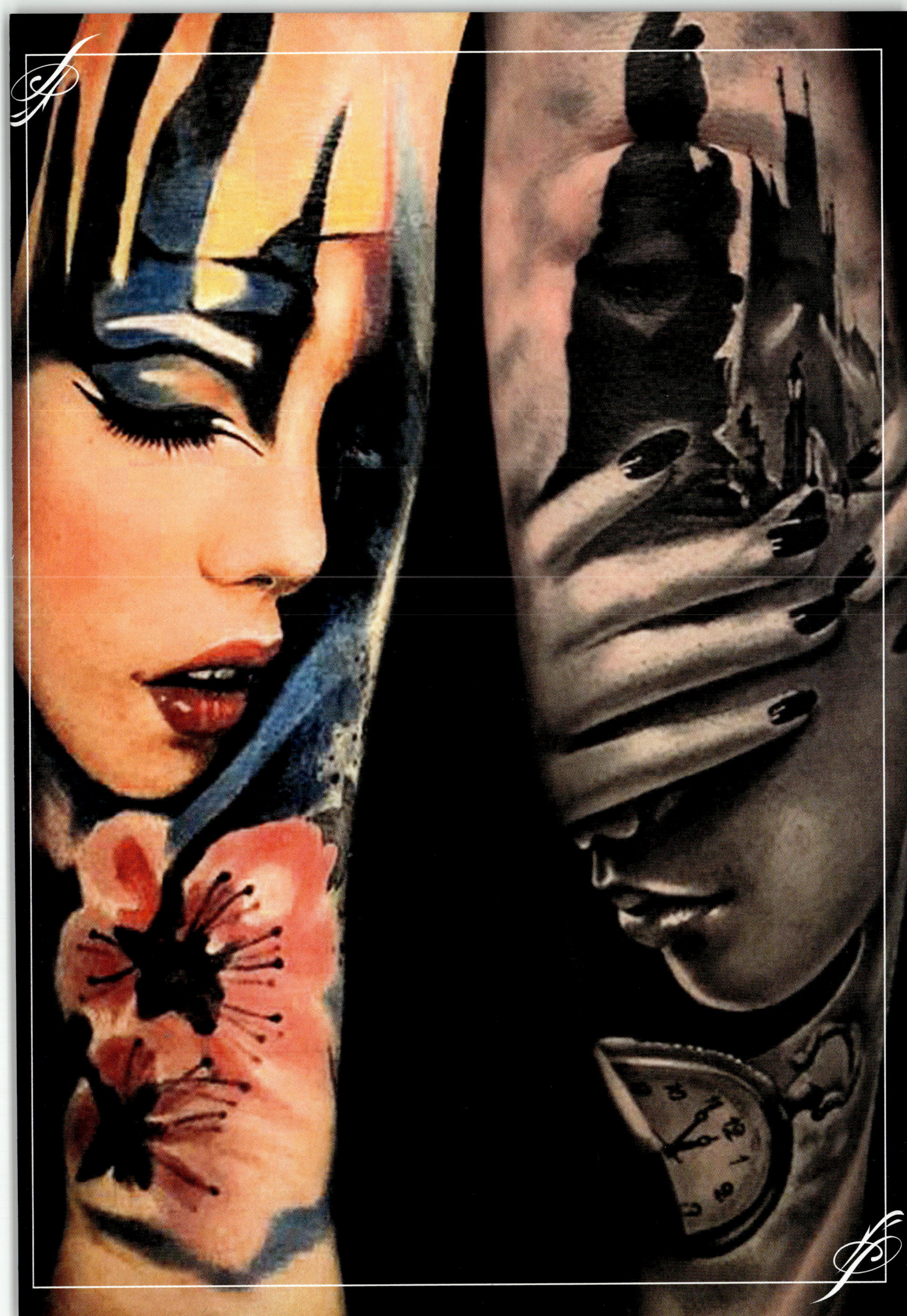

# Thomas Heiden

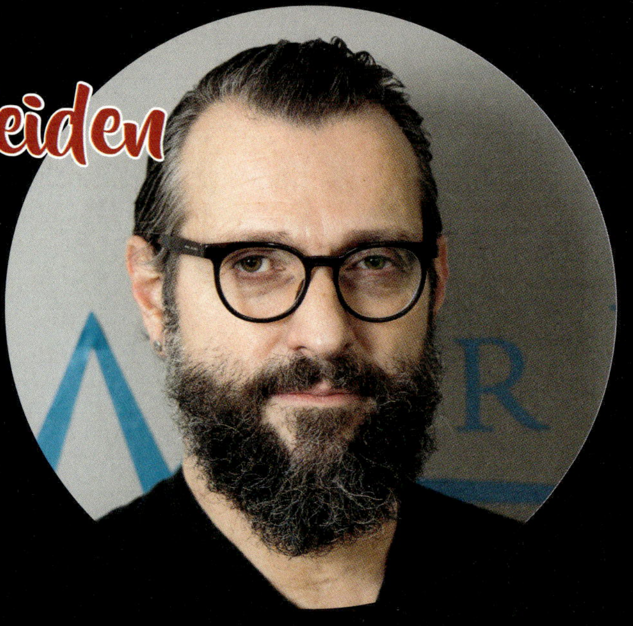

Stilrichtung: Blackwork,
Ornamental, Maori

Stadt: Köln

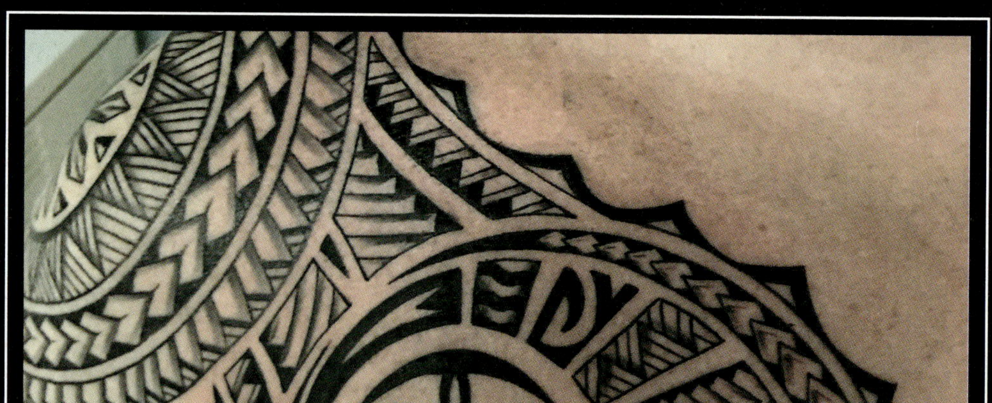

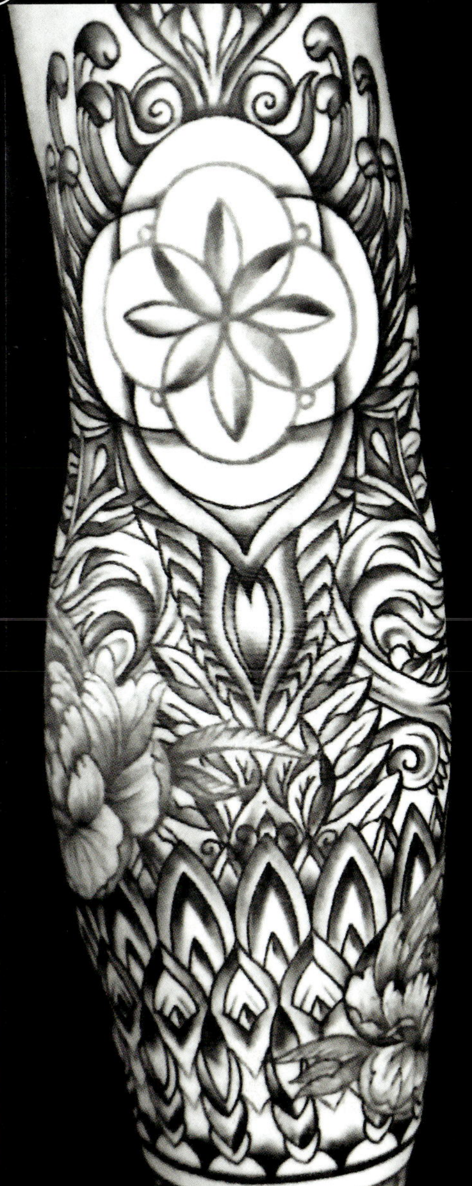

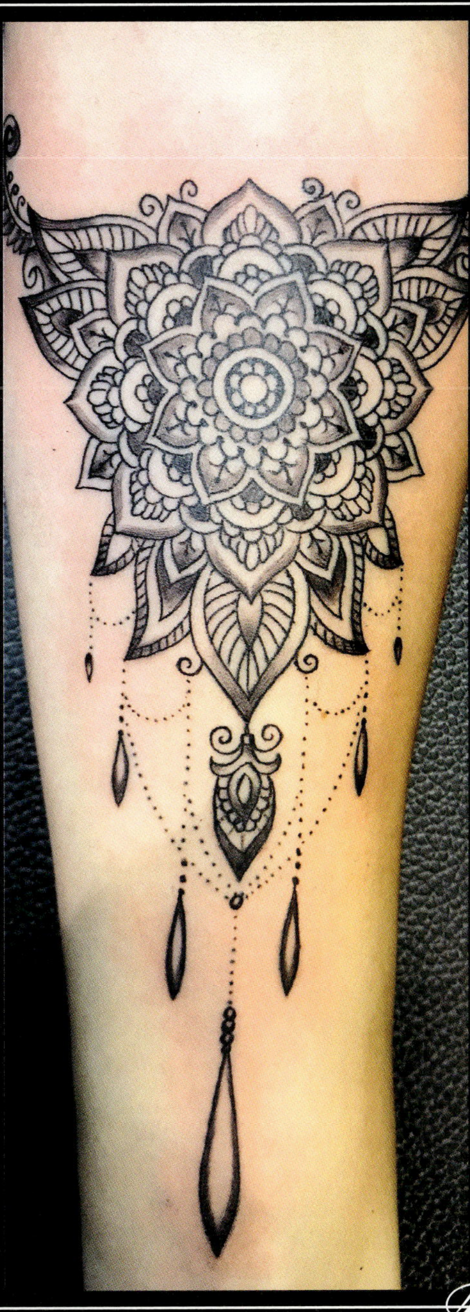

# Oliver Gross

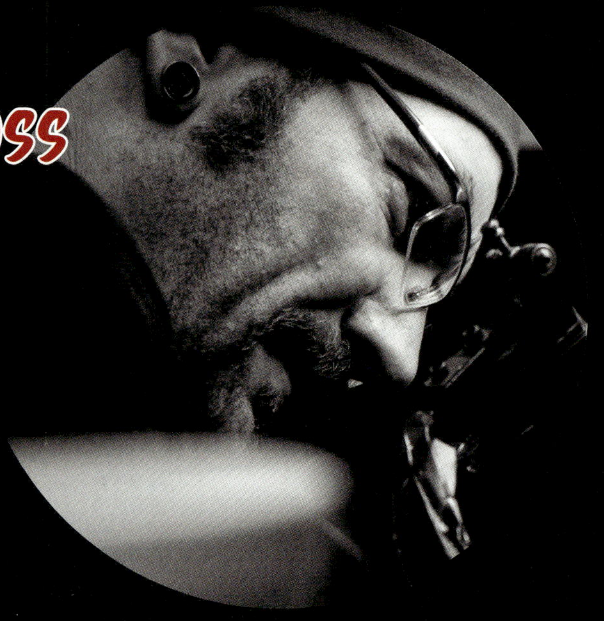

(geb. Paaß)
aka. Jim Hammer

Stadt: Düsseldorf

Stil: Asia, Pin-up

»Tätowieren ist für mich Handwerk und ein bodenständiger Ansatz. Weil wir Verantwortung gegenüber den Menschen haben, die uns ihr Vertrauen schenken. Dankbarkeit.

Warum Tätowieren ...?
Das ist wie ein Live-Konzert! Gute Musik rein – und LOS!«

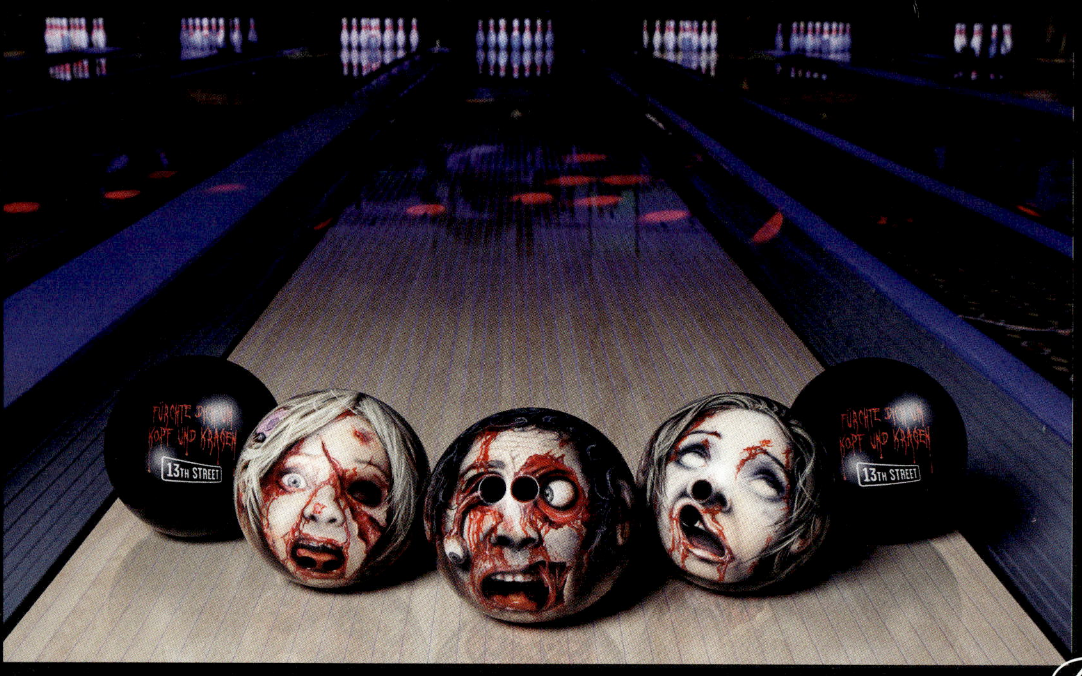

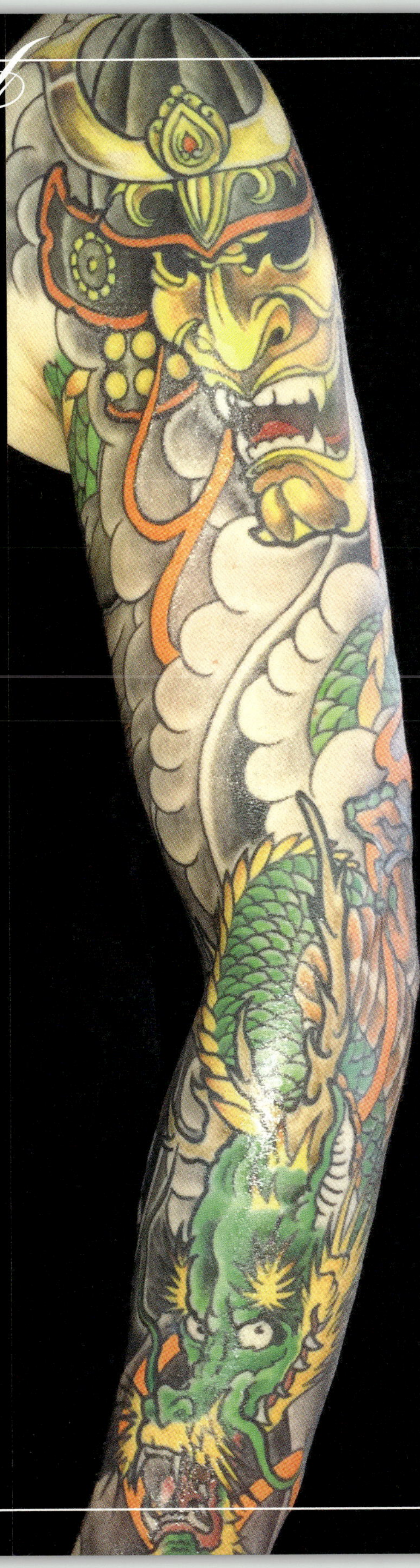

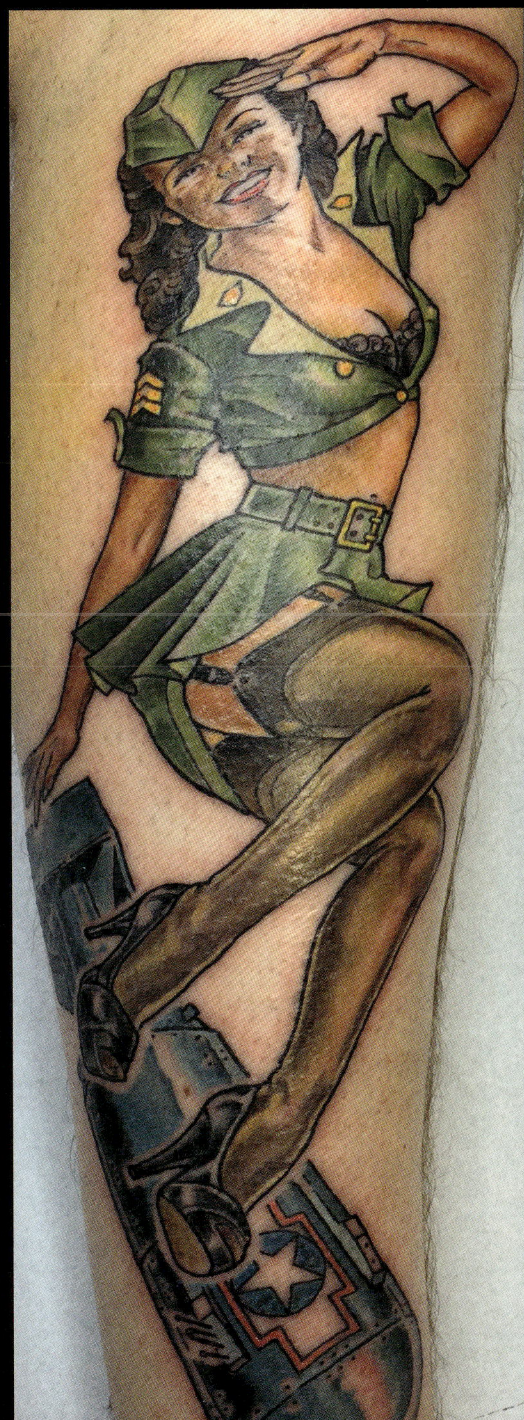

# Ralf Guttermann

1961–2017

Stadt: Düsseldorf

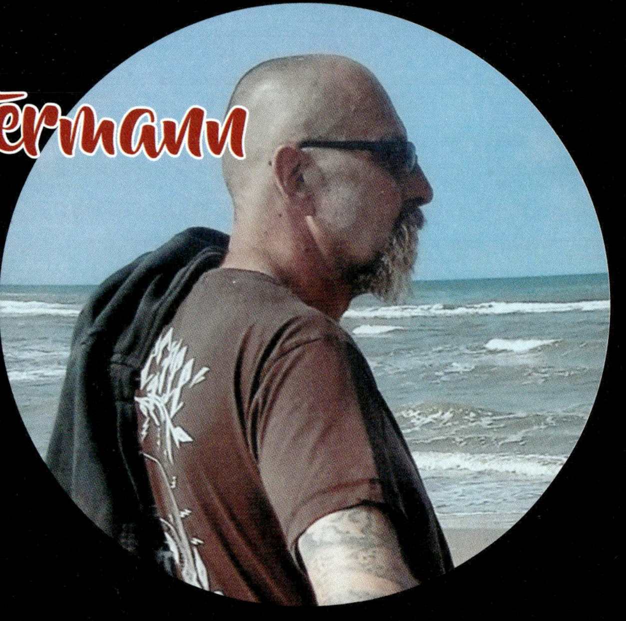

Das FINE LINE TATTOOING existiert seit 34 Jahren unverändert an der Corneliusstraße 102 in Düsseldorf. Der Mietvertrag wurde zum 15.06.1984 geschlossen.

Durch den Umstand, dass Ralf die ganze Welt bereist hat, um Wissen zu erlangen und Kontakte zu anderen Tätowierern zu knüpfen, hat er dem Studio international zu einem hervorragenden Ruf verholfen. Jahrelang war es anerkanntes Aushängeschild für erstklassige Hautbilder in Deutschland.

Die Geschwindigkeit, mit der Ralf seine Tätowierungen fertiggestellt hat, ist übrigens legendär. Es ist unglaublich, zu hören, was manche Kunden an Zeiten angeben. Und meistens wird ergänzt: »Aber er hat sich zwischendurch noch eine geraucht!«

Ralf Guttermann hat große Bedeutung für die Tätowierszene. Sehr früh hat er Tätowierarbeiten von herausragender Qualität erstellt. In einer zur damaligen Zeit kaum gekannten Detailfülle, Geschwindigkeit und – besonders wichtig – Reinheit und mit butterweichen Verläufen.

Für großes Aufsehen sorgten über viele Jahre hinweg die berühmten Terminvergabe-Tage im FINE LINE. Einmal im Quartal wurden an einem Samstag die Termine vergeben – was zur Folge hatte, dass sich vor dem Ladenlokal eine riesige Menschenansammlung bildete ... anfangs unter dem Verdacht einer unangemeldeten Demonstration – und damit ungewollt von einem Polizeieinsatz begleitet!

Ralf machte dabei nie einen Unterschied zwischen den Menschen, die vor ihm standen. So musste die berühmte Düsseldorfer Metal-Queen Doro sich anhören, dass auch sie für einen Termin zum Anmeldetag erscheinen muss. Außerdem wird erzählt, dass Campino auf einer frühen Neuss-Convention an der Schlange der wartenden Menschen vorbeiging, um Einlass zu erhalten, und Ralf ihn daraufhin bat, sich ebenfalls hinten anzustellen.

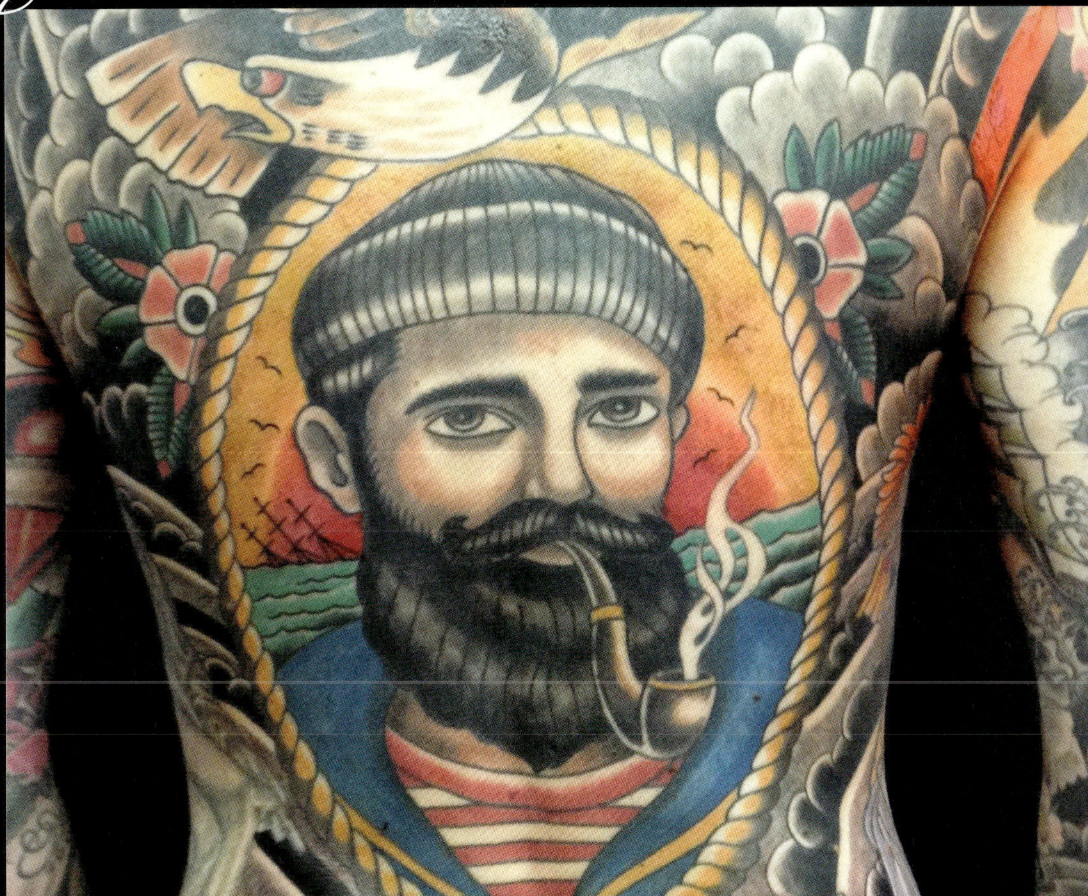
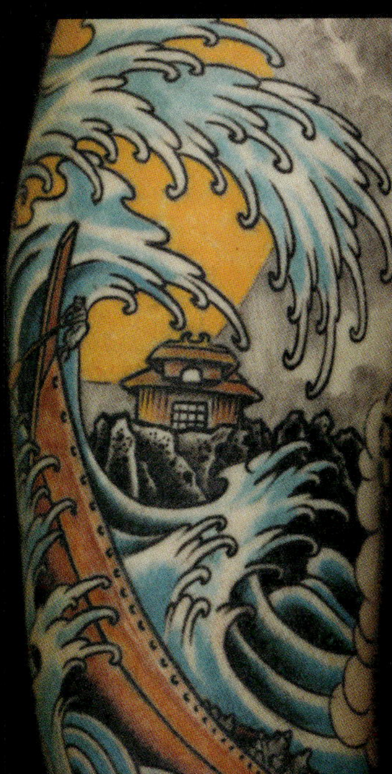
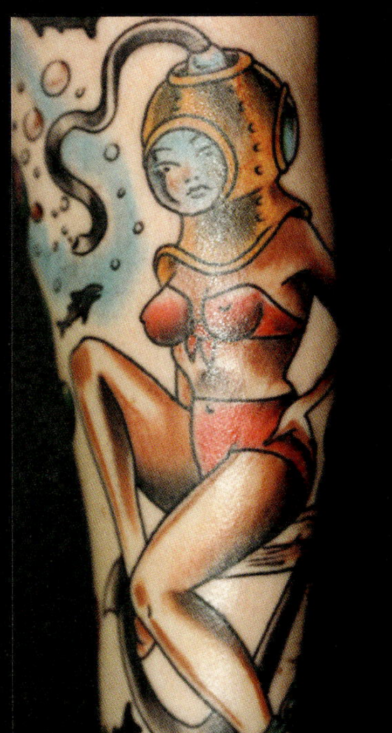
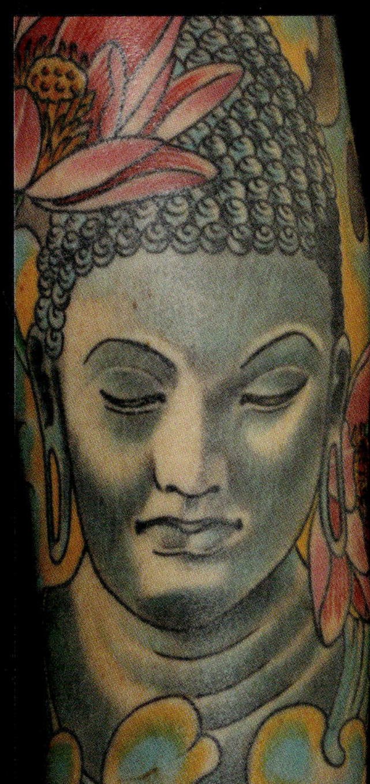

| Künstler | Studio | Webseite |
|---|---|---|
| Adrian Bueno | Freelancer (Gasttätowierer ) | www.instagram.com/adrianbuenoart |
| Andy Engel | Andy Engel Tattoo | www.andyengel.tattoo |
| Artur Pawlukewicz | Art Makia | www.facebook.com/ArtMakiaKleve |
| Auge | Auge Tattoos | www.auge-tattoos.de |
| BB Tattoo | BB Tattoo Hamm | Facebook/Hamm BB Tattoo |
| Bob Cooper | La Boheme Tattoo Paderborn | www.facebook.com/Cooper.tattoo |
| Boris Schormann | Boris Schormann | www.borisschormanntattooartist.com |
| Canny Smith | IBC Tattoo | www.facebook.com/IBC.Tattoo |
| Cemil Ince | Hastag Tattoo Studio | www.facebook.com/hashtagtattoo |
| Chris Ape | Chris Ape Tattoo | www.chrisapetattoo.de |
| Chris Block | fallout tattoo | https://www.facebook.com/FalloutTattooStudio |
| Christian Behrens | Inksane Tattoo | www.facebook.com/Inksanetattooparlour |
| Christina Kürten | Ruhrpott Piraten | www.facebook.com/pg/Countessofscratch |
| Cihan Karadas | Stechsucht Tattoo | www.instagram.com/stechsucht_tattoos |
| Conny Graw | Golden Pineapple Tattoo | www.graw.tattoo |
| Daniel Symanski | Stechwerk Wuppertal | www.facebook.com/StechwerkWuppertal |
| Danijel Sepanovi | Tattoo 4 You | www.tattoo-4you.de |
| Danko | Feelings Tattoo | http://www.dankotattoo.de |
| Danny Black | Sharp Art | www.facebook.com/DannyBlackInk |

| Künstler | Studio | Webseite |
|---|---|---|
| Danny Brink | Signed and Sealed Tattoo Parlour | www.signedandsealed.de |
| David Werner | Color Vision | www.facebook.com/ColorVisionTattoo |
| Domnek | Beauty and Pain | www.facebook.com/BeautyandPain47929 |
| Dydy Gassner | Tempel München | www.facebook.com/Tattoo-Dydy-127414260592 |
| Fabian Feigel | Living Lines | www.thelivinglines.de |
| Felice Di Maio | Absolute Bestechung | www.absolutebestechung.de |
| Günna | Rockland Tattoos | www.rocklandtattoos.com |
| Ixi Ink | Call of Colours | www.facebook.com/1001.nightmares |
| Jan Hartmann | Artcore Minden | www.facebook.com/ArtcoreTattoo |
| Jens Simonsson | Schmerzgalerie | www.facebook.com/Schmerzgalerie |
| Julian Greif | Painful Love Tattoo | www.facebook.com/painfullovetattoo |
| Julian Siebert | Corpsepainter München | www.facebook.com/CorpsepainterTattoo |
| Justin Eaton | Justin Eaton Blackwork Tattooing | www.facebook.com/pg/justineatontaettowierungen |
| Kai Schmidt | Kailitos Way | http://www.kailitosway.de/ |
| Karol Kowalewski | Art Makia | www.facebook.com/ArtMakiaKleve |
| Karsten Koch | Dark Grey Tattoo | https://www.facebook.com/DarkGreyTattoostudioEssen |
| Kevin F. Libuda | Dark Grey Tattoo | https://www.facebook.com/DarkGreyTattoostudioEssen |
| Klaus | KGB Tattoo | www.kgb-tattoo.de |
| Kris Mliczek | Art Makia | www.facebook.com/ArtMakiaKleve |

| Künstler | Studio | Webseite |
|---|---|---|
| Leonardo Vincenco Tasonne | InkFellas Tattoo Company | www.facebook.com/inkfellascompany |
| Maggi Paletta | Nakd Atelier | www.instagram.com/maggiepaletta |
| Malte Rose | Inksane Tattoo | www.facebook.com/Inksanetattooparlour |
| Mr MannyMaker | Dream Tattoo Atelier | www.facebook.com/dreamtattooatelier |
| Marco Klose | Marco Klose Tattoo | www.facebook.com/TattooartistMarcoKlose |
| Marco Pikass | PikAss Tattoo | www.pikasstattoo.com |
| Maya Klebe | Art Faktors Essen | www.instagram.com/maya_mysteria_tattooartist |
| Micha | Sin Skin Tattoo | www.sin-skin-tattoo.de |
| Michael Koschel | Michael Koschel Art Tattoo | www.facebook.com/Michael.Koschel.Art |
| Michal Ledwig | Ledwig Tattoo Atelier | https://www.facebook.com/ledwigtattooatelier |
| Miri | MP Tattoo World Krefeld | www.facebook.com/mp.tattoo.world |
| Mona Wanner | Vicious Circle | www.facebook.com/mona.wanner |
| Mr. MannyMaker | Dream Tattoo Atelier | www.facebook.com/dreamtattooatelier |
| Nik Muenster | Northside Ink | www.northside-ink.de |
| Nikos Meladinins | Amazon | www.facebook.com/AmazonTattooPiercing |
| Oliver Gross | Fine Line Tattooing | www.finelinetattooing.de |
| Phil Carrier | Amazon Tattoo & Piercing | www.facebook.com/AmazonTattooPiercing |
| Ralf Guttermann | Fine Line Tattooing | www.facebook.com/finelinetattooing1984 |
| Ralph Riedener | Heimathafen Tattoo | www.facebook.com/8590Heimathafen |

| Künstler | Studio | Webseite |
|---|---|---|
| Randy Engelhard | Heaven of Colours | www.heavenofcolours.de |
| Roberto da Silva | Da silva tattoo | www.facebook.com/tattoo.da.silva |
| Robin Kemper | Atelier frecher Dachs | www.facebook.com/robin.kemper.taetowierungen |
| Rosa Vogt | Art Makia | www.facebook.com/ArtMakiaKleve |
| Rossano Rossi | Crone Tattoo Studio Southside Studio | www.facebook.com/rossanorossironcelli |
| San von M | San von M | www.facebook.com/TattooartistSanvonM |
| Sebastian Winder | Unbunt Tattoostudio Essen | www.unbunt-tattoo.de |
| Stefan & Albert Popa | Tattoo Brothers | www.facebook.com/tattoobrothershamm |
| Stefan Muler | Art of Eternity | www.art-of-eternity.de |
| Thomas Heiden | Skin Works Köln | www.skinworks.de |
| Tim Pisters | Rockerfella Tattoo Imperium | www.facebook.com/RockafellaTattooImperium |
| Tim Schneider | Dark Grey Tattoo | www.facebook.com/timschneidertattooartist |
| Tony Kreutz | Dark Grey Tattoo | www.darkgreytattoo.de |
| Yadi | Yadi Tattoo | http://www.yadi-tattoo.com/ |
| Yunus Gündogu | Yu-Nique Tattoo | www.facebook.com/yuniquetattoo |

# Vielen Dank für die Unterstützung an:

Urban Slamal Rechtsanwalt

H2Ocean First In First Aid

HELDEN FÜR TIERE E.V.
TIERHILFE INTERNATIONAL

TM
TattooModels.com

VP
VAPEPALACE®
HIGHPREMIUMLIQUID

23ND INTERNATIONAL
TATTOOCON

DOT since 1995
DEUTSCHE ORGANISIERTE TÄTOWIERER
WWW.DOT-EV.DE

# Charly Castro

wuchs in Dortmund auf und ist Lifestyle-Fotograf.
Er arbeitete bereits mit zahlreichen international bekannten Tattoomodels zusammen und ist Betreiber der Facebook-Seite *We love Tattoos.* Darüber hinaus ist er akkreditierter Fotograf im Fürstentum Monaco und hatte bereits eigene Ausstellungen in Frankfurt und Monte Carlo.

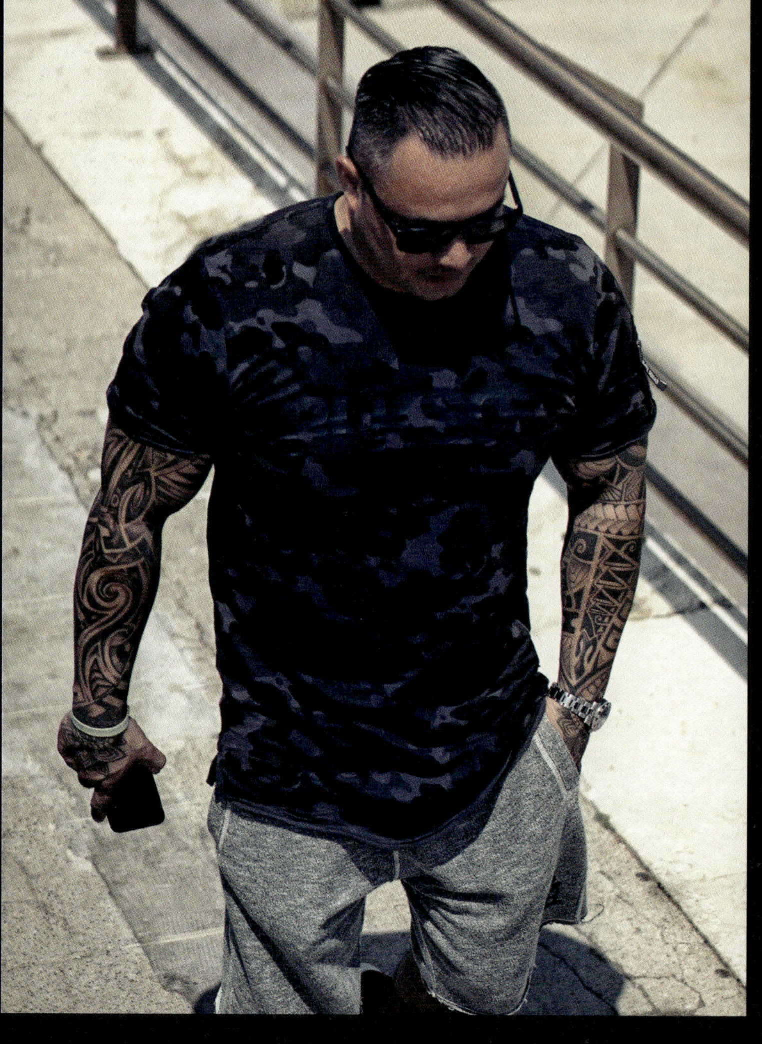

# Francesco Cicero

ist Duisburger mit italienischen Wurzeln. Mit 17 ließ er sich heimlich sein erstes Tattoo stechen – und zahlreiche weitere folgten. Er wurde als Tattoomodel entdeckt und scoutete später selbst. Inzwischen ist er Mitinhaber von *TattooModels.com* und hat damit seine Leidenschaft zum Beruf gemacht.

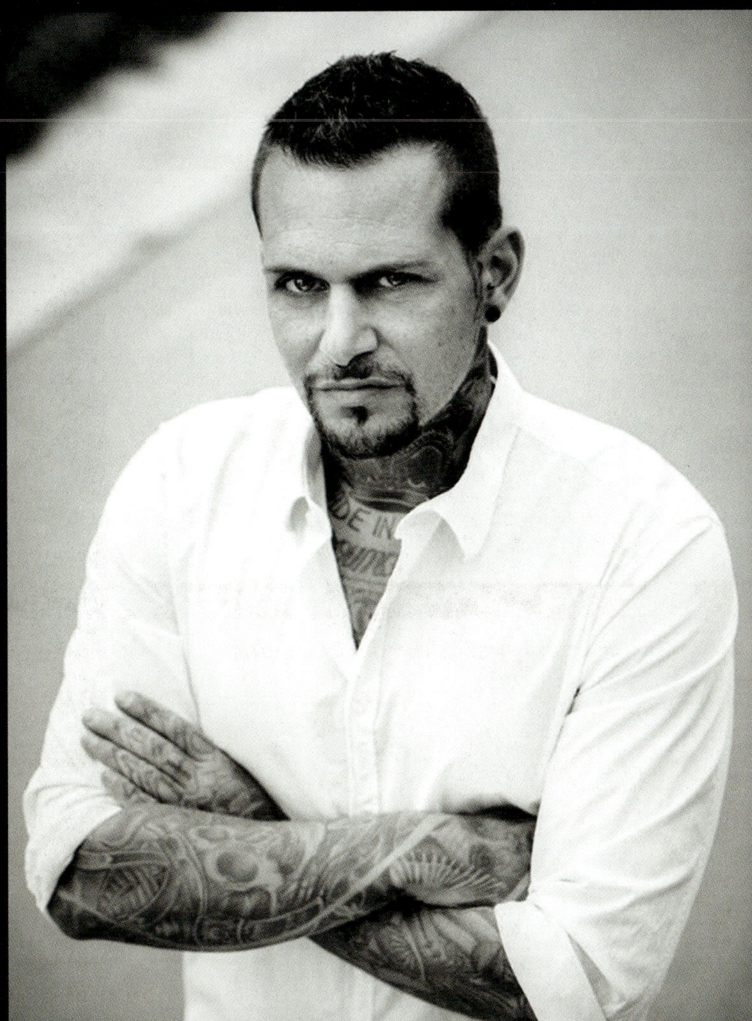

**Bibliografische Information der Deutschen Nationalbibliothek:**
Die Deutsche Nationalbibliothek verzeichnet diese Publikation in der Deutschen Nationalbibliografie. Detaillierte bibliografische Daten sind im Internet über http://d-nb.de abrufbar.

**Für Fragen und Anregungen:**
info@rivaverlag.de

1. Auflage 2018

Nymphenburger Straße 86
D-80636 München
Tel.: 089 651285-0
Fax: 089 652096



Umschlaggestaltung: Marc-Torben Fischer
Umschlagabbildung: Frank Dursthoff / www.frankdursthoff.com
und unter Verwendung von shutterstock/Vecster
Model: Makani Terror / https://www.facebook.com/makaniterror
Satz: Daniel Förster, Belgern
Druck: Florjancic Tisk d.o.o., Slowenien
Printed in the EU

ISBN Print 978-3-7423-0488-9

*Weitere Informationen zum Verlag finden Sie unter*
www.rivaverlag.de
Beachten Sie auch unsere weiteren Verlage unter www.m-vg.de.